भारत-समस्यायें : हम

उमेश रश्मि रोहतगी

संपादक

टी. सी. शर्मा

सह संपादक
कौशिक शांडिल्य

प्राक्कथन

सूर्य का कर्म, फल दायक तेज प्रकृति से परे है। उसी से संकल्प द्वारा इस जगत की उत्पत्ति की है। फिर वही अन्तर्यामी रूप से इसमें प्रविष्ट होकर अपनी चित्त: शक्ति द्वारा विषयासक्त जीवों की रक्षा करता है। हम उसी बुद्धि प्रवर्तक तेज की शरण लेते है।

श्री उमेश रश्मि रोहतगी द्वारा इस सार-गर्मित विचार प्रेरक, अनुभव जन्य मार्गदर्शित पुस्तक में जन-कल्याण हेतु उनकी भावनाओं को भारत में व्याप्त समस्याओं को उकेरते हुए यथा सम्भव समाधान प्रस्तुत किए है।

यह पुस्तक साधु का वो सत्संग है, अज्ञान मिटे है, जो गांठ पड़ी भ्रम की वो गांठ छूटे है'' अनुठा प्रयास है। सड़क,बाबू, रेल मानवाधिकार, सर्जन ऐसे विषय है। जिन पर लेखक ने सूक्ष्म दृष्टि अपनाकर नई दिशा पाठको को दी है। विगत 35 बर्षों में अमेरिका और भारत में रहते हुए, इनके आँचलिक क्षेत्रों में बसे सामान्य जनो से व्यक्तिगत सम्पर्क करके उनकी समस्याओं को व्यापक दृष्टि द्वारा उदार हृदय से प्रस्तुत किया है।

भारतीय हिन्दी साहित्य में पढ़नीय एक एतिहासिक प्रसंग 'पन्ना धाय' चरित्र को नवीन आधुनिक सन्दर्भ में लेखक ने स्वयं धारण किया है। साधारण समाज सेवक अंहकारी हो जाते है किन्तु लेखक, सब कुछ करते हुए भी कर्त्तापन के अभिमान से कोसो दूर रहते हुए स्थिति वश साधु ही कहलाने के हकदार है।

मूल्य आधार-भूत शिक्षा को दैनिक जीवन में कैसे उपयोगी बनाया जाये। जो शिक्षार्थियों पर स्थायी छाप-छोड़ सके इस विषय पर विशेष ध्यान दिये जाने की आवश्यकता प्रतिपादित की गई है। वर्तमान शिक्षा पद्धति में जीवन के भौतिक एवं आध्यात्मिक पहलुओं का अभाव है अत: व्यवहार के कार्यशालाओं को पाठ्यक्रम का अभिन्न अंग बनाने का न केवल प्रस्ताव है अपितु इसकी शुरूआत कई स्थानों पर भारत में कर दी गई है। इनके पते/बेवसासइट दर्शाते हुए स्वयं प्रयासशील होकर आगे बढ़ने की प्रेरणा दी है। संक्षेप में, गागर में सागर भरकर लेखक ने अनुगृहीत किया है।

T. C. Sharma, MA (Hindi, Sanskrit and English)

Retd Astt Commercial Tax Commissioner

प्राक्कथन

श्री उमेश रश्मि रोहतगी की नवीन कृति "भारत-समस्याएँ:हम" की विषय सूचि से गुजरा तो उसके छेः अध्धायों में सहेजे / समेटे विभिन्न विषयों से अवगत हुआ। हरेक में आपने जीवन में जो कुछ देखा सुना भोगा और जीवन में उतरा उसे शब्दों के माध्यम से जन गन मन के लिए धरोहर के रूप मैं सौंपने का विशिष्ट उपक्रम किया है।

विषय सामान्य होते हुए भी इतने उपयोगी हैं की उनमें सुखी जीवन की सफलता के मंत्र गुथे हैं, उज्वल भविष्य के पथप्रदर्शक हैं। विशेष उल्लेखनीय तो यह है की अमेरिका में रह कर भारत की चिंताओं की चिंता करना उनके समाधान खोजना हरेक के लिए अनुकर्णीय है। जो निजी स्वार्थों को तिलांजलि देकर ही संभव है। इसलिए उनके ऊपर चरितार्थ होता है।

पानी बाढ़े नाव में घर में बाढ़े दाम : दोनों हाथ लिचिये ये सज्जन को काम।

अथवा परोपकारं सताम्विभुती

साथ ही अमेरिका में भी मानवीय हितो की सुरक्षा में सपरिवार लगे रहना कम महत्व की बात नहीं है।

संक्षेप में आपके के क्रतत्व एवं सर्जन में मोलिकता सजीवता का समावेश 'व्विश्वा भावित एक निड्म', 'विश्व वन्धुतव' के भाव झलकते हैं। आधात्म अवं भौतिकता को समेटे सहेजे प्रस्तुत ग्रन्थ पठनीय अवं स्वागतेय है।

प्रोफ डॉक्टर जय जय राम आनंद,
वरिष्ट साहित्यकार, समीक्षक, शिक्षाविद,
राष्ट्रीय पुरुस्कृत (शिक्षक, प्रशिक्षक, प्रशासक)

विषय-सूची

स्वर्गीय पिताजी एवं
माता जी के चरणों में समर्पित

अपने बारे में

बहुत ही मुश्किल होता है कुछ लिखना अपने बारे में, पर मैं कोशिश कर रह हूँ। 16 जुलाई, 1944 को मेरा जन्म दिल्ली में हुआ था। मेरा बचपन बहुत ही सामान्य रहा होगा। पर मेरे नाना व बाबा जी काफी धनवान थे। वे अपनी-अपनी जरगह व जाति में जाने-माने परिवारों में गिने जाते थे। परन्तु हमारे पैतृक परिवार में उतार आने लगा। आज हम जो भी हैं उसका श्रेय मेरी विदुषी माँ को जाता है। मेरी माँ के पाँच बच्चे हुए थे और सभी अलग-अलग है एक डॉक्टर, इन्जीनियर, कलाकार, एकाउन्टेन्ट व वकील सभी के पास से डिग्री है। मेरा नम्बर दूसरा है, मैने सन् 1968 खड़गपुर से सिविल मे। आनर्स से पास करके 11 साल तक भारत मे कई स्थानों पर काम किया जिसमें भिलाई स्टील प्लांट की प्लेट मिल का डिजाईन व प्रेसिडेन्ट जाकिर हुसैन के मकबरे का डिजाईन स्मरणीय है, फिर भारत में रश्मि जी के साथ 1971में मेरी शादी हुई तथा दो लडके हुए। यश 1971 व गौरव 1974 में पैदा हुआ। फिर मैं बच्चों के साथ अमेरिका आ गया। 1982 में मिचिगन से MS किया। 1968 में हिन्दी में एक लेख लिखा था जो नेहरू हाल की पत्रिका में छपा था। अब हमारा परिवार ग्यारह सदस्यों का है मेरी माँ कैलाश, हम दोनों, दो पुत्र यश और गौरव, दो पुत्रवधुएँ लवी, तारा, दो पौत्री मेघन, अन्नया, दो पौत्र मैथ्यू, माईकल।

जीवन साथी मिला जो कल्पना से परे था पर मन के अनुकूल है, पढ़ाई में अव्वल हैं अपने सोचने के तरीके में अलग हैं। संस्कृत में MA हैं । हम दोनों मिल कर जो भी परिकल्पना करते हैं पिछले 39 सालों में एक साथ भगवान उसे पूरी कर रहें है। यह हमारा सौभाग्य से इसलिए हम परमात्मा के आभारी हैं। सोचा था कि दुनिया में दो अच्छे नागरिक छोड़ जायेंगे अपने पीछे हमें कहते हुए गर्व हो रहा है कि भगवान ने यह इच्छा भी हमारी सुन ली। हमारे दोनों बच्चें, अगर जरूरत पड़ेगी तो जो भी उनके पास होगा उसको बाँट के खा सकते है। वह कमाने के लिये क्या करते हैं? यह कहने की बात नहीं हैं। पढ़ने का मतलब पैसा कमाना नहीं होता है या अमीरों को और ज्यादा अमीर बनाना नहीं है। यह बात हमें भी

देर से पता चली। फिर हमने सोचा क्यों न अब हम गरीबों को समर्थ बनायें ताकि वह अपनी समस्याओं को खुद हल कर पायें और आगे बढें। कोई भी दूसरों की समस्याँयें क्यों हल करेगा जब तक उसका अपना कोई स्वार्थ निहित नहीं होगा।

हमने पिछले दस सालों में भारत के करीब चार सौ गाँवों का भ्रमण किया होगा, भारत के बीस राज्यों में। स्वास्थ्य, पढ़ाई, सफाई , पानी, घर, व्यवसाय, सभी समस्याओं का अध्ययन किया कुछ सुझाव भी दिये जो कार्यान्वित भी हुए तो मन किया क्यों न इनको लिपि-बद्ध कर लिया जाय, तो लिखना आरम्भ कर दिया तो करीब दो सौ से अधिक हिन्दी व अग्रेंजी दोनों में ही लेख लिखे वह भारत व अमेरिका की पत्रिकाओं दोनों में छपे कुछ क्षेत्रीय भाषाओं जैसे गुजराती, मराठी, नेपाली, बँगाली और कुछ दक्षिण की लिपि में अनुवाद भी छपे। अधिक जानकारी के लिये हमारी वेबसाइट देखें। हमने अपनी जिन्दगी के पहले पैंतिस साल भारत में, फिर तीस साल अमेरिका में बिताये और बहुत कुछ सीख अन्तर महसूस किया, दोनों ही जगह कमियाँ हैं पर समस्याओं को हल करने के तरीके भी फर्क नजर आये और दोनों ही जगहों पर सुधार के मौके भी मिले, लोग मानने को भी तैयार हुए सबके सहयोग से काम पूरे भी कर पाये सबके सहयोग से।

हाल ही में जो नये काम हम कर पाये वे हैं एक सौ चौदह घरों का नया गाँव सुरसरधाम जो भुकम्प के बाद कच्छ गुजरात में बनाया । उसमें हमने सूर्य चालित बीस सडकों पर लाईटें भी लगवाईं। फिर पुराने कम्प्यूटर इक्कट्ठे किये जिनको ठीक करा के भारत के हापुड़ के स्कूल व दीनदयाल संस्थान चित्रकूट के स्कूलों व ऑफिसों में लगवाँये हैं। अभी पिछले साल एक नई बात मन में आई कि क्यों न भारत के गाँवों को सूर्य चालित साईकिल से जोड़ा जाये ताकि पैट्रोल व पर्यावरण दोनों की रक्षा हो जाय और भी कई सपने है जिनको पूरा करने का मन है। उन्हें यहाँ लिखना आप के लिये, पिछले सात वर्षों में अपने दोस्तों, परिवारों और संस्थानों से भारत व अमेरिका के, हमारे माध्यम से प्रारम्भ किये जा चुके हैं हम यह समझते हैं कि यह भगवान की कृपा का फल हैं। बिजली की साईकिल भारत में आ गई है। भारत के आदिवासी क्षेत्रों में एक विश्वविद्यालय बनाने के लिये हमारे घर वालों ने एक मिलियन रुपये देने का प्रण किया है मेरी माँ ने अपने जीवन की सारी जमा पूँजी इसी के लिये दान कर दी है यह महत्त्वपूर्ण बात है कि हमें अपनी माँ से अभी भी सीखने को मिल जाता है।

इस के अलावा हम अमेरिका मे पिछले बीस सालों से मदद कर रहें है मिचिगान यूनिवर्सिटी के कम्प्यूटर डिपार्टमेन्ट में पन्द्रह सालों से सलाहकार की तरह मैं काम कर रहा

हूँ। कई जगहों पर समाज सेवा के लिये हम दोनों को सम्मानित किया गया है। स्थानीय भारतीय समाज ने भी समाज सेवा के लिये हमेंमानपत्र दिया भारतीय समाज अमेरिका में भारत के राजदूत माननीय कौल के कर कमलों से। ज यादा जानकारी के लिये हमारी बेब साईट पर हमारा सोशल काम लेख अंग्रेजी में देख सकते हैं। सनातन धर्म के अनुयायी होने के नाते कई हिन्दू मन्दिरों की स्थापना, की स्थापना, निर्माण में सहयोग किया है और ज्यादातर में आजन्मा सदस्यता ले रखी हैं। भारतीय इन्जीनियरिंग सस्था की शुरूआत की, भारतीयों के अनुयायियों को मदद करना अपना ध्येय हैं। इसलिए हर जगहों पर सम्मान के साथ बुलाया जाता है, जब सितम्बर ग्याह का हादसा हुआ तो सर्वधर्म सभा नौवीं में हुई प्रार्थना के लिये आंमत्रित किया गया था। आखिर में एक बात जो हमारे जीवन की धुरी की तरह है कि अगर जीवन को चार चरणों में बाँट दिया जाय और मान लो जीवन सौ साल का है तो पहले दो चरणों में समाज से लो और अगले दो चरणों मे समाज को दो जो तुम्हारे पास हैं। अगर जोडने की प्रक्रिया में ही रहोगे तो दे कैसे सकते हो, दस गुना पाने के लिये दशाँस दान देना ही होगा। हम जो भी कामपूरा कर पाये है उसमें भगवान के अलावा बहुत से लोगों ने सहयोग दिया है हम इन सबके साथ भगवान को सम्मलित करके आभारी हैं।

''सूर्य''

हम भारतीय पूजा करने में कुशलता की चरम सीमा पर हैं। इसलिये जिसे देखों वह किसी-न-किसी की पूजा कर रहा है जबकि अगर हम ध्यान से देखें तो जिनकी हम पूजा करते हैं उनसे अपने जीवन में शिक्षा ग्रहण करके हम अपना और पूरे समाज का कल्याण कर सकते हैं। सूर्य पृथ्वी पर जो ऊर्जा बिखेर रहा है उसके बिना जीवन जो हम पृथ्वी पर देख रहे हैं नहीं होता।

हमारा भारत महान है क्योंकि सूर्य ऊर्जा की हमारे देश में पूर्णता है इसमें हमारी कोई तारीफ नही है सिर्फ पूर्व में स्थित है वह देश भारत जिसमें हम पैदा हुए हैं। पर हम इसके कारण अपने को त्रस्त मानते हैं यही कहते हैं अरे धूँप इतनी है कुछ काम नहीं होता। प्राचीन समय में भी हमारे पूर्वज सूर्य के गुणों को जानते थे अत: वैदिक काल से अब तक सूर्य की उपासना होती आई है।

''ओम् सूर्यो ज्योति ज्योति सूर्यः स्वाहा। ओंम् सूर्यो वर्चो ज्योतिर्वचः स्वाहा।
ओम् सजूर्देवेन सवित्रा सतूरुषसेन्द्र वत्या जुषाणः सूर्यो वेतु स्वाहा।''

यह हर समय की मांग रही है कि हम सूर्य के आभारी तो रहे इसके अलावा इसकी ऊर्जा का सही उपयोग सबकी भलाई के लिये करें। विज्ञान ने इतनी तरक्की कर ली है कि मनुष्य जीवन को सुखी व सम्पन्न बनाने के लिये सौर ऊर्जा का उपयोग कई कामों में हो सकता है। किसी-किसी देश में तो इतना कम सूर्य निकलता है कि जिस दिन निकलता है लोग काम छोड़कर उसकी गर्मी में बैठ जाते हैं। इसलिये यह 'सनडे-छुट्टी का दिन भी कहलाता है।

हमारे देश में सूर्य प्रचुर मात्रा में अपना प्रकाश देता है हम भाग्यवान हैं इसलिये नहीं कि हम ज्यादा सन डे मना सकते हैं काम से छुट्टी ले कर धूप ताप लें या गर्मी के डर से काम की छुट्टी कर दें वरन् इसलिये हम भाग्यवान हैं कि सूर्य ऊर्जा की जितनी भी यांत्रिकी उपलब्ध है वह सब लागू करने के लिये हमारे देश में प्रचुर संभावनाएँ हैं जिन देशों में साल में 3 या 4 महिने सूरज निकतलता हो चाहे वे देश विज्ञानशील कहलाते हो पर सौर विज्ञान का लाभ उठाना उनके लिये महँगा ही पड़ेगा। हमारे देश में जहाँ इस ऊर्जा की प्रचुर मात्रा है

इसे उपयोग में लाने से बाद में इसकी यांत्रिकी भी सस्ती पड़ेगी। अब देखना है कि इसका उपयोग हम कैसे करें।

हमारे देश में पानी की कमी है और साथ ही हमारी समुद्री तट सीमा इतनी अधिक है कि शायद ही किसी देश के पास हो। सवाल उठेगा कि इसमें और सूर्य की अधिकता में क्या संम्बन्ध है? यह एक ऐसी सम्भावना है जिससे हमारा देश बहुत लाभ उठा सकता है पर न जाने क्यों किसी का भी इस तरफ ध्यान नहीं जाता है। सूर्य क्या करता है? समुद्र के खारे पानी की भाप बना कर बादलों के रूप में वर्षा को निमित्त बनाकर हमें मीठा पानी देता है। पर यह प्रक्रिया सिर्फ चार महीने बरसात के मौसम में ही चलती है बाकी समय हमें लगता है कि यह हमें व्यर्थ तपा संखा कर त्रस्त कर रहा है पर ऐसा नहीं है हमे यह ध्यान दिलाना चाहता है कि हम इस ताप को सम्पत्ति में बदल सकते हैं इस ऊर्जा का सदुपयोग कर सकते हैं। सूर्य की गर्मी से बिजली बनाना अब कोई नवीन बात नहीं इससे पम्प चलाकर पृथ्वी के गर्भ से पानी को सतह पर ला सकते हैं यह भी कोई नई बात नहीं। नई बात यह है कि सूर्य ऊर्जा से बिजली को बनाकर उससे हम समुद्र के खारे पानी को पीने योग्य बना सकते हैं। एक ऐसा यन्त्र जो कम लागत का हो अधिक जटिल न हो, बनाकर ताकि अधिक आम आदमी उसे संचालित करके उपयोग में ला सके। जो नवयुवक-नवयुवतियाँ खुद काम करना चाहें व्यावसायिक ऋण लेकर यंत्र खरीदें और मीठा पानी बनाकर जहाँ पानी की कमी है वहाँ उसे उपलब्ध कराएँ। हमारे आई०आई०टी० व अन्य वैज्ञानिक संस्थानों में इसकी सामर्थ्य है। मद्रास आई०आई०टी० ने बहुत सराहनीय कदम कम्प्यूटर व इन्टरनैट तथा ए०टी०एम० मशीनों के क्षेत्र में उठाकर, की सफलता सम्पन्नता के लिये द्वारा खोला है। अन्य संस्थान भी मौलिकता से जो टैक्नौलॉजी उपलब्ध है उसे सरल, सुगम और आम आदमी के इस्तेमाल के योग्य कीमत को बनाकर अपने देश को उन्नति के पथ पर आगे ले जा सकते हैं। होमी भाभा इन्स्टीट्यूट में इस दिशा में रिसर्च का काम हुआ है पर कोई ठोस कदम लोगों के रोज मर्रा के जीवन में उस रिसर्च के लाभ को लाने का उठा है या नहीं इसकी जानकारी हमें नहीं है। अगर समुद्र का पानी काम में लाया जा सकें तो समुद्र के किनारे रहने वालों को ही नहीं बल्कि जो दूर रहते हैं उन्हें भी लाभ मिलेगा सारे देश को लाभ होगा अगर अनेक इकाइयाँ मिलकर इस दिशा में काम करें तो एक-एक गाँव, शहर में पानी की समस्या हल हो सकती है। सूर्य से खारे पानी को साफ करके पीने लायक बनाने की एक विधि भाभा परमाणु केन्द्र ने विकसित की है यह बहुत अच्छी बात है पर कितनी बड़ी मशीन है क्या लागत है यह हमें पता नहीं।

सूर्य ऊर्जा से और क्या-क्या धन्धे गाँव में चल सकते हैं या कहीं-कहीं चल भी रहे है वे निम्नलिखित है—

1. पापड़, बढ़िया अचार बनाने व सब्जी, फल सुखाने पैकिंग करने का धन्धा काफी किफायती व आमदनी का होता है यह उत्पादन बड़े पैमाने पर सूर्य ऊर्जा से गाँवों में पहले करना होगा ताकि शहर वाले गाँवों पर इन वस्तुओं के लिये निर्भर करें।

2. सौर ऊर्जा से बिजली—गाँवों में सड़कों पर बिजली इसकी सहायता से लग सकती है इसके लिये गाँव वालों को संगठित होकर प्रयास करना होगा।
3. सौर ऊर्जा से खाना पकाया जा सकता है इससे ईंधन की बचत व पेड़ों की कटाई बन्द होगी। गोबर खाद के काम में लाया जा सकेगा।
4. रेफ्रिजरेटर सूर्य ऊर्जा से चल सकते हैं कीमत 50,000 रु०।
5. छोटे-छोटे उद्योग भी गाँवों में सूर्य ऊर्जा से प्राप्त बिजली से चल सकते हैं गाँवों में बिजली (सूर्य ऊर्जा द्वारा) के उत्पादन के लिये छोटी-छोटी कम्पनियाँ खोली जाएँ तो नौवजवानों को काम मिलेंगा।
6. पानी निकालने के पम्प सौर ऊर्जा से चल सकते हैं।
7. लालटेन सूर्य ऊर्जा वाली उपलब्ध हैं और कुछ गावों में इसका प्रयोग भी हो रहा है।

   जब हम इस ऊर्जा का दोहन करने व समाज को इसका लाभ देने में 100% कामयाब होंगे तभी सही मायने में सूर्य के उपासक कहलाएंगे वरना अभी हम उसके बारे में जानते ही क्या है सिवाय इसके कि यह हमें बहुत त्रास देता है, गर्मी-धूप के रूप में।

8. सूर्य से प्राप्त ऊर्जा की अल्ट्रा वाँयलेट किरणों से गन्दे पानी को भी साफ करके पीने योग्य या खेती के काम में लाने योग्य बनाया जा सकता है।
9. सूर्य ऊर्जा से हवा दाब (एयर प्रेशर) बना कर सफाई के काम में लाई जा सकती है। हवा द्वारा सफाई करने से पानी की बचत व स्वास्थ्य लाभ होगा कीटाणु श्वास द्वारा शरीर में नहीं जाएंगे।
10. सूर्य ऊर्जा से फसलों को बीमारियों से बचाने का कार्य भी किया जा सकता है।
11. अलग-अलग रंग की बोतलों में पानी भरकर सूर्य के प्रकाश में रखें तो यह पानी कई तरह की बीमारियों को ठीक कर सकता है। प्राकृतिक चिकित्सकों को इसकी जानकारी हैं हमने इस तरह के औषधि पूर्ण राम औषधि जल को सुबह घूमने जाने वालों द्वारा इस्तेमाल करते हुए स्वयं अहमदाबाद में देखा हैं।
12. सूर्य ऊर्जा से पहाड़ों पर घरों को गर्म रक्खा जा सकता है माउंट आबू के होटलों -धर्मशालाओं में पानी इसी से गर्म किया जाता है और स्थानों पर भी पानी गर्म करने के लिये यह ऊर्जा प्रयोग में लाई जा रही है।

13. एक महात्मा जी भारत में रहते हैं जो सीधे सूर्य से ऊर्जा लेकर बिना कुछ खाए पिछले कई सालों से जिन्दा हैं। यह भारत में टेलीविजन पर भी दिखाया गया था।

14. गाँवों में बंजर भूमि पर सूर्य से बिजली बनाने के सेल लगाए जा रहे हैं हालांकि हर गाँव में यह कार्य नहीं हो रहा है पर कर्नाटक का कोडिहल्ली गाँव जो बंगलौर से 100 किमी दूर है। पूर्णत: सूर्य ऊर्जा पर गर्म पानी, भोजन व बिजली के लिये निर्भर है। भारत के कई स्थानों में यह कार्य हो रहा है परीक्षण के तौर पर।

15. मेरा एक और सपना साकार हो गया है कि सूर्य ऊर्जा से समुद्र के पानी को पीने व फसल उगाने के काम में लाने के लिये बदला जा सकेगा। चैन्नई के पास एक एकड़ में यह प्लांट लग रहा है। एक एकड़ के इस प्लांट में 22 करोड़ गैलन पानी एक दिन में उपलब्ध कराया जायेगा यह पानी 25 लाख की आबादी के लिये पर्याप्त होगा अधिक जानकारी के लिये देखें— www. Solarwaterenergy.com. या सम्पर्क करे— पैरी मेहता से—(313) 345-5900; USA Patent है भारत के लिये उपयोगी होगा। आवश्यकता समय की यह है कि हम इस विषय में जागरूक हो और अधिक जानकारी प्राप्त करें। यह विश्वास रखें कि हमें भगवान ने जो कुछ भी दिया है सम्पन्न बनाने के लिये हम उसका अनादर व दुरुपयोग न करके सबके लाभ के लिये उसका परिष्कार करें अपने ज्ञान को बढ़ाए दूसरों को जानकारी दें। आपको यह भी सुनने को मिलेगा कि ये सब बाते सफल नहीं हो रही हैं या बहुत महंगी है पर भाई हम सब मिलकर जो कठिनाइयाँ हैं उन्हें दूर करें पर सम्भावनाओं का निरादर न करे द्वार खुला रखे दिल के साथ-साथ अपने दिमाग का भी। कठिनाइयाँ है इसका मतलब यह तो नहीं कि जो लाभ हमें मिल सकता है उससे वंचित रहें। यहाँ पर एक बात बताऊँ जो आपका हौसला बढ़ाएगी हमें भारत में अमेरिका की धरती से तीनगुना अधिक सूर्य ऊर्जा मिलती है। अमरीका अपनी सूर्य ऊर्जा का 3% इस्तेमाल करता है हम केवल 0.03% करते हैं। अपने पूर्वाग्रहों को हम दूर करें और इस देवता जिसका नाम सूरज है, को अपने जीवन में शामिल करें। इसके बारे में जाने ये आपको लाभ देने के लिये आतुर है इससे अपने जीवन को सुखी व अपने समाज को सम्पन्न बनाएँ।

पृथ्वी

माँ, मातृभूमि का सम्बोधन दिया गया है हमारी परम्परा में पृथ्वी के लिए। यह कोई साधारण परिकल्पना मात्र नहीं है बल्कि यथार्थ है। हमें इससे क्या नहीं मिलता है। यह हमारे जीवन की आधारशीला है। पर हमें इसका पूजन व दोहन के अलावा कुछ और नहीं आता है। हमारे करोड़ों वर्षों के दोहन के पश्चात् भी इसे हमें देना आता है और हम लेते ही नहीं वरन् इतना अधिक ले लेते हैं कि हमें अपनी आने वाली पीढ़ियों की भी चिन्ता नहीं रहती कि उनके लिए कुछ नहीं बचेगा।

कुदरत ने हमें दी थी एक ही धरती हमने ही
कहीं भारत, कहीं इराक, कहीं ईरान बनाया।

मातृभूमि पर मर मिटने वाले बहुत हुए हैं और होते रहेंगे पर इसका निरादर अनजाने में करने वाले हम सभी हैं। पृथ्वी का 7/8 हिस्सा पानी से भरा पड़ा है और पानी और पृथ्वी का अटूट रिश्ता है। जिस जीवन को हम जानते हैं वह बना हुआ है। इस लेख का उद्देश्य पृथ्वी के गुणों व उपयोग के बारे में नहीं है वरन् उसकी उपयोगिता को देखते हुए उसके बारे में विचार करना और अपने जीवन में इस धारणा को लाना हैं कि हम इसका उपयोग करें, दुरुपयोग न करें। हमें जिस स्थिति में यह मिली है, उससे अच्छी स्थिति में छोड़कर जायें। हम इस पर भार तो हैं ही, पर हम इसे रौंदे नहीं।

धरनी गर्भ सम्भूतम विद्युत कंचन दर्शिताम्।
कुमार शक्ति हस्तम् च मंगलम प्रति वेधिताम्।

पृथ्वी के कई नाम है धारणी भी उनमें से एक बहुत महत्त्वपूर्ण है। धरती के गर्भ में से हमें सब कुछ मिलता है। धरती के ऊँचे-नीचे होने के कारण विद्युत भी बनाई जाती है, पानी के द्वारा। इसमें कंचन भी होता है। यानि बहुत सी क्यों, सभी धातुयें इसी से मिलती हैं। यदि इसमें युवा शक्ति भी लगी रहे तो वह सब लिऐ उपयोगी होती। जल भी पृथ्वी में

बहुतायत में हैं पर हम इसका भी ठीक उपयोग नहीं कर पा रहें हैं। हमें इस विषय पर भी खोज करनी होगी।

बहुत से लोग सोचते हैं कि जब आबादी इतनी बढ़ जायेंगी, जितनी अब है, पृथ्वी हमारे आवश्यकताओं की पूर्ति में असमर्थ होगी। लोगों की यह धारणा कि हम शाकाहारी ज्यादा ईंधन का इस्तेमाल करते हैं बल्कि ठीक इसका उल्टा ही है कि शाकाहारी पानी, स्थल व ऊर्जा का कम इस्तेमाल करते हैं और मनुष्य की आन्तरिक संरचना भी शाकाहार के लिए बनाई हुई हैं। पर यह इस लेख का विषय नही है कि इस बात पर ज्यादा लिखा जाये। दोनों ही पद्धतियाँ हर समय साथ-साथ चलती रही हैं और चलती रहेंगी। मतभेद था, है और रहेगा। यह मतभेद की परिपाटी अच्छी है, जबरदस्ती से कुछ भी हासिल नहीं होगा वरन् मनुष्य जाति का नाश ही होगा।

हम बात कर रहे थे कि किस ढंग से हम पृथ्वी के लिए उपयोगी हो सकते हैं और पृथ्वी हमारे लिऐ। पृथ्वी को एक पेड़ को 100 फिट का बनाने में 25 से 100 वर्ष लगते हमें और हें काटकर इस्तेमाल करने में कुछ मिनट लगते हैं, तो हममें से प्रत्येक का यह कर्त्तव्य हो जाता है कि हम अपने जीवनकाल में कुछ पेड़ तो अवश्य लगायें ताकि आने वाली पीढ़ी भी आरास से जी सकें।

पृथ्वी में पाये जाने वाली बहुत-सी धातुएँ कैसे बनती हैं, उसका एक उदाहरण है लोहे के अवयव बड़े-बड़े पहाड़ों में पाये जाते हैं जो एक बहुत ही छोटे जीवाणु द्वारा बनता हैं और कई करोड़ साल लगते हैं पर यह हमारा सौभाग्य है कि हमारी पृथ्वी में इसकी मात्रा बहुत अधिक है। पर दूसरी तरफ हम गैस व पेट्रोल को देखें तो मात्रा बहुत ही कम है और जिस गति से हम इस्तेमाल कर रहे हैं वह 100 साल से भी कम में समाप्त हो सकता है। यह विचारणीय विषय है तो हमें अभी से दूसरे सोत्रों से ऊर्जा पूर्ति करनी होगी। जिस गति से हम ट्रांसपोर्ट पर ऊर्जा व्यय कर रहे हैं क्या वह न्यायसंगत है प्रौग्रेस से नाम पर। विकासशील देशों में यह प्रतिशत 15-20 तक है जो खाने के प्रतिशत से भी अधिक है। विकसित देश भी इस होड़े में आने की भरपूर कोशिश में हैं, जो न्यायसंगत नहीं है। इस तथ्य पर ध्यान देना जरूरी है क्योंकि हर वस्तु जो हम इस्तेमाल उसके मूल्य का एक बहुत बड़ा हिस्सा हैं उसका एक बहुत बड़े मूल्य का हिस्सा उसके बनने के स्थल से, उपभोग स्थल तक लाने के तंत्र में ही लग जाता है। अगर हम अपने पड़ोसी की बनाई हुई वस्तुयें इस्तेमाल करेंगे तो इसमें हम सबका ही लाभ है। मो० क० गाँधी जी ने कहा था उस तथ्य की उपयोगिता स्वयं ही अब सामने आ रही है। अगर पृथ्वी को आगे बढ़ाना है या बचाना है तो उसकी शान्ति ही इसे बचा सकती है वरना मनुष्य ने तो इसे समाप्त करने के बहुत उपाय कर रखे हैं। पर हमें यह नहीं भूलना चाहिए कि डायनासोर जैसे बड़े प्राणी भी कभी इस पृथ्वी पर विचरते थे तो मनुष्य की

क्या बिसात है। जो अभी कुछ लाख साल से ही इस पृथ्वी पर आया है। पृथ्वी पर रहने वाले प्राणियों में एकमात्र मनुष्य ही ऐसा है जो पालने वाली पृथ्वी के प्रति ही कृतघ्न है।

कुछ तथ्य पृथ्वी के बारे में—

- इसकी परिधि 40,000 किमी०, व्यास 12800 किमी है। सन्तरे के आकार की है।
- इसकी 7/8 भूमि में समुन्द्र है।
- इसकी ऊपर की 80 किमी० मोटाई में ठोस है बाकी तरल है। इसलिए पृथ्वी गोल होने पर भी हम एक सिरे से खोदना शुरू करें तो दूसरी ओर जा नहीं सकते हैं क्योंकि बहुत ज्यादा गर्म है।
- इसकी आयु करीब 4.5 अरब साल है। इसे ठण्डा होने में 3.5 अरब साल लगे हैं। यह सूर्य से निकली है यह सूर्य का एक प्लैनेट है सूर्यमण्ड़ल का हिस्सा है।
- मनुष्य का विकास पिछले कई लाख वर्ष से ही हुआ है।
- उत्तरी और दक्षिणी ध्रुवों पर यह गोल नहीं है बल्कि समतल है।
- चुम्बकीय उत्तर व दक्षिण की स्थिति बदलती रहती है।
- इसके वायुमण्ड़ल की ऊँचाई 260 किमी० है। पर 100 किमी० ज्यादा घना है बाकी बहुत कम घनत्व की है, जिसमें जीव जिन्दा नहीं रह सकता है।

आकाश

क्षिति, जल, पावक, गगन समीरा। पंच जनित यह अधम शरीरा

इसमें गगन (आकाश) को छोड़कर हम चारों पर लेख लिख चुके हैं तो सोचा कि आकश पर भी अपने विचार लिखें। तो शरीर तो अपने आप ही इस लेखों में निहित हो ही जायेगा और इन पंचों की उपयोगिता तो सिद्ध होगी ही। शरीर को इनसे क्या मिला है और कैसे, इन अवयवों से शरीर और पुष्ट होता रहेगा।

कुछ लोग गगन को अवयव भी मानते, कुछ लोग इसे अवयव नहीं भी मानते हैं। इस बात का निर्णय करना बहुत ही कठिन काम है। हर वस्तु इस भूतल पर या अन्तरिक्ष में स्थित है। आकाश में शून्य और शून्य में वस्तुओं का अस्तित्व है। यह आकाश क्या है, कहाँ है, कहाँ नहीं है? हर चीज के अन्दर है, बाहर है, ऊपर है, नीचे हैं। आकाश क्या है, यह कहना कठिन है और कैसा होता है, यह कहना भी कठिन है। पानी (जल) जिस प्रकार उसी चीज का आकार ले लेता है, जिस भी पात्र में रखा जाता है, उसी तरह आकाश हर चीज को ढ़के हुए, हर चीज के अन्दर भी है। जैसे भौतिक शास्त्र हमें बताता है कि अणु से छोटा परमाणु होता है, उसके अन्दर भी इलेक्ट्रॉन, प्रोटोन और छोटे-छोटे कण होते हैं और इलेक्ट्रॉन प्रोटोन के चारों ओर घूमते रहते हैं। बिना आकाश के यह भी सम्भव नहीं है वरना यह इलेक्ट्रॉन आपस में टकरा जायेंगे। इसी तरह वायुमण्डली में हवा होती है पर सूर्य के गृह आपस में कभी नहीं टकराते हैं सूर्य के चारों ओर अपनी-अपनी सीमा में घूमते हैं। ग्रहों के बीच भी आकाश होता है। कुछ लोग इसको ईथर भी कहते हैं पर यह क्या है कोई नहीं कह सकता है।

भारत के पूर्वजों ने शून्य की गणना की थी और यह भी कहा था सब चीजें शून्य से निकली हैं और शून्य में समा जायेंगी। शून्य का ही उल्टा आकाश है, असीमित है। जैसे शब्द भी तभी होगा जब शान्ति होगी। नि:शब्दत: (Silence) इसलिये कहा जाता है कि हर वस्तु में आकाश का अवयव पाया जाता है। हमारे शरीर में करीब 90% पानी है, विभिन्न चीजों में। उसी तरह से आकाश या शून्य भी जरुरी तभी तो हर चीज के बीच गति अवयवों का

इधर-उधर जाना सम्भव है। हर चीज के भीतर आकाश अधिक है और तरंगों की वजह से ही वह चीज जिस रूप में उसका नाम दिया जाता है, वह होती है।

आकाश को किसी भी परिभाषा में व्यक्त नहीं किया जा सकता है क्योंकि परिभाषा में बँधते ही वह आकाश नहीं रह सकता है। एक काले कमरे में बन्द हो आकाश तो वह कमरा उसे भरा हुआ माना जायेगा, जो हवा हो सकती है, पर फिर वह आकाश नहीं रहेगा। इस लेख का उद्देश्य हवा के बारे में बात करना नहीं है।

जैसे ही हमारा मस्तिष्क यह प्रश्न उठाता है कि आकाश क्या है? वह इस धारणा को स्थापित करना चाहता है, जो कुछ है नहीं यदि यह बता दिया जाये कि वह यह है, ऐसा रंग है, ऐसा रूप है, ऐसा गुण है। आकाश कोई चीज नहीं, तभी तो कहा जा सकता है कि कोई चीज नहीं है। किसी चीज का विलोम ही कोई चीज नहीं है। शून्य के बारे में आप लिख सकते हैं जितना चाहे पर वह शून्य के इर्द-गिर्द होगा, शून्य नहीं होगा। इसी तरह आकाश भी है, उसके बारे में हम कह सकते हैं पर परिकल्पना नहीं कर सकते क्योंकि हम उसके बारे में जानते ही नहीं हैं।

आकाश तत्त्व हमारी संरचना में बहुत ही आवश्यक बात है। इसीलिए हमारा स्वास्थ्य भी इस पर बहुत आधारित है। आकाश तत्त्व हमारे शरीर में नहीं होगा तो हमारे शरीर की कार्यप्रणाली ठीक से काम नहीं करेगी। इसलिए आकाश तत्त्व को ध्यान में रखते हुए हम हर समय खाना-पीना नहीं कर सकते हैं। आकाश उसी तरह वायुमण्डल को भी साफ रखने के लिए जरुरी है। आकाश को व्योम भी कहते हैं जो Vaccum का भी पर्यायवाची है। उससे हम सफाई भी करें तो वह गन्दगी को इकट्ठा करेगी, फैलायेगी नहीं। जैसा हमारे प्रचलित तरीकों में होता है। हम दूसरों को उनके कार्यक्षेत्र में हस्तक्षेप न करें ताकि वह अपने मन के अनुसार काम कर सकें।

===============

जल एवं उसका उपयोग

भारत एक ऐसा देश है जहाँ पर जल का बाहुल्य भी है तो उसका अभाव भी है। ज्यादा हिस्सा ऐसा है जहाँ अभाव है। जैसा कि हर क्षेत्र में भारत की वितरण प्रणाली दोष पूर्ण है। पानी के मामले में यह तथ्य प्रत्यक्ष देखा जाता हैं एक स्थान ऐसा है जहाँ संसार की सबसे ज्यादा वर्षा होती है। 12500ml सालभर में होती है। तो कुछ जगह ऐसी है जहाँ कई सालों मे कभी-कभी होती है फिर भी दोनों जगहों पर आबादी है और अपना-अपना काम चला रही है। हर शहर जहाँ पाईपों से पानी घरो में पहुँचता है इतनी पानी की कमी है कि पूरे दिन में दो या चार घन्टो की अपूर्ति होती है। कुछ शहरो में पानी के नल तो हैं पर पानी टैंकरों से ही आता है या खरीदना पड़ता है पानी का व्यापार देखना है तो गुजरात व तमिलनाडू में देखें जितना चाहे पानी खरीदें और खर्च करें। पानी सरकारी महकमो को नही मिलता पर इन बेचने वालों को कहाँ से मिलता है ऊपर वाला ही जाने, पर हमे मंत्र मालूम है सरकार देगी तो चोरी भी करेंगे या मुफ्त लेंगे वरना धन्धे वाले को धन्धा क्यों न दें।

हम सब लोग मिलकर टकराव कर सकते है सरकार के साथ कि पानी का राष्ट्रीकरण न किया जाय परन्तु क्या हम बड़े शहरों को या बड़ी कम्पनियों को पानी की चोरी से रोक सकते हैं जो पैसे की ताकत से पानी को खरीद या बेच रहे है। क्योंकि प्रान्तों की व शहरो की सरकारें इसमें भागीदार है अन्यथा इन प्रान्तों की राजधानी में रहने वाले नेताओं को पानी की बहुत ज्यादा जरुरते है कैसे पूरी होंगी? आज भी हम मल्टी नेशनल कम्पनियों को अपने पानी के अथाह व्यय से नहीं रोक पा रहे हैं जो कोकाकोला पैप्सी कोला और प्रसाधन संस्थानो में बातलों को साफ करने में ही खर्च हो रहा है। बोतलों में भर कर ही बेचा जा रहा है हमारी बिल्ली हमें ही म्याऊँ बाली कहावत चरितथि हो रही है। पर मैं एक बात जरूर कहना चाहूँगा कि यदि हम इन बडी-बडी कम्पनियों से उनके जल व्यापार के फलस्वरूप उजड़े हुए गाँवो, खेतो की कहानी, और अन्यायपूर्ण प्रणाली की चर्चा मैत्री पूर्ण ढ़ंग से करें तो उनसे जल्दी उत्तर की तथा उस क्षेत्र के लाभ की अधिक सम्भावनाये बढ़ जाती है। सरकार की अन्याय पूर्ण प्रणाली की चर्चा मैत्री पूर्ण ढ़ंग से करे तो उनसे जल्दी उत्तर की

तथा उस क्षेत्र के लाभ की अधिक सम्भावनायें बढ़ जाती है। सरकार की अन्याय पूर्ण नीतियों से लड़ने में कुछ हासिल नहीं होने का लाभ हमें और सरकार से लड़ने में बहुत अधिक समय लग जायेगा वह अलग नियम बन भी गये तो लागू कौन करेगा। एक विचार हमारे मन में आया है क्यो न हम मल्टीनेशनल को यह अनुमति दे दें कि, उन्हें सिर्फ समुद्र के पानी को ही साफ करके बोतल में बेचने की इजाजत होगी। यह तकनीक हमारे देश मे आयेगी जो उन कम्पनियो के पास है तथा साधन भी और हमारा पानी भी चोरी नहीं होगा। इस देश में बहुत अनुसंधान की आवश्यकता है और प्रयास किया जाये कि सौर ऊर्जा से यह काम हो ताकि हमारे ओर प्रकृतिक साधनो का अपव्यय न हो।

इस समस्या को सुलझाने के लिये पानी के संकलन, संचालन और व्यय सम्बन्धी जिस दूरदर्शिता व पूँजीपतियों के सहयोग, वैज्ञानिकों के परामर्श की आवश्यकता है, ऐसी सम्यक योजना की आशा वर्तमान भारत सरकार से हम कर सकते है क्या? पर चाह करनी पड़ेगी। अमेरिका मे जहाँ हम रहते है मिचिगन मे ही पूरी दुनिया के मीठे पानी का 20% चार बड़ी झीलो मे है पर यहाँ के लोग साल में करीब सौ करोड का बोतल पानी खरीदते हैं क्योंकि उनकी जानकारी मे नल का पानी गन्दा है। लेकिन सरकार और जनता ने यहाँ पर सोचना शुरू कर दिया है कि पानी के बेरोक–टोक तरीकों को रोका जायें, परमिट दिये जायें जितना पानी कोई कम्पनी के रूप में किसानों की खेती मे काम के लिये निकाला जाए, इसको समाज की सम्पदा मान कर उससे पैदा हुये मुआवजे की उसी अनुपात मे समाज को समाज की सम्पदा मान कर उससे पैदा हुए मुआवजे को उसी अनुपात में समाज को समाज की सम्पत्ति मान कर उसे वापिस दिया जाय।

क्या हमारे देश में यह नहीं हो सकता है कि किसान जो एक पम्प खरीद सकता और उसे चलाने के लिये डीजल या बिजली खरीद कर उसे दिन रात चलाकर जितना पानी जमीन से निकाला जा सकता है वह पानी वह सिर्फ अपने लिये ही नहीं निकालता बल्कि बेचता भी है। उसे किसने दिया यह हक? अधिक पानी की जरूरत पड़ती है। क्या यह पम्प वाला अमीर ज्यादा लगान देता है या अपनी आमदनी को अपने पड़ोसी के साथ बांटता है। नहीं तो क्यों नहीं, क्या यह अन्याय नहीं है? हमने अपनी यात्रा के दौरान कई ऐसे हरे–भरे खेत देखे है जो 20-25 सूखे खेतों से घिर अपनी कहानी कह रहे थे। क्या पंचायतें इसे रोक सकती है?

एक और स्वतंत्र विचार मुझे अहमदाबाद मे देखने के बाद आया। हर बड़े शहरो के बीच में चाहे वह गुजरात हो या राजस्थान एक बड़ा नाला शहर के बीचों बीच दुर्गन्ध उडाता हुआ एक अजगर की तरह पसरा हुआ है क्यों न इस पानी को हम पाईपों के जरिये शहरों से दूर जहाँ आबादी न हो और कृषि की सम्भावना हो ले जाएँ। इस गन्दे पानी का दो तरह से

निदान हो सकता है या तो सब्जी के बागों में या फिल्टर करके जमीन मे रिचार्ज कर दिया जाये और एरिएशन के बाद इसको स्थनीय नदियों में डाल दिया जाए। पर इस विषय में बहुत अनुसंधान की आवश्यकता है। पहले तो इन नालों को बन्द करके पाईप डालने होंगे फिर जैसे साफ पानी को गाँव से शहर लाया जाता है उसी तरह गन्दे पानी को शहर से गाँवों की तरफ लाया जाए। पर इस गन्दे पानी को ऐसी जगह ले जाया जाए जहाँ कृषि के लिये अन्य साधन न हों। इस पूरी स्कीम मे जो जैसा पानी लेगा उसका वैसा ही मूल्य देना होगा, साफ तो ज्यादा मूल्य देना होगा। इस काम को करने के लिये स्वायत बोर्ड हो न कि सरकार, हर काम को अपने ऊपर ओढ़ ले, सरकार का काम जन हित में नियम बनाना व उनको लागू करना होता है। हम लोग क्या इतनी कम अकल के हैं कि बिना सरकारी हस्ताक्षेप के कोई काम नहीं कर सकते हैं?

पानी बचाने के बहुत से उपायों में एक है नहाने के पानी में कमी करना, पानी से शरीर की सफाई की जाय उसको व्यर्थ न बहाया जाय। साबुन का इस्तेमाल तालाब पर नहीं किया जाना चहिये न नहाने में ही क्योंकि इस तरह इस्तेमाल किया हुआ पानी कृषि के लायक नहीं रहता है और मछलियों के लिये भी अच्छा नहीं होता है। अगर आप बदन को साफ करना चाहते हैं तो गर्म पानी को बाल्टी में लो फिर उसमें एक छोटा तौलिया डुबोकर शरीर को मले तो बदन ज्यादा साफ होगा बजाय साबुन इस्तेमाल से। शरीर रगड़कर नहाने से मरी हुई सुखी त्वचा हट जाती है और हमारे रन्ध्र खुल जाते हैं रगड़ने से सफाई भी होगी और मालिश भी, बाद में यह पानी पेड़ो को सींचने में भी काम में लिया जा सकता है। हम गत कई वर्षों से साबुन का इस्तेमाल नहाने के लिये नहीं करते हैं। जितने अधिक मकान शहरों या गाँवों में बन रहे हैं उससे वर्षा का पानी जमीन मे न जाकर नालियो मे बह जाता है और नालियाँ नालों में बदल जाती है। नियम होना चाहिये की हर नये मकान मे राजस्थान के तरह वर्षा के पानी को जमा करने का टैंक हो। ताकि इस पानी को गैर खाने की हर जगह जैसे बगीचों मे, इस्तेमाल कर सकते हैं। अच्छे पानी को शहर में लान वगैरहा में इस्तेमाल करना पानी का अपव्यय है, इसको रोकना चाहिये। यदि वर्षा का पानी ठीक से जमा कर लिया जाये तो पखाने में फ्लस के लिये प्रयोग मे करा जा सकता है। इसी तरह नहाने के बाद वाला पानी भी फ्लस के काम मे लिया जा सकता है। आवश्यकता है ऐसे छोटे प्लान्टस की जो पखाने को खाद में बदल सके। इसके लिये तकनीक है या स्थानीय बनाई भी जा सकती हैं। हमारे देश में केवल वर्षा का आधा की पानी जमीन में जाता है बाकी नलियों में या सड़क के किनारे गड्ढों में कीचड़ की तरह सड़ता रहता है, या बाढ़ो के पानी के रूप में समुंद्र से जल्दी ही जा मिलता है। विज्ञान की मदद से हम इस आधे पानी को सीधे समुंद्र में जाने से रोक सकते हैं। जमीन के अन्दर बड़े टैंक बनाकर पर यह काम सहयोगिक क्षेत्र में हो सरकार न

करें क्योंकि व्यापारी बगैर अपने उत्थान के लिए अधिक प्रयत्नशील व सजग नहीं होता है। हमने बहुत से नये अच्छे काम गाँवों में होते हुए देखे है पर एक जगह जो काम हो रहा था दूसरे प्रान्त में उसका लोगों को पता भी नहीं है। अच्छी विकास की खबरे कछुए की गति से चलती हैं पर बुरी प्रकाश की गति से चलती है। जरुरत है अच्छे कामो की खबर फैलाने की न कि हर बात में सरकार से उलझने की। डाक्टर सुन्दरेसन ने एक गाँव को बदल डाला या नानाजी देशमुख ने चित्रकूट के आस-पास करीब पाँच सौ मध्य प्रदेश व उत्तर प्रदेश के गाँवों को बदल दिया पर हम इस विकास को भारत के हर गाँव में क्यों नहीं ले जा सकते हैं?

समय की माँग को देखते हुए पानी की बचत के लिये उपयोगी तरीके ईजाद करने के लिये जन आवाहन करना चाहिये वरन् मुद्दों को लेकर सरकार के साथ तकरार में समय, धन व शक्ति तीनो ही की हानि होगी। कैसे करेंगे कुछ सुझाव हैं जो नीचे लिखे हैं।

- अगर हम भारत में सुधार चाहते हैं तो पानी की बचत सम्बन्धित समाचारों को, समाचार पत्रों में मुख्य स्थान देना होगा करत-करत अभ्यास के जड्मति होत सुजान, यह विचार भारत के राष्ट्रपति श्री अब्दुल कलाम जी का है।

- मार घाड़ की खबरें जो आंतक ही फैलाती है उन्हें पांचवे या छठे पृष्ठ पर ही स्थान देना चाहिये जैसा ईजरायल में होता है।

- सफाई में पानी का कम से कम इस्तेमाल होना चाहिये जैसे वैक्यूम के सहारे से सफाई की जाय यहाँ तक इसके सहारे से फ्लश भी साफ किये जाने लगे हैं। इन उपकरणों को सूर्य ऊर्जा या डीजल, हवाई मिलों के जरिये से चलाया जा सकता है नई-नई सम्भावनायें पैदा होंगी।

- हमें अपने दृष्टिकोण आशाजनक रखने चाहिये निराशा से तो अच्छा है तो हमे अवश्य ही सफलता हाथ लगेगी और हमारा उत्साह ही बढ़ेगा।

- शहरों में गाँवो में सार्वजनिक नलों पर होने वाली बरबादी को रोकने के लिये सामूहिक प्रोपटी। की देखभाल करना हम सभी का काम है और इसके लिये सामूहिक जागरूकता लानी होगी। पर इसके आस-पास जो कीचड़ है उसके लिए सोकिंग का निर्माण किया जाय फिर उसे रेत व कंकड़ों से भर दिया जाए ताकि कीचड़ न हो जब हाथ पम्प के लिये खोदा जाय उसी समय इसका भी प्रोविजन रक्खा जाए।

- पानी राष्ट्र की सम्पत्ति है और इसकी मात्रा सीमित है और उसकी बर्बादी को रोकना हम सबकी सामूहिक व एकाकी जिम्मेदारी होनी चहिये।

❀ कोई चीज मुफ्त नहीं होती पर यदि आप सरकार से कराना चाहतें हैं तो अवश्य ही इसका तीन गुना मूल्य देना होगा जनमानस को अप्रत्यक्ष रूप से।

❀ आँकड़ो से जनता को अवगत कराया जाय कि किन-किन तरीके से कितने पानी की बचत हो चुकी है अब तक समय-समय पर इन खबरों से उत्साहित लोग नियमों का पालन अधिक करेंगे पानी को बचाने के लिये।

❀ गरीबों को गरीबी से ऊपर उठाना है तो उनमे आत्म-सम्मान जगाना होगा, उन नियमों को हटाना होगा जो उन्हें गरीबी से ऊपर उठाने में बाधा डालते हैं क्योंकि यदि मुझे कुछ बताओ शायद मुझे याद रहे पर यदि मुझे अपने साथ लेकर चलो या काम मे लगाओं तो मैं शायद ही भूलूँ।

सरकारी कर्मचारियों को समाज के जन मानस की सेवा की ट्रेनिंग दी जाये कि उनकी सेवायें जनता के लिये हैं न कि जनता पर राज करने के लिये। सरकारी अनुदानों को ऋण के रूप में दिया जाये जिससे लोगों में आत्म-सम्मान व विश्वास पैदा हो कि हम अपनी जिन्दगी स्वयं चलाने योग्य हैं।

═══════════

वायु

शं नो प्रिदति भर्वंतु व्रतेमि। शंनों भवन्तु मरूतः स्वार्काः॥

शं नो विष्णु शमु पूषा नो अस्तु। शं नो भवित्रं शम्वस्तु वायु॥

ऋ०वेद 7/35/9

वायु वाकई पूजनीय तत्व है और उसकी पूजा करने में हम माहिर भी हैं। पर लेख को लिखने का कारण यह नहीं है, न ही यह कि वायू प्राणों का आधार है यह सभी जानते हैं। इस विषय पर चर्चा की तो पीढ़ियों की बातों सुनने को मिलेंगी कि आप होते कौन हैं जो वायु के बारे में बात करें और इतना अधिक लिखा जा चुका है कि कुछ भी इस मामले में कहना जरूरी नहीं है। फिर आप क्या लिखना चाह रहे हैं यह सवाल अहम हो जायेगा।

क्षिति जल पावक गगन समीरा, पंच भूत जनित यह अधम शरीरा

वायु की उपयोगिता अभी तक सीमित ही बनी हुई है अब इस सीमा से बाहर निकलने का मन कर रहा है ताकि हमारा जीवन स्वच्छ व सुन्दर और व्यवहारपूर्ण हो जाये। साथ ही साथ नये व्यवहार व व्यापार में भी बढ़ोत्तरी हो जायेगी, ऐसा हमारा अनुमान है।

अभी तक हमारा मानना है कि वायुमण्डल असीमित है और इसमें खुद को साफ करने की बहुत क्षमता है। यह कथन/विचार कुछ हद तक ठीक भी है पर हम पूर्ण ध्यान दें तो वायुमण्डल की स्वच्छता बनाये रखने में योगदान भी दे सकते हैं जो आज के सन्दर्भ में जरूरी है। आम आदमी कहेगा कि हम क्या योददान दे सकते हैं? भाई, आप ही दे सकते हैं तभी तो यह लिखा जा रहा है ताकि आपका इस ओर भी ध्यान जाये। पर्यावरण की रक्षा करना हमारा ही कर्तव्य है। हमारे पूर्वजों, जिन्होंने उपर्युक्त श्लोक लिखा था या पढ़ा-समझा होगा, इस बात को जानते थे। पर हम वायु की पूजा में लग गये और अर्थों को व्यवहार में लाना भूल गये हैं क्योंकि हमारे बड़े-बूढ़े सब जानते हैं हमें कुछ भी नहीं जानना हैं। हमारी सभ्यता इतनी भव्य थी कि हम उसकी रोशनी की, चमक में, जिन्दा रह सकते हैं। आज की

आवश्यकता इस चमक-दमक से आगे बढ़कर कुछ कर दिखाने की है ताकि हमारा वर्तमन व भविष्य भी इस वायु के चलते कुछ आगे बढ़ पायेगा।

वायु में बड़ी शक्ति है कि जो हमारे जीवन को आगे बढ़ाने में बहुत ही जरूरी है पर उससे भी आगे कुछ हो सकता है? आईये चलें, उन पर विचार करें सम्भावनायें बहुत हैं पर उन पर अमल करेंगे तभी लाभान्वित होंगे।

अब तक हमें यह ज्ञात है तकि सफाई करते समय वायुमण्डल दूषित होता है। जब झाड़ू लगाते है तो धूल, गन्दगी इत्यादि उड़कर वायु को दूषित ही करती है। पर यदि हम वायु का उपयोग करें गन्दगी खींचने में, तो वायुमण्डल दूषित नहीं होगा। यह होगा नया वायु का उपयोग और नया तरीका सफाई करने का कूड़ा भी इकट्ठा हो जायेगा, धूल भी नहीं उड़ेगी सफाई करते समय। इससे हमारे सफाई कर्मचारियों के स्वास्थ्य रक्षा में भी बहुत बड़ा इजाफा होगा।

दूसरा बड़ा उपयोग है वायु का, कि हमारे यहाँ पर बिजली की कमी है और गाँवों में सिर्फ उत्तर प्रदेश में 36 लाख डीजल के पम्प लगे हुए हैं जबकि यदि हवा की ताकत का इस्तेमाल बिजली बनाने में किया जाये तो इतना डीजल तो बच ही जायेगा और पानी भी निकाला जा सकेगा, बिजली के बल्ब भी जलाये जायेंगे। एकदम करने की जरूरत नहीं एक स्थिति से दूसरी में पहुँचने की वरन् धीरे-धीरे कई कदमों में, चरणों में पूरा किया जा सकता है।

हाईब्रिड जेनरेटर होते हैं जो हवा व सूर्य की रोशनी में काम करते हैं यह भी हवा का उपयोग है। जहाँ भी हवा की गति 5 फीट प्रति सैकेन्ड हो या इससे ज्यादा, इस तरह की इकाई लगाई जा सकती हैं। इस तरह की पवन चक्कीयाँ हॉलैण्ड में बहुत पाई जाती हैं। हमारे देश में भी समुद्र के किनारे तमिलनाडू में, गुजरात में बहुत हैं पर उत्तरांचल के दूरदराज के गांवों में इनका उपयोग बहुत ही कारगर साबित होगा। जितना अधिक वायु का प्रयोग सफाई में होगा, उतनी ही पानी की बचत होगी। अनुमान कीजिये कितनी सम्भावनायें और बढ़ जायेंगी। नये उद्योग पनपेंगे।

हवा के दबाव से वह सभी मशीनें चलायी जा सकती हैं जो बिजली से चल सकती है। मशीने टूल भी, जैसे आरा मशीन, ड्रिल, फर्श घिसाई के यन्त्र, टायर व ट्यूब रिपेयरिंग का काम इत्यादि-इत्यादि।

जब सूर्य की ऊर्जा मौजूद हो, हवा को दबाब (Compress) करने का काम किया जाये। बाद में उसी दबी हवा से तमाम तरीके की मशीनें चलाई जा सकती हैं, जब सूर्य न हो, रात्रि में।

समय की माँग यह है कि हम वायु की शक्ति को पहचानकर उसका सही उपयोग करें और प्रयोग करें। पवनपुत्र हनुमान की पूजा भी यदि करना चाहें तो "**वरूणेभ्य मयतेभ्य नम:**" की सिर्फ पूजा से ही हमारा काम नहीं चलेगा, न चल रहा है क्योंकि एक नया अंजाम लगा है वायु की शक्ति में जनशक्ति के साथ। और एक नया अध्याया शुरू हो सकता है।

यह भी सोचें कि इस पृथ्वी के अवयवों को मैं अपने पैदा होने के समय के मुकाबले अच्छी स्थिति में छोड़कर जाऊं ताकि मुझे भी दुनिया से जाते समय अच्छी अनुभूति हो। दुनिया को भी अच्छी स्थिति में छोड़ूंगा, तो दुनिया भी मुझे याद ही करेगी मेरे मरने के बाद में।

जीवन पानी के बिना कुछ दिन तक चल सकता है। पर शुद्ध वायु के बिना मनुष्य ही क्या सम्पूर्ण प्राणीमात्र के प्राण भी संकट में पड़ जायेंगे। इसलिए ही हमारे पूर्वज यज्ञ करते थे, ताकि वायु शुद्ध रहे। एक बूँद घी से 5 मील के दायरे में वायु स्वच्छ हो जाती है। वायुमण्डल को स्वच्छ करने में पेड़ों को बहुत ही अधिक हिस्सा रहता है। तो हम सबका यह कर्तव्य हो जाता है हम अधिक पेड़ों को लगायें व उनकी रक्षा करें।

========

जल विज्ञान

क्षिति जल पावक गगन समीरा।
पंच जनित यह अधम शरीरा।। —तुलसी रामायण

जल हमारे जीवन का इतना बड़ा हिस्सा है कि 90 प्रतिशत शरीर की संरचना में जल का स्थान है। अत: हमारी प्रथम प्रधानता होनी चाहिये कि हम जल चक्र को समझें। इसको ठीक प्रकार से समझ लेने के बाद हम जल का सदुपयोग की करेगे अपभोग या दुरूप्रयोग कम करे देगें, मेरा विश्वास है। जल चक्र को समझने के लिये मैं एक चुटकुले से पहल करता हूँ एक बार अकबर ने बीरबल से पूछा कि 12 में से 4 गये तो कितने बचे। बीरबल ने कहा-शून्य। बादशाह बड़े गुस्से में आ गये बोले क्या बात करते हो,बताओं कैसे? बीरबल बोले-12 महीने होते हैं ओर 4 महीने वर्षा के होते हैं। यदि वर्षा के ये चार महीने निकाल दिये जाएं तो हर जगह सूखा ही नजर आएगा। धूल उड़ रही होगी और मानव जीवनरहित धरती शून्य हो जाएगी। '' जल हमारे जीवन की कितनी बड़ी आवश्यकता है। यही इस लेख का मूल कारण नहीं हैं बल्कि जल विषयक पूर्ण जानकारी देना यथा-जल की संरचना कैसे होती है। जल का स्वाभाव क्या है। जल का स्वाद कैसा है। जल का विस्तार कितना है। जल का अभाव क्या है। जल का बाहुल्य क्या है। आदि है। Hydrology का अर्थ है पानी का वैज्ञानिक अध्ययन। जमीन पर, जमीन के अन्दर, वायु में, समुद्र में इसके ठहराव और इसके अभाव में क्या स्थिति होती है यह सब जल विज्ञान का विषय है।

जल दो अवयवों से मिलकर बना है। इसमें एक (H) हाइड्रोजन दूसरी (O) आक्सीजन है। इसलिए इसे हाइड्रोजन आक्साइड भी कहते हैं। सांकेतिक (H20) इन दोनों को जोड़ने में विद्युत का होना बहुत ही जरूरी है या साधारण रूप से कहा जा सकता हैं कि हाइड्रोजन को जलाने से पानी की उत्पत्ति होती है। जल की स्वाभाविक प्रवृत्ति होती है कि यह अधिक ऊर्जा से निम्न ऊर्जा की ओर दौड़ता है अत: जल के प्रवाह का बांध कर बिजली बनाई जाती है व नदियों के पानी का उपयोग नौका यातायात के लिये किया जाता है। पानी के अन्दर एक छुपी हुई ताकत है जो थल, जल, वायु मण्डल के अंदर विद्यमान सभी

जीव-जन्तुओं, वनस्पति, अवयवों के लिये जरूरी है। इसलिए वर्षा का पानी जब पहाड़ां पर पड़ता हैं, बर्फ बन जाता है। फिर धीर-धीरे पिघल कर नदियों, तालाबों व नालों में जल के रूप में बहता है। यही जल की गति कहलाती है।

गुण: जल का कोई रूप नहीं है। क्योंकि यह साधारण तापमान से 100C तक तरल रहता है। 100 के ऊपर (गैस) के रूप में व शून्य से नीचे बर्फ के रूप में रहता हैं (ठोस रूप) इसका धनत्व 1(एक) है। यानि 1 घन सेन्टीमीटर जल का भार 1 ग्राम होता है। 4C पर घनत्व सबसे अधिक होता है। यह भार की इकाई के रूप में भी प्रयोग होता है। सब अवयव इससे हल्के या भारी होते है। बिजली का करन्ट शुद्ध जल से गुजर सकता पर अशुद्धियों की वजह से उसमें से करंट जा सकता है। शुद्ध जल पारदर्शक होता है। जल का स्वाद नहीं होता है। इसकी अम्ला/क्षरता० होती है। जल किसी चीज पर चिपकता नहीं हैं। तेल के साथ मिलकर चिपक सकता है।

पृथ्वी पर जल का अवतरण उल्काओं में उपस्थित हिमखण्डों द्वारा हुआ है। इसलिए हमारे शास्त्रों में आकाश-गंगा की कहानी है। वनस्पति और जल का इतना मेल-जोल है कि जहाँ ज्यादा वनस्पति वहां अधिक वर्षा और जहाँ कम वर्षा वहा कम वनस्पति। इसलियें यदि रेगेस्तिान के लोग दूध के लिये पशुओं को चारा खिलाएगें या ईधन के लिये पेड़ काटेंगे तो पानी की कमी होती चली जायेगी और इससे रेगिस्तान का विस्तार होगा। जिन जगहों पर नमी कम हैं वहां के निवासी इस शुष्कता के आदी हैं यदि वहाँ अचानक पानी का बहुल्य हुआ तो वहाँ के निवासियों का जीवन दूभर हो सकता है, प्राकृतिक संरचना में विध्न आने से पानी को रोकने के लिये बांध बनाए जाते हैं। इस छुपी शक्ति का उपयोग बिजली ऊर्जा के उत्पादन के लिये किया जाता है। तालाबों का उपयोग पशुधन व मानव द्वारा विस्तृत रूप में गांवों में किया जाता है। शहरों में जल की पूर्ति तालाबों नदियों या भूगर्भ जल स्त्रोतों से होती है। जितना गहरा पानी बांध रोकेगा उतनी मोटाई अधिक बांध की बनानी पड़ेगी व उतना ही मंहगा भी होगा। इस तरह अतिरिक्त रोके हुए जल को नहरों द्वारा उन जगहों पर ले जाया जा सकता है जहां पर कि सिचाई के लिये नदियां उपलब्ध नहीं है। समुद्र के जल में जो लहरे उठती हैं उनका भी उपयोग बिजली बनाने में होने लगा है। इस दिशा में "डच" लोग अग्रण्य हैं।

भूगर्भित जल एक सीमित मात्रा में है। यदि इसकी अनवरत पूर्ति नहीं की गई तो यह समाप्त भी हो सकता है। यद्यपि जल्दी ऐसा संभव नहीं हैं क्योंकि प्रकृति द्वारा इस आपूर्ति के अपने तरीके भी हैं।

नदिया दो प्रकार की होती है एक में वर्षा का जल आता हैं या भूगर्भ स्त्रोतों से और दूसरे प्रकार की नदियों में हिमखण्डों के पिघलने से जल आता है। पृथ्वी का 98.5 प्रतिशत जल समुद्रों में है। परन्तु यह खास होता हैं। इस कारण से मानवों के लिये सीधे उपयोग में

नहीं लिया जा सकता है, न ही इससे खेती हो सकती है। परन्तु कुछ जल जन्तु या मछलियां इसमें भी जिन्दा रहती है। सूर्य की ऊर्जा में समुद्र का जल भाप बनकर हवा में हिलोरे लेता हुआ बादल बन जाता है। तथा उपयुक्त तापमान पर वर्षा के रूप में पृथ्वी पर आता है। जहां इसका करीब 30 प्रतिशत भूगर्भ में चला जाता है। और शेष तालाबों, नालों व नदियों में होता हुआ 30 या 35 प्रतिशत समुद्र में वापिस चला जाता हैं यदि हमें पानी की पूर्ति करनी हो तो शहरों में वर्षा के जल को भूगर्भ में उतारना होगा। इस जल के प्रवाह को नालों में बह जाने से रोकना होगा। इसको सडांध भरी कीचड़ बनने से रोकना होगा।

जब धूल हवा द्वारा घरों में आ जाती हैं तो हम उसी हवा का इस्तेमाल इस धूल को साफ करने में भी कर सकते है। वैक्यूम क्लीनर इसी सिद्धान्त पर बनाया गया एक उपयंत्र है। इससे पानी की बचत होती है। और कीचड व गंदा पानी भी इकट्ठा नहीं होता। हस्त पम्पों के पास एकत्रित हुई कीचड़ बने पानी को भूगर्भ मे उतारने का एक तरीका है। पम्प से करीब तीन मीटर दूर एक दस मीटर गहरा गड्ढा खोदकर उसमें पत्थर व रेत, कोयले का चूरा भर दें। और पम्प के उनुपयुक्त नीचे गिरे जल की नाली का रूख उस गड्ढे की ओर मोड़ दें तो पानी खुद छन का पृथ्वी के अन्दर चला जायेगा। तालाब के पानी के पुनः उपोग होता है। इसलिये स्वच्छ व गन्दे पानी को अलग-अलग रखना चाहिये, गन्दे पानी की निकासी को भी इतना ही जरूरी समझना चाहिए, जितना साफ पानी की। तालाब के पानी को मानव निर्मित रसायनों से बचाया जाय जो रासायनिक खाद, कृमिनाशक अथवा साबुन आदि के उपयोग द्वारा स्वच्छ जल में मिल जाते हैं। इसलिये मत्स्य पालन व पशुओं के स्वास्थ्य पर बुरा असर पड़ता हैं इस विषय पर विशेष अध्ययन की आवश्यकता है। इन निष्कर्षों को जनसाधारण में प्रचारित किया जाना चहिए। क्योंकि आसपास के कुओं पर भी इसका असर पड़ता हैं खदानों से बिना पानी के बहुमूल्य धातुएं व जवाहरात आदि निकालना संभव नहीं है। भूगर्भ के पानी में अम्लों व लवणों का मिश्रण हो सकता है। जिनमें से कुछ स्वास्थ्य के लिये हानिकारक होते हैं। अतः जल की गुणवत्ता पीने के काम से पहले जांच लेनी चाहिये। पानी बहुत-सी बीमारियों व कीटाणुओं को अपने साथ फैलाता है। उनसे बचना जरूरी है हमारे देश में 10 प्रतिशत गांवों के लोग पीने के पानी की गुणवत्ता पर ध्यान नहीं देते हैं। पानी 100 C तापमान पर 5 मिनट तक उबलने देने के बाद ठंडा होने पर उसे छान कर पीने के काम में लाने से इन बीमारियों से छुटकारा पाया जा सकता है। कुल पानी की खपत का केवल 1 प्रतिशत ही पीने व खाना बनाने के काम में आता है। अतः इस पानी को शुद्ध करना अधिक कठिन बात नहीं हैं सिर्फ एक प्राथमिकता देने की आवश्यकता है।

जल की गति से गेहूँ पीसने की प्रतिक्रिया बहुत पुरानी है। ढकली द्वारा पानी को कुओं से खेत तक या ऊँचे स्थानों पर पहुँचाया जाता हैं। जल से गांठो को बांधने की विधि

आप सबको विदित होगी। जल का दवाब हर दिशा में बराबर होता है। यह जल का प्राथमिक नियम है। जल द्वारा धातुओं को काटा जा सकता है। जल को एक पतले छेद से वेग द्वारा निकाला जाता है ताकि उसकी गति इतनी तेज हो जाती हैं कि इससे दो इंच मोटी इस्पात की चादरें कट सकती हैं। इस तरीके से धातु का हनन कम होता है। जबकि गर्म हवा (Welding) द्वारा काटे जाने पर धातु का हनन ज्यादा होता है।

जल की गति नापकर उसमें छुपी ऊर्जा का हिसाब लगाया जा सकता है। जल की गतिशीलत, घर्षण व ढलान पर निर्भर करती है इसलिए इस्पात व जल का कंकरीट व जल का, मिट्टी व जल का घर्षण अलग-अलग होता है।

जल की कमी दूर की जा सकती है। जैसे सूरज करता है। तटीय स्थानों पर अथाह जल राशि जो हमारे लम्बे समुद्री तटों में परिलक्षित है। जहाँ भी शुद्ध पानी की कमी को हम सूर्य के प्रकाश से बिजली बनाएं फिर उस बिजली के द्वारा समुद्र के पानी में मिले नमक को हटाया जा सकता है।

एक झिल्ली की सहायता से इस एक योजना पश्चिम भारत में शीघ्र आने वाली है। विश्व बैंक इसके लिये 2 हजार करोड़ का ऋण देगा।

कार चलाइये, पीने का पानी बनाइये, व पेट्रोल की कमी को भी साथ-साथ दूर कीजिये। ये कोई सपना या काल्पनिक बात नहीं है। अब ऐसी कारें बन गई हैं जिनसे प्रदूषण दूर होने के साथ-साथ स्वच्छ पानी भी मिल सकेगा। इन कारों में हाइड्रोजन को जलाया जाता है, तथा पानी की उत्पत्ति होती है। दूर-दराज जगहों में जहाँ पानी की कमी है एवं बिजली भी नहीं है ऊर्जा सैलों के द्वारा पीने का पानी और बिजली मुफ्त।

बाते, तो उपयोगी जल के बारे में बहुत है पर हम कृषि में उपयोग में आने वाले जल की भी बचत कर सकते हैं, बूंदों द्वारा सिंचाई की (Dripirrigation) विधि अपनाकर, क्योंकि जल की बचत भी उतनी ही जरूरी है जितना इसका संग्रह क्योंकि हम गर्म देश में रहते हैं, अतः हमारे यहाँ पोखरों, गड्ढों में सड़ रहे पानी का वाष्पीकरण बहुत जल्दी होता है। इस पानी को अधिक से अधिक मात्रा में भूगर्भ में संचलित करने का प्रयत्न होना चाहिये।

एक और बहुत सरल और सस्ता तरीका पीने के पानी को स्वच्छ व कीटाणु रहित रहने का, भारत में सहज उपलब्ध है। एक (सिरामिक फिल्टर) चीनी मिट्टी का फिल्टर 40-45 रुपये में बाजार में मिलता है जो कि किसी बर्तन में लगाया जा सकता है या घड़े में और इसमें से फिल्टर होकर स्वच्छ जल उसके नीचे रखे बर्तन में इकट्ठा हो जाता है।

आईये अब हम कुछ नियमों को देखें जो हमारे लिये लाभदायक सिद्ध होगें। हमारे बड़े बूढों को नियमों व व्यावहारिक ज्ञान था, पर हम निम्न उदाहरणों से भी उनकी पुष्टी कर सकते हैं।

(अ) पानी का भाप बनना एक झील में

ई/ पाक (प्र०जा०-प्रा०व०) (1/गति/10)

ई/इन्जो में घटवा, पाक/एक गुणाक/प्र०जा०-वर्तमान हवा का दबाव ज्यादा प्र०वा०-वर्तमान हवा का दबाव

हवा का दवाब 25 फिट ऊचाई पर नापा जाता है। सुबह, सायं, दोपहर।

गति-हवा की गति मील प्रति घन्टा

पाक-मुख्यत 11 छोटी झीलों का 15 गड्ढों में पानी

(ब) पानी का बहाब

क्यू/X गति

क्यू/ क्यूबिक घनमीटर प्रति क्षण

गति/मीटर प्रति क्षण

ए/ आकार क्षेत्रफल स्क्वायर मीटरों में (क्षेत्रफल)

गति/1.486/ न (मेनिंग का समीकरण)

न/खुददुरेपन का मानक रा/आकार/गीली सतह

स/जल कोश (Hydraulic gradient) (यह सब किताबों से मिल सकते हैं।)

(स) तालाब की क्षमता

क्षमता/मध्यम आकार X गहराई (आकार/क्षेत्रफल)

/कम से कम आकार/ज्यादा आकार गहराई

(द) डैमो की मोटाई व आकार

साधारण नियम:

1 मीटर से कम न हो यदि मिट्टी का बनाना हो और पानी 5 फिट से ज्यादा गहरा नहीं हो।

नोट: पहाड़ी व पथरीली धरती से पानी जल्दी बह जाता है। मिट्टी व रेत से पानी धीरे बहता है। वषा जल ज्यादा स्वच्छ होता है। उसको बचाकर रखना सबसे अच्छा होता है।

पानी की गहराई/बढ़ने से डैम की मोटाई बढ़ेगी यदि मोटाई/1मीटर/

कुओं के पानी का दुरूपयोग

ध्यान दें—यह जरूरी है जो भी लोग कुआं बनाये अपनी ही जमीन के बीच में बनाये ताकि अपनी जमीन के किनारे पर, यदि जमीन के किनारे पर कुआं है तो वह दूसरों के जमीन का भी पानी खींच रहा हैं।

विशेष: जहाँ भी हो कुओं से पानी निकाला जाये तो वह सार्वजनिक सम्पत्ति हो, न कि पास एक मोटर व बिजली का कनेक्शन हो वह भू-गर्भित जल का मालिक बन बैठे। यह बात स्पष्ट करने हेतु कुछ छोटे पाईपों को गोले के भीतर लगा दे। उनके पानी का स्तर कम होगा जैसे ही मोटर से पानी निकाला जायेगा। इससे यह सिद्ध होगा कि जो कुओं से पानी निकालते हैं वह दूसरों की जमीन से भी खिंचता है जितना कुआं गहरा होता जायेगा उतना पानी खिंचने का दायरा भी बढ़ता जायेगा जो बहुत से और लोगों को भी सतायेगा। यदि इस पानी की भरत पूरी नहीं होती है वर्षा के जल से तो हर साल पानी का स्तर कुओं में घटता चला जायेगा। जो इस समय हर पम्प व कुओं के मालिक कर रहे हैं। क्या यह पानी सिर्फ उनका ही है, जो बिजली का बिल भरते हैं?

ऊर्जा के वैकल्पिक साधन

अभी हाल में मिचिगन के डियरब्रान शहर मिचिगन यूनिवर्सिटी में ऊर्जा के नये स्रोत्रों के बारे में एक गोष्ठी में भाग लेने का मौका मिला था। तो मन में आया कि क्यों न उस बारे में हिन्दी में एक लेख लिखा तो प्रस्तुत है कुछ झलकियाँ शायद आपकों भी पसन्द आयेंगी। यह पूरा प्रोग्राम पब्लिक दूरदर्शन पर अमेरिका भर में दिखाया जायेगा, उसमें बहुत से करीब अमेरिका भर से चार सौ लोगों ने भाग लिया होगा मुझे भी वह सौभाग्य मिला था।

आप सब जानते ही होगे कि बिजली बनाने के बहुत से तरीके हैं जैसे पानी से, वायु से, सूर्य से, कोयले से, परमाणु विघटन से, और प्राकृतिक गैस से। उनके बार में आप सब जानते हेंगे उन सबके बारे में बात करके अपने और आपको बता कर समय बरबाद नहीं करूगाँ सबसे जयादा बिजली कोयले से बनाई जाती है जो पर्यावरण के लिये और मानव जाति के लिये हानिकारक है। इसलिये ऊर्जा के नये विकल्प की खोज बहुत जरूरी है।

ब्लूम बाक्स-इसके अविष्कारक एक भारतीय है जो केलीफोनियाँ में रहते हैं वही उनकी कर्म स्थली है। यह अविष्कार उन जगहों के लिये बहुत उपयोगी है जो ग्रिड के पास नहीं रहते हैं दूर दराज के स्थानों में रहते हैं और यह बहुत ही उपयोगी व निम्न मूल्यों पर आधारित है। अधिक जानकारी के लिये उनकी वेबसाईट पर जाकर उनसे सम्पर्क कर सकते हैं। पृथ्वी की चुम्बकता का फायदा उठा कर तारो के बन्डलों को घूमा कर बिजली बना लेते हैं। ज्यादातर बाते व्यपारिक कारणों के मारे यहाँ पूरे तौर से नहीं खुलासा की गई है।

कूड़े से बिजली : दिशा में भारत बहुत आगे है कानपुर में एक सयंत्र काम कर रहा है यदि यह सफल हुआ तो भारत में हर शहर में यह संयत्र लग जायेगें तो मेरा बीस साल का सपना सफल हो जायेगा और भारत कूड़े की भरमार से बच जाये और मेरा देश साफ लगेगा।

फ्यूल सेल : इसमें हाइड्रोजन गैस जो प्रेसर से भरी रहती है और उसको जलाकर बिजली बनाई जा सकती है और पानी बच जाता है जब हाइड्रोजन को आक्सीजन में जलाया जाता है। पर यह प्रक्रिया बहुत महँगी पड़ती है और खतरनाक भी है।

बायो डीजल : एक पेड़ जपोत्रा कहलाता है इसकी खेती यहाँ की जाती है पर बहुत अधिक पानी और जमीन की जरूरत पड़ती है और बहुत ज्यादा महँगी हैं और भारत जैसे देश के लिये उपयुक्त नहीं है।

खेती के डण्डलो : खेती से बचने वाली डण्डलों से भी ऊर्जा बनाई जाती है भारत में बहुत से सस्थांन है जो यह सब करते हैं भारत उसमें भी अग्णीय है। सब्जी मण्डी के कूड़े से भी गैस बनाई जाती है भारत के एक संस्थान ने यह विधि विकसित की है। इसे बायो ऊर्जा कहते हैं। हम नरेश शर्मा जी का जानते है उन्होंने बहुत से संयत्र भारत में लगाये है, अमेरिका में रहते हैं। इस डण्डलों से कोयले के ऊर्जा विकल्प भी बनाकर उससे खाना बनाया जाता है।

बेलों से चलाये जाते हैं और एक जेनरेटर से करीब चाालीस वल्ब चालीस बाट के जलाये जा सकते हैं। रेलवे के एक रिटयर्ड मुख्य अभियन्ता सिंह साहब ने इसको सबसे पहले बनाया था । सुरभि संस्थान वाराणासी उत्तर प्रदेश भारत।

आप प्लाज्मा भौतिकी के बारे में भी जानते होगें कि बहुत अधिक निम्न तापमान पर भी ऊर्जा बनाने में बहुत कम ऊर्जा लगा कर बहुत अधिक ऊर्जा बनाई जा सकती है पर इस दिशा में अभी बहुत खोज की जरूरत है।

इसके आलावा खोई से, एन्जाइम से, लहरों से भी बिजली बनाई जा रही है, बायोमास से भी बिजली बनाने के प्रयत्न चल रहे हैं। हमारे यहाँ भार में भी जलतुम्बी से भी बिजली बनाई जा सकती हैं जहाँ पर ज्यादा मक्का पैदा होती है इससे भी पैट्रोल बनाया जाता है।

अन्त में मैं यही कहना चाहूँगा कि सूर्य ऊर्जा का व वायु ऊर्जा का भविष्य बहुत उज्जवल है पर इनकी प्रारभिक मूल्य बहुत अधिक होने के कारण अभी इनकी उपयुक्ति अभी नहीं के बराबर है पर इस दिशा में बहुत अधिक खोज जारी है और आशा है, जल्दी ही सूर्य सैल की कीमते बहुत अधिक कम होने की उम्मीद है कुछ ही सालों में आम आदमी की पहुँच में होगा जो पर्यावरण के लिये भी उपयुक्त होगा। यह ऊर्जा जहाँ पर भी जरूरत हो पैदा की जा सकती है। भारत के बारे में मैं नहीं जानता पर अमेरीका में बोस्टन के एम आई टी व मिचिगन विश्वविद्यालयलों में खोज जारी है और समय समय पर वहाँ गोष्ठियों का आयोजन होता रहता है मेरा सौभाग्य है, मै बोस्टन भी जाता रहता हूँ कारण मेरा बेटा वहाँ पर पढ़ा भी है और रहता भी है। और समय अनुसार मुझे इस विषय में अवगत भी कराता रहता है और बोस्टन में भी मैने ऐसे आयोजनों में भाग लिया है। और मुझे शौक भी है ऊर्जा के बारे में जानकारी एकत्र करने का।

अमेरिका में करीब सौ कम्पनियाँ इस दिशा में खोज में लगी है और जो इस दिशा में आगे बढ़ेंगे उन्हें फायदा मिलेगा। आप भी इस दिशा में पहल कर सकते हैं। मेरा भाई सूर्य ऊर्जा सैल को सस्ता बनाने में लगा है उसका नाम डॉक्टर अजीत रोहतगी है।

प्रोत्साहन

हमारे समाज में हर जगह प्रोत्साहन की बहुत ज्यादा जरूरत है पर हम प्रोत्साहन के इस्तेमाल में बहुत ही कंजूसी से काम लेते हैं। हाँलाकि इसको बरतने से हम गरीब नहीं हो जाते पर पता नहीं क्यों हम इसे किसी को देना नहीं चाहते। हर समय हर जगह यदि कोई आदमी हमारे साथ अगर नहीं है तो वह हमारे विरुद्ध काम कर रहा होगा यह भी जरूरी नहीं है। इसलिये जरूरी नहीं कि हम हर किसी का हर बात में, विरोध करें। उस बात को हम प्रोत्साहित करें तो हमारा कोई मोल नहीं लगेगा और उस बात को आगे बढ़ने का मौका मिलेगा। क्या यह देश-समाज के लिये अच्छा नहीं होगा? जिस काम में हमारा कोई दूर तक नुक्सान नहीं है उसे दूसरों को कोई अड़चन डाले बिना करने दे और उसको प्रोत्साहन दें तो हमारा भारत दुनिया में कितना आगे बढ़ जायेगा, यह सोच कर देखें, जिस जगह प्रोत्साहन की कोई जरूरत नहीं है वहाँ उसका खूब इस्तेमाल हो रहा है। जैसे भ्रष्टचार, गन्दगी, जनसंख्या, भेद-भाव, जातिवाद, प्रान्तवाद, भाई-भतीजावाद का विरोध कीजिये।

अब हम कुछ क्षेत्रों में प्रोत्साहन कैसे इस्तेमाल होता है उसकी छटा देखेंगे। घर-घर में हमारे बच्चे कुछ नया काम करने के लिये तैयार हैं। हमारा सबसे पहला प्रश्न होगा, क्या किसी और ने पहले किया है जो तुम करने चले हो? स्वस्थ परम्परा यह हो कि भगवान तुमको सफल बनाये, जरूर करो यह नया काम। अब मैं एक आप बीती आपको सुनाता हूँ। मैं एक बार रेलवे रिजर्वेशन कराने के लिये घर से निकलने ही वाला था कि मेरी माँ ने भविष्य-वाणी सी कर दी कि बेकार जाना है टिकट मिलेगा नहीं क्योंकि समय बहुत कम है। मैंने उन्हें प्यार से पास बैठा लिया और पूछा क्या यह नहीं हो सकता है कि शायद मिल जाये? और आप सच मानें मुझे टिकट मिल भी गया, जिस ट्रेन का चाहिये था। किसी काम को हम जब करने निकलते हैं तो दो बातें हो सकती हैं, या तो काम पूरा होगा या नहीं होगा। पर जो काम करने निकल रहा है उसे निरुत्साहित करने से दूसरों का कोई भला नहीं होने वाला है। प्रयत्न करने पर अगर कोई काम नहीं भी हुआ, तो वह भी हमें कुछ सिखा कर ही जाता है।

दूसरा नजारा हम देखेंगे कि स्कूलों में क्या होता है। जो बच्चे पढ़ने में तेज हैं, खुद आगे बढ़ने में सक्षम है। अध्यापकगण उन पर विशेष ध्यान देते हैं और कहीं यह दिखाना हो कि हमारा स्कूल कैसा काम कर रहा है तो भी उन्ही बच्चों को दिखाया जायेगा और उन बच्चों को यदि कुछ प्रोत्साहन मिल जाये जिन्हें घरों पर नहीं मिलता है तो शायद और ज्यादा बच्चे स्कूल के अच्छे निकलें। परीक्षाओं में भी गलतियों के अंक काटे जाते हैं। यह नहीं होना चाहिये, बच्चे ने जो भी कुछ किया है उसके आधार पर कुछ न कुछ अंक प्रोत्साहन हेतु दिये ही जाने चाहिये। यह बिल्कुल वही बात है कि ग्लास आधा खाली है या आधा भरा है एक पक्ष नकारात्मक है तो दूसरा सकारात्मक है। साल भर बच्चे ने क्या किया उससे हमें कोई सरोकार नहीं, पर वह कितना रट सकता है और फिर पूछने पर बता सकता है उतना ही उसे होशियार माना जायेगा। जब कि सही बात यह होनी चाहिये कि पढ़े हुए नियमों को समय आने पर इस्तेमाल कर पाना ही पास या फेल का सही मायने रखता है। नये शोध के आधार पर समस्याओं को सुलझाना ही सही पढ़ाई होनी चाहिये और उसमें प्रोत्साहन का पुट हो।

तीसरी तस्वीर हम दिखाना चाहेंगे कि साकारी तन्त्र में प्रोत्साहन का क्या हाल है। यहाँ पर हम यदि बैंकों की कार्य-प्रणाली को देखने से शरू करें तो बहुत अच्छा रहेगा। यदि आप किसी ग्रामीण बैंक में खाता खोलना चाहते हैं तो आपके पास कम से कम एक या दो सप्ताह का समय होना चाहिये वरना काम नहीं बनेगा चाहे आपके पास अपनी फोटो हो और कोई व्यक्ति हस्ताक्षर करने को तैयार भी हो कि आप ही वही व्यक्ति हैं जो खाता खोलना चाहते हैं। आप सब नियमों को पालन करने को तैयार हैं पर बैंकों के साहब के पास समय नहीं है तो काम कैसे होगा। यह मेरी आपबीती है जो मैंने आपको बताई है। सब नियम भ्रष्टाचार को रोकने के लिये बनाये गये हैं। पर जहाँ काम में प्रोत्साहन पर जोर नहीं दिया जाता वहाँ कर्मचारी सेवा नहीं लोगों को परेशान करने में अपनी पॉवर समझते हैं। नतीजा यह है कि नियम ही अप्रशिक्षित कर्मचारियों द्वारा भ्रष्टाचार को पनपा रहे हैं।

आप जरा बारीकी से देखें कि नियम क्यों होते हैं? उत्तर होना चाहिये, ताकि जनता को परेशानी कम से कम हो और काम आसानी से हो जाये। पर जब हमारे अधिकांश नियम ही अविश्वास पर आधारित हैं तो यह कैसे संभव होगा। आप अट्ठारह साल के हो गये तो वोट दे सकते हैं पर कहीं पर भी प्रार्थना-पत्र देना हो तो आपको अपने पिता के नाम बिना नहीं चलेगा। ज्यादातर ये नियम अंग्रेजी सरकार ने बनाये थे ताकि स्थानीय जनता को डरा कर सराकर के कार्यों से दूर रखा जा सके तो नियम ऐसे तो होंगे ही जो जनता को निरुत्साहित करें, उन नियमों में प्रोहत्साहन और देश का विकास ढूंढना ही व्यर्थ है। इसलिये अब यह जरूरी है कि जनता सभी नियमों का पुनः मूल्याकन करें। हर काम गवर्नर या राष्ट्रपति के नाम से होता है पर कार्यों पर उनका कोई अंकुश नहीं है। जब हर काम उनके

बिना चल सकता है तो उनकी क्या जरूरत है? एक रिपोर्ट के अनुसार तीन हजार नियमों में से करीब दो हजार ऐसे हैं जिनका अब कोई औचित्य नहीं है। जैसे अब ट्रांसफर करने से क्या फायदा है अब यदि कोई जनता सेवक भ्रष्टाचारी पाया जाये तो उसको पदच्युत किया जाना अच्छा है, या दूसरों पर थोपना ट्राँसफर करके। इंस्पेक्टर क्यों होते थे? क्योंकि अंग्रजों को स्थायी पदाधिकारियों पर भरोसा नहीं था पर अब हमें जनता सेवकों पर भरोसा करना होगा। यदि वे इस भरोसे के लायक नहीं हुये तो उनको पद छोड़ना पड़ेगा। **इंस्पेक्टर राज्य को बन्द करना पड़ेगा, ट्रान्सफरों को भी बन्द करना होगा, उससे बस जनता सेवकों व नेताओं का अधिक लाभ हो रहा है, जनता का कम लाभ होता है। उसी तरह मनीआर्डर व्यवस्था को भी हटाना होगा, कि पैसा केन्द्र से राज्यों को, वहाँ से फिर शहरों में, फिर कस्बों में, फिर गाँवों में पहुँचता है इससे समय व अपव्यय दोनों ही ज्यादा हैं और कार्य पूर्ण होने में रुकावटें ज्यादा होती हैं।** जनता का भारी नुकसान होता है, उन्हें सुविधायें देर से मिलती हैं या कभी नहीं भी मिलती हैं क्योंकि ज्यादातर पैसा बीच में ही व्यय हो जाता है, किन्हीं और मदों में, या जनता सेवकों के वेतनों में। एक बात याद रखें, जनता क्या कोई और भी अपने सेवकों को अपनी सामर्थ्य से ज्यादा वेतन नहीं दे सकती है। हमारे जनता सेवक कहतें कि हमको काम नहीं करना है अगर आज क्रिकेट का मैच हो रहा है, काम नहीं होगा ऑफिसों में। दुनिया भर में कुछ हो जाये जैसे सद्दाम हुसैन को फाँसी क्यों दी गई, काम बन्द। प्रोत्साहन जनता की सुविधा का होना चाहिये, सार्वजनिक स्थानों पर मगर होता उल्टा है। रेलवे के रिजर्वेशन के लिये जाईये आप खड़े रहते हैं बैठने के लिये बैंच भी नहीं होती हैं पर कर्मचारी बैठे रहते हैं उन्हें बारह केजुअल लीव, अट्ठारह नेशनल लीव दोनों बहुत ही ज्यादा हैं और कहीं भी दुनिया में इतनी लीव नहीं होती हैं। ज्यादा से ज्यादा पाँच नेशनल लीव व तीन केजुअल लीव जनता सेवकों को मिलनी चाहिये। ज्यादा छुट्टी जनता के लिये नुकसानदायक है और काम का निबटारा समय से करने में बाधक हैं। छोटी सरकार, सुखी संसार, कम छुट्टी, ज्यादा काम। हर किसी को समय पर काम के लिये पहुँचना, कहाँ ठीक से रहना, सेवक की अपनी जिम्मेदारी होती है। हम गर्म देश में रहतें हैं, मुझे याद है कि जब गर्मी ज्यादा होती थीं तो स्कूल सुबह जल्दी लगते थे, हर बात में हम अमेरिका बनना चाहतें हैं तो हम भी उनकी तरह कठिन परिश्रम क्यों नहीं करना चाहते हैं? अमेरिका में हर ऑफिस नौ बजे से पहले काम करना शुरू कर देता है। अमेरिकी हर सप्ताह में चालिस घन्टे काम करते हैं बैंकों तक में। छुट्टियाँ भी छ: और असामयिक अवकाश सिर्फ तीन एक साल में। और तो और उन्हें ऑफिस में घरेलू बातों को करने की मनाही होती है। **सबसे बड़ी बात जो हमारे संविधान में हैं उसे बदलना होगा कि सरकारी नौकरों की सेवायें, संविधानिक गारण्टी प्राप्त है जो गलत है।** उनको पदच्युत करना असम्भव नहीं तो कठिन अवश्य है चाहे वह

काम ठीक से न करे, रिश्वत लें, पद का दुरुपयोग करें। प्रजातंत्र तो सिर्फ नाम मात्र को है, जैसा शब्द में निहित है प्रजातन्त्र में प्रजा सर्वोपरि होनी चाहिये पर तन्त्र को बचाने का हमारे संविधान में पूरा ध्यान रखा गया है। प्रजा गौण हो गई, ऐसा इसलिये कि संविधान रचने वालों को डर था अत: नौकरशाही अंग्रेजों के साथ थी जिससे जनता पर अत्याचार होने पर भी उनके साथ बदला न लिया जाये। हम यह भूल गये कि जो तन्त्र हमारे शोषण के लिये बनाया गया था वह स्वतन्त्र भारत सरकार के कर्मचारियों द्वारा जनता को प्रोत्साहन कैसे देगा?

अब हम आपको जनता प्रतिनिधियों के कार्य में प्रोत्साहन की झाँकी दिखाना चाहेंगे। हम उन्हें क्यों चुनते हैं? ताकि वे मिलकर ऐसे नियम बनायें जो सरल हों, देश की अधिकांश जनता के हित में हो, और जनता को तरक्की करना आसान हो जाये, यदि जनता उन नियमों का पालन करे, जन सेवक भी उनको आसानी से लागू कर सकें प्रतिनिधि यदि पायें कि जनता के हित के बजाय अनहित हो रहा है किसी नियम से, तो उसके लागू करने से पहले उसे सुधारें। प्रतिनिधि जनता से सम्पर्क में रहे, सेवकों से भी, अपने पूर्ण कार्यकाल में जो अधिकांश पाँच साल का होता है। हमने इन प्रतिनिधियों को जनता के सेवार्थ उनका प्रतिनिधित्व करने के लिये चुना था, उन्हें हमने जनता पर राज्य करने के लिये कभी नहीं चुना था। जनता प्रतिनिधित्व को भी क्या-क्या सुविधायें देनी चाहिये, यह भी जनता के अधिकार में होना चाहिये, जैसे उनका वेतन, आदि ना कि प्रतिनिधियों के अपने अधिकार में। जनमत का प्राविधान भी हमारे संविधान से हमें नहीं मिला है। **हम अपने प्रतिनिधि चुन सकते हैं पर उन्हें हटाने का अधिकार हमें संविधान से नहीं मिला है, जो संविधान की एक बहुत बड़ी गलती है।** प्रजातन्त्र बहुमत पर निर्धारित है पर हमारे संविधान में इस बात को बहुत ध्यान से नहीं सोचा कि बहुमत 51% वोटों पर आधारित होना चाहिये था न कि पार्टी बहुमत पर, क्योंकि पार्टी सीटों के आधार पर बहुमत में हो सकती है पर वोटों के आधार पर वह बहुमत से नहीं चुनी गई है। अब तक ज्यादा से ज्यादा 31% वोट पा सकी है जब कि पार्टी को सबसे ज्यादा सीटें मिली थी, इसका अपवाद गुजरात की मोदी सरकार है जिसे बहुमत वोट भी मिले हैं और सीटें भी। यह स्थिति अब तक चयनित साठ सालों से सभी सरकारों की रही है। तभी तो हमारी सारी सरकारें पार्टी की सरकारें कहलाती है। अगर वह सब बहुमत वोटों की सरकारें होती तो कम से कम जनता का बहुमत तो उत्साहित होता, यह भी हमारे संविधान की बहुत बड़ी कमी रही है।

प्रजातन्त्र में बहुमत का प्रावधान अवश्य होना चाहिये अन्यथा सरकार का कोई भी काम बहुमत को खुश नहीं रख पायेगा। उसका परिणाम यह है कि पार्टी तो सरकार चला पाई पर जनता के दिलों को जीत कर उनका सहयोग नहीं ले सकी है। फल यह हुआ है कि आज तक कोई भी सरकार लोकप्रियता के उत्कर्ष तक नहीं पहुँची है। ज्यादा लोग किसी सरकार

की बुराई करते मिलेंगे जो जनता व देश के लिये लाभदायक नहीं है इस तरह ज्यादा ताकत विरोध में अपव्यय हो जाती है और देश निर्माण के लिये कम सहयोग मिल पाता है। अभी आपने एक खबर सुनी होगी कि हमारे प्रतिनिधि लोकसभा या राज्यसभा में प्रश्न पूछने के लिये भी जनता से पैसों की माँग कर रहे थे, जो सरासर भ्रष्टाचार की चरम सीमा है कि जिस काम के लिये जनता ने उन्हें चुना था उसी को करने के लिये रिश्वत लेना? **यह सब क्यों हो रहा है क्योंकि संविधान भी जनता को प्रोत्साहन नहीं दे रहा है, तन्त्र की जवाबदेही की कमी और दण्ड प्रक्रिया कमजोर ही नहीं बहुत ज्यादा यह धीमी भी है।**

न्याय पालिका में प्रोत्साहन का क्या स्थान है? इस बात का जवाब देने से पहले, न्याय पालिका का जनता से कैसा नाता है उसे समझना बहुत जरूरी है, और इसका कब और कैसे जन्म हुआ? यह तो सब ही जानते हैं कि स्वतन्त्रता से पहले देश के शहीदों को कैसा न्याय मिलता था इसी न्याय पालिका से। **इसे हम न्याय पालिका कहें या जनता धन चूसक कहे तो ज्यादा सही होगा।** एक आपबीती घटना से आपको अवगत कराना चाहूँगा मुझे अपने बेटे की शादी को कानूनन लिपीबद्ध कराना था शादी हिन्दू विधि-विधान से हो चुकी थी। इसकी फीस मात्र दस रुपये और समय सिर्फ कुछ मिनट जज के सामने रहना था, हमने कागजी कार्यवाही पहले से पूरी कर रखी थी और लड़के-लड़की के माँ-बाप हम चारों वहाँ पर मौजूद थे और लड़का-लड़की दोनों बालिग भी थे, चार घण्टे बाद जज के सामने पहुँच पाये, मात्र एक हजार रुपये खर्च करने के बाद, फिर भी प्रमाण पत्र हमें एक महीने बाद मिला जिसमें दोनों के नाम गलत थे। यह काम हमको वीजा के लिये जरूरी था इसलिये हम इस न्याय पालिका के चक्कर में पड़े थे।

कितनी जगह रिश्वत देनी पड़ी, कहना मुश्किल नहीं, पर जरूरी न था। हम भारत को अमेरिका बनाना चाहते हैं तो हम अमेरिका जैसा तरीका क्यों नहीं अपनाते। यहाँ पर जज सुबह नौ बजे से शाम को पाँच बजे तक काम करते हैं बीच में एक घण्टे का अवकाश खाने के लिये होता है, और जजों का चुनाव होता है चार वर्ष के लिये सीधे जनता के वोटों से, उनका कोई तबादला नहीं होता है और वह जनता को न्याय मिले, इसके लिये वचनबद्ध होते हैं। हमारे यहाँ पर सुनवाई कम, तारीखें ज्यादा और ऊपर से जज सिर्फ तीन या चार घण्टे काम करते हैं। उन्हें कहाँ मकान, कितनी तनखा, रिश्वत ज्यादा से ज्यादा किससे और कैसे मिल सकती है उसकी फिक्र सबसे ज्यादा रहती है।

जनता को प्रोत्साहन की क्या बात बल्कि डराया जाता है, ताकि ज्यादा से ज्यादा ऊपरी धन कमाया जा सके। जजों ने एक परीक्षा क्या पास कर ली जन्म भर के लिये नौकरी पक्की फिर इनको नियमानुसार काम करने की क्या जरूरत है कोई उन्हें निकाल तो नहीं सकता है हाँ ज्यादा से ज्यादा स्थानान्तरण कर सकता है। याद रखें संविधान उनके साथ है।

खुले रूप से जजों की नाक के नीचे धन का आदान-प्रदान होता है पर कोई बात नहीं किसी के कान पर जूँ नहीं रेंगती। आप सब जानते हैं कि कितने मुकदमे अदालतों में दबे हुए हैं और कितने सालों से, हर कोई जानता है कि देर से मिला न्याय अन्याय के बराबर है पर जजों को जनता से क्या लेना-देना जब उन्हें संविधान से मन-मानी करने का अधिकार मिला हुआ है।

पुलिस पब्लिक दोनों प से शुरु होते हैं पर उनका आपसी संबंद्ध वैसा ही है जैसे दो चुम्बकों के एक से पोलो में होता है वह दोनों पास नहीं रह सकते हैं एक-दूसरे से दूर ही रहते हैं वैसे कहा यही जाता है कि पुलिस जनता की सुरक्षा के लिये कार्यरत है पर वस्तु स्थिति कुछ और ही है। कहावत तो यह है कि हर चोरी-चकारी में पुलिस का हिस्सा रहता है। पता है कि यह सब क्यों? पुलिस व स्थानीय जनता एक-दूसरे के लिये हमेशा ही अजनबी रहती है। जनता और पुलिस के बीच में कोई मधुर संम्बन्ध नहीं रहता है। अब देखिये, अब भी कुछ एक देश दुनिया में हैं जहाँ निहत्थी जनता पर पुलिस गोली चलाती है।

साठ साल के बाद अब सरकार कुछ जागी है कि पुलिस नियमों को बदला जायेगा क्योंकि ये नियम जनता जो जानवर के समान समझी जाती थी, जाहिल थी, उसी तरह से उसके लिये नियम थे। अब अमेरिका में हर छोटे से छोटे शहर को लें वहाँ की अपनी पुलिस स्थानीय होती है और स्थायीन मेयर के नीचे काम करती है। स्कूल के बच्चों को पुलिस स्टेशन ले जाकर पुलिस कैसे सबकी रक्षा करती है, दिखलाया जाता है। पुलिस जनता की सेवा के लिये होती है न कि उन पर डन्डे चलाने या जनता को कायदा सिखाने के लिये। हमारे यहाँ मायें अब भी बच्चों को डराने के लिये पुलिस का नाम लेती है। हमारे यहाँ पर अब एक नया काम पुलिस को मिल गया है वह है ज्यादातर पुलिस का वी०आई०पी व अन्य उच्चाधिकारियों की सुरक्षा में ही व्यस्त रहना। ऐसा लगता रहता है कि जनता व पुलिस के बीच रस्साकशी चल रही हो कि कौन जीतेगा इस हालत में कौन किसको प्रोत्साहन दे सकता है?

अब दो साल पहले एक नया नियम बनाया गया है, जानने का अधिकार (Right to Information Act. RTI) पहले हमारी सरकार के हर काम में गोपनीयता रखती थी कारण आप अब समझ गये होंगे, अंग्रेजी सरकार द्वारा बनाये गये पुराने नियम इस मानसिकता का उद्‌गम स्थान था। पर अब आप सरकार के हर काम के बारे में अटकल लगाने के बजाय, किसी भी काम के बारे में कानूनन सही बात का पता कर सकते हैं कि कोई काम हो रहा है या नहीं और हुआ है तो कितना हुआ है और कौन उसको करने के लिये जिम्मेदार है इत्यादि। मेरा अपना मत यह है कि जनता अपने इस अधिकार का सही इस्तेमाल करके रिश्वतखोरी को रोक सकती है। इस नियम के जरिये हर सरकारी महकमे में सुधार किया जा

सकता है चाहे वह पुलिस, नेता, न्याय पालिका, नगर पालिका, राज्य सरकार, केन्द्रीय सरकार, स्थायीन प्रशासन, कोई भी हो, बेरोजगार युवक युवतियाँ इसके बारे में दूसरों को बतायें व उसके लिये उचित मुआवजा लें, सलाहकार बनकर जनता को बताऐं कि वे इस नियम से कैसे लाभान्वित हो सकते हैं, यह देश की जागरूकता के संदर्भ में मेरा सपना है।

एक बात यह अवश्य याद रखें कि सरकार हमारी है और यदि हम ही सरकार के साथ सहयोग नहीं करेंगे तो हम सब आगे नहीं बढ़ेंगे, साथ ही यह बात भी जरुरी है कि नियमों की अवहेलना न करें परन्तु वह नियम जो जनता व देश की उन्नति में बाधक बने हुए हैं उन नियमों को यथा शक्ति बदलने का प्रयास करते रहना भी जरूरी है। जब तक जनता द्वारा चुने हुए प्रतिनिधियों को तंत्र द्वारा मनोनीत अधिकारियों से ज्यादा अधिकार नहीं मिलेगा, जनतंत्र नहीं आयेगा और परस्पर प्रोत्साहन के अभाव में देश की बहुमुखी प्रतिभा व प्रगति बन्द ही रहेगी जिसका लाभ किसी को भी नहीं मिलेगा। अत: मेरी आपसे विनती है कि इस दिशा में सोचें और स्वतंत्र भारत के नागरिक होने के नाते अपने वोट व अधिकार का प्रयोग करें साथ ही एक-दूसरे को सहयोग व प्रोत्साहन दें। न्याय पालिका, कार्य पालिका, विधान पालिका, परस्पर मिलकर काम करें पर उन्हें अपने-अपने कार्य सुचारु व स्वतन्त्रतापूर्वक करने दिया जाये।

आचार, विचार व उपचार

मैं कोई डॉक्टर नहीं हूँ न ही उपचार के बारे में बात करना मेरा ध्येय है यहाँ पर मैं अपने अनुभव पर सत्य साबित एक तथ्य कि आचरण और विचारों का शारीरिक उपचार पर निश्चित प्रभाव है, अपनी बात मैं आपके सामने रखना चाहता हूँ।

इस विषय पर कुछ लोगों ने लिखा भी है और काफी शोध भी हुये हैं पर मैं एक नया पहलु प्रस्तुत करना चाहता हूँ।

सबसे प्रथम प्रश्न यह होना चाहिये कि क्या हमें बाहरी दवाई या उपचार की जरुरत है। यदि है तो सृष्टि की सबसे उत्तम रचना मानव शरीर को माना जाता है उसमें यह शक्ति क्यों नहीं कि वह स्वयं को स्वस्थ्य रख सके?

आचरण में खान-पान, रहन-सहन व्यवहार आदि आते हैं। विचारों का सम्बन्ध मन से होता है। आचरण और विचार एक-दूसरे से प्रभावित होते हैं और इनका सम्मिलित प्रभाव शरीर पर पड़ता है। पश्चिमी सभ्यता का एकाकीपन जो अब सिर्फ पाश्चात्य सभ्यता में ही नहीं वरन् पूर्वी समाजों में भी पाया जाता है, कई मानसिक विकारों का कारण है और आगे चलकर कैंसर आदि बीमारियों का मूल कारण बनता है। खान-पान भी एक सामाजिक क्रिया के रूप में परिणित होकर अपने मूल ध्येय, शरीर धारण करना, को खो बैठी है। कई बीमारियों का कारण जरूरत से ज्यादा, बेवजह और गलत भोजन खाना भी है।

हमारे आचरणों का हमारे स्वास्थ्य पर असर पड़ता है। इसका सबसे ज्वलंत उदाहरण एड्स की बीमारी है जो पूर्वी देशों में, अफ्रीका में खूब तेजी से फैल रही है। लोग इसके बारे में ऐसे बात करते हैं जैसे कि कोई राक्षस हो, जो बाहर से हम पर हमला कर रहा हो और असंख्य द्रव इस पर व्यय हो रहे हैं शोध व उपचार पर। विश्व भर में इसके उपचार के नाम पर ज्यादा खर्चा हो रहा है, यह कोई छूत की बीमारी नहीं है, पर यह कोई कहता नहीं सुना गया कि यह बीमारी आचरण से ज्यादा सम्बंधित है, तो इसके बारे में भी चिन्तित होना जरुरी है।

अब बाहरी उपचार यानि दवाई के विषय में एक तथ्य को समझे। जब हमारे सिर में दर्द होता है तो हम कोई दवाई खाते हैं और मान ले कि सिर का दर्द ठीक हो जाता है। अब इसका कारण क्या है? तो पहले यह जानना जरुरी है कि यह सिर दर्द क्यों हुआ। इसका कारण है हमारे पेट में विकार। हमने दवाई खाई तो वह पेट के जरिये खून में गई, खून का एक प्रतिशत हिस्सा सिर तक जाता है तो दवाई का भी उतना प्रतिशत सिर में गया और दर्द की अनुभूति बन्द हो गई। विकार तो अभी भी है और दवाई का बाकी हिस्सा भी शरीर में क्या करेगा, वह हर जगह जायेगा जहाँ उसकी जरुरत नहीं है। वहाँ उस दवाई का क्या बुरा असर होगा कोई नहीं कह सकता पर कुछ लोग जानते हैं और उसका नाम है साईड इफैक्ट जो आपको आगे के लिये और कमजोर बना देते हैं। इस तरह और टॉक्सिन व कैमिकल्स हमारे शरीर में एकत्र होते जाते हैं। हमने अपने शरीर की आवाज ही नहीं सुनी कि सिर दर्द का कारण शरीर की थकान थी पर हमने उसे आराम देने की बजाय और अधिक काम उससे ले लिया दर्द की गोली खाकर, गोली को पचाने का काम दे कर व और अवांछित पदार्थ उसमें डालकर।

हमारी जीवनी शक्ति जिसका सबसे पहला काम खाना पचाना है शरीर से गन्दगी निकालने का काम भी उसी तत्परता से करती है। लेकिन वयस्क होने के बाद जब मानव शरीर बढ़ता नहीं है हमें अपने भोजन को सन्तुलित कर लेना चाहिए। पूरे दिन में एक बार आनाज और तीन बार सब्जी फल सलाद आदि का सेवन करना चाहिये क्योंकि भोजन शरीर की टूट-फूट के लिऐ ही इस अवस्था में अब जरुरी है। वरना हमारी जीवनी शक्ति खाना पचाने में ही व्यस्त रहेगी, और शरीर की सफाई का समय ही उसे नहीं मिलेगा और वह दिन-प्रतिदिन क्षीण होती जाएगी। यदि हमारे शरीर में गन्दगी नहीं होगी तो हमें बीमारी नहीं होगी। किसी वायरस का हमारे शरीर पर असर नहीं होगा।

यह तो हुआ स्वस्थ रहने का रहस्य अब अगर रोग के उपचार वाले पहलू पर गौर करे तो रोगी की मानसिक स्थिति से उसके स्वस्थ होने की अवधि निर्धारित होती है यह प्रणामित हो चुका है और उसे उदाहरण रोजमर्रा की जिन्दगी में पाये जाते हैं। यहाँ तक की यदि उपचारक यदि संवेदनशील व्यक्ति होगा तथा उपचार शीर्घ लाभवान होगा लेकिन उपचारक का उद्देश्य हो उसका व्यवसाय तो वह किस विषय में चिन्तित अधिक होगा, अनुमान लगाना कठिन नहीं है।

हाल ही में भार में एक प्रयोग हुआ। कुछ बीमारों को उन लोगों के बीच रखा गया जो रोगी के सफल उपचार के फलस्वरुप लाभान्वित नहीं होने की चाह में थे। रोगी निरोग हो इनमें उनकी कोई दिलचस्पी नहीं थी, वे लोग इस ओर उदासीन थे। और कुछ रोगियों को ऐसे व्यक्तियों के बीच रखा गया जो सच्चे मन से रोगी के स्वस्थ्य होने की कामना करते थे।

पाया गया कि दूसरे वर्ग के रोगियों को स्वास्थ्य लाभ करते पाया गया जबकि पहले वर्ग के अधिकांश रोगी स्वास्थ्य लाभ नहीं कर पाये और कुछ तो मृत्यु को प्यारे हो गये। कहने का तात्पर्य यह है कि उपचार के दौरान रोगी के आस-पास के विचारों का भी असर होता है। अत: रोगी का समस्त दायरा सच्चे शुभचिन्तकों से घिरा रहना चाहिए। लेकिन आज के परिवेश में उपचारक के व्यवसाय की गतिशीलता व परितोषक, रोग के निदान में कम, अवधि में अधिक हो तो उपचार के सभी पहलूओं पर विचार कैसे हो सकता है और ऐसी स्थिति में क्या उपचार सही समय में फलीभूत हो सकता है? यह बात किसी वर्ग विशेष के लिये नहीं कही जा रही है वरन समस्त समाज में पाई जाती है। अन्त में यही कहना चाहूँगा कि विचारों से आचार और इन दोनों के समन्वय से स्वास्थ्य लाभ मिलेगा तथा इस दिशा में प्रत्येक प्रयास से उपचार भी सम्भव ही नहीं वरन् अधिक प्रभावकारी सिद्ध होता है। परन्तु यदि तन व मन दोनों ही जागरुक हो तो बाहरी उपचार की आवश्यकता ही नहीं है। क्योंकि हर कार्य की जड़ में सकारात्मक विचार का होना जरुरी है।

भाईचारा

भाईचारा इतना अधिक अपनी भारत की रेलवे यात्रा के दौरान देखने को मिला कि हम उसकी चर्चा किये बिना नहीं रह सकते है। भाईचारा जानना हो और उसका फायदा सभी पक्षों को हो तभी वह सही माना जा सकता है वरना वह पक्षपात और स्वार्थ कहलाता है।

सबसे बडी समस्या स्लीपरों में सीजन टिकट लेकर बे रोक-टोक बिना रिजर्वेशन के यात्रा करने बालो से है जो जोर-जबरदस्ती करके सोने वाले यात्रियों को उठाकर उनकी सीट पर बैठना ही नही अपितु उनके स्थानों को दबोचना फिर भाईचारा दिखाना कि तू भी यहाँ बैठ जा जैसे अपनी सीट को बाट रहें हो। इसके बाद यह दुहाई देना कि भारत में जनसंख्या इतनी अधिक है और साधन कम है अत: आपको अपनी सीट शेयर करना चाहिये। इस उदार वृत्ति के दर्शन का आपको ज्ञान देने के दौरान यह भूल जाते है जो लम्बी-लम्बी यात्रा कर रहे होते हैं उनको कितनी असुविधा होती है। उन यात्रियों के मन में यह बात कचोटती होगी क्या इसी परेशानी के लिये हमने रिजर्वेशन करवाया था पैसा व समय दोनों को बरवाद किया था और साथ ही उन प्रगल्भ सह यात्रियों के स्वार्थ और अवसर वादिता पर मन में चोट भी पहुचती है। हालांकि उन लोगो को एक आधा घन्टा ही यात्रा करना होती है और इन्हें सिर्फ बैठने वाले डिब्बों की भी जानकारी होती है। पर यह जानबूझ कार स्लीपरों में चढ़ते है और अपनी होशियारी का बखान अपने-अपने आफिसों, कालिजो, घरों में करते है। कि किस तरह इनमें से कुछ तो दूसरों के ऊपर भी जमकर बैठ जाते है और ताश खेलते है जैसे अपने घर के बिस्तरों पर बैठे हो। लोगों को बुद्धु बनाते है।

भाईचारा अच्छी बात है पर भाई जब चारा अपना न हो तो उसे बाटना अनाधिकार चेष्टा कहलाएगी और इससे समाज में सौहार्द बढ़ने के बजाय धूर्तता बढ़ रही है। किसी भी समय किसी तरह दूसरों को नुकसान पहुँचा कर भी अपना छोटा सा काम सिद्ध करना और उसे भाईचारे का जामा पहना देने से कोई समाज सभ्य नहीं कहला सकता है।

बदलाव

दुनिया में हर चीज हर समय हर पल बदल रही हैं, यह एक सर्व मान्य तथ्य है। पर कुछ लोग निहत स्वार्थ के कारण ऐसा नहीं मानते हैं। यह कहावत आपने जरूर सुनी होगी कि समय हर घाव को भर देता है इसका भी यही कारण है। पर इस लेख को लिखने का कारण आज के सामाजिक तन्त्र में बदलाव लाने का है। अगर गौर करें तो हम पायेंगे कि बदला लेने की प्रवृत्ति हममें बहुत अधिक है पर बदलाव लाने की प्रवृत्ति का अभाव ही अधिक दिखाई देगा।

कारण बहुत अधिक सरल हैं कि बदलाव लाने के लिये हमें गाँधी की तरह बनना होगा जो बहुत कठिन काम है। उससे भी कठिन होता है करनी व कथनी में अन्तर। बदलाव को लाना है कहने वाले बहुत मिल जायेंगे, करने वाले भी मिल तो जायेंगे जो दूर दराज जगहों पर हैं और आमतौर पर एक मत नहीं होते हैं कि आगे कैसे बढ़ा जाये। तन्त्र को कैसे बदला जाये, यह बहुत कठिन कार्य है। क्योंकि तन्त्र से जिनको फायदा हो रहा है वह सब इसके बचाव में जी जान से एक जुट हो कर लगे हुए हैं, पर जिनको तन्त्र से नुकसान हो रहा है कभी भी एक जुट नहीं होंगे, कारण एकमत नहीं होना।

जैसे हर बड़े से बड़े काम को छोटे-छोटे भागों में बाँट कर पूरा किया जाता है उसी तरह तन्त्र को बदलने का काम भी धीरे-धीरे ही पूरा होगा, प्रश्न यह उठता है कि कहाँ से शुरू किया जाये। इस बारे में भी मतभेद हो सकता है पर यह सोच जरूरी है कि बहुमत का सम्मान हो तो यदि हम गणतन्त्र को मानते हैं तो क्यों न हम जनमत का अधिकार जनता को दें जो किसी भी नियम को बदलने की ताकत रखता है। पर उसके लिये किसी भी प्रश्न को मतदान के लिये प्रस्तुत करने से पहले जरूरी होगा कि एक हस्ताक्षर अभियान चलाया जाये जिसपर कम से कम दस या एक लाख लोगों का एकमत होना जरूरी हो यह एक लाख लोग एक ही शहर के भी हो सकते हैं या दस लाख पूरे देश के भी हो सकते हैं यदि यह स्थानीय समस्या हो तो यह संख्या कम भी की जा सकती है।

हर नियम की पूरी तरह से जाँच की जाये कि यह जनता के भले के लिये है या उसकी सुरक्षा के लिये जरूरी है यह काम एक जन समितियों से हो जो किसी पार्टी के न हो, और यह कि समितियाँ की अवधी दो वर्ष से अधिक न हो।

राज्यों को स्वाथतता प्रदान की जाये यह आर्थिक, सामाजिक, व्यावहारिक ही न होकर वरन् देश काल पात्र पर भी खरी उतरे। यह याद रखें कि हर बदलाव का जन्मदाता एक विचार होता है।

सरकार का आकार जितना अधिक कम होगा उतना जनता खुश रहेगी। बहुत–से विभागों का कोई औचित्य ही नहीं है उन्हें बन्द कर दिया जाये, जैसे आपूर्ति, रिफ्यूजी, राशन, सहायता। जब इतनी सारी सहकारी संस्थायें है जो अच्छा काम कर रही हैं तो सरकार इस काम में क्यों हैं? हर गरीब आदमी को हर महीने कुछ आर्थिक सहायता देना अच्छा विकल्प है न कि राशनिंग को बनाये रखना जिसमें हजारों कमियाँ हैं। इससे आर्थिक व्यवस्था और मजबूत होगी।

कानूनी नियमों को बनाने वाले, लागू करने वाले और यह देखने वाले कि काम सही हो रहा है या नहीं कानूनी विशेषज्ञ भी अपना काम करने को स्वतन्त्र हों। अगर कोई काम सही हो रहा है रुकावट न आये, और हर एक को अपना-अपना काम करने की छूट होनी चाहिये। नियमों को लागू करने वाले, नियमों को बनाने वालों से अलग-अलग होने चाहिये। अधिकांश नियम मानव मात्र के उत्थान व प्रोत्साहनों के लिये हों।

पुलिस व्यवस्था, पढ़ाई, स्वास्थ्य, सफाई, जल, बिजली सभी स्थानीय चुने हुए जन प्रतिनिधियों के अन्तर्गत हो अधिकांश जो सभी उसी भौगोलिक दायरे में रहते हों।

सरकारी मकान किसी को भी न दिये जाये। पर हर एक जन को अपना-अपना मकान बनाने में पूरी मदद दी जाये। पानी बिजली की आपूर्ति का हर एक को बराबर मूल्य देना बिजली व जल की आपूर्ति प्राकृतिक भौगोलिक पूनर्विकरण संस्थानों से होनी चाहिये जैसे सूर्य पवन जल ऊर्जा इत्यादि।

सरकार को कोई काम अपने आप नहीं करना है सरकार का काम कानूनी, आर्थिक व सुरक्षा आंतरिक व बाहरी बनाये रखना ही होना चाहिये। बाकी काम जनता करे इसके लिये प्रोत्साहन दिया जाये।

देश की सुरक्षा में लगे हुये लोगों का तबादला हो, बाकी किसी का न हो। इस तरह से हमारे देश की काफी बचत होगी, जनता कर्मचारियों को भी पारिवारिक कष्ट नहीं होगा।

बदलाव के बारे में एक महत्त्वपूर्ण बात आपको शायद मालूम होगी जो चीजें हम बदल नहीं सकते हैं उन्हें हम मान लें जो हम बदल सकते हैं उन्हें जरूर बदलें और यह जानने की शक्ति भगवान हमें दें।

बदलाव कब कहाँ कैसे क्यों और कितना इसके जवाब अलग-अलग हो सकते हैं उन पर मतभेद भी हो सकता है पर मेरे अपने विचार में इनके उत्तर हैं बदलाव अभी, कैसे का जवाब आपके बदलाव में छिपा है क्यों का जवाब है क्योंकि वर्तमान वह सब नहीं दे पा रहा है। हमारी जनता को गरीबी रेखा से नीचे है। उतना ही जितना भारत को महान बनाने में कामगार हो।

अब हम आकड़ों की बात करेंगे, भारत के करीब बारह लाख गैर सरकारी संस्थान हैं और उसमें कम से कम औसतन दस लाख लोग काम करते हैं जो साल में औसतन तीन करोड़ का काम करते हैं। गरीबी को मिटाने के लिये। इस तरह करीब 36 लाख करोड़ का काम आप यदि इस संख्या पर ध्यान दें 36 करोड़ लोग ही गरीबी रेखा के नीचे हैं। इस तरह औसतन एक लाख रुपये हम हर गरीब की गरीबी हटाने पर हर साल खर्च कर रहे हैं। पर गरीबी है कि जाने का नाम ही नहीं ले रही है वरन् सुरसा के मुख की तरह बढ़ती जा रही है। कारण वही पुराने तरीके से काम कर रहे हैं। जो कामगार नहीं है तो जरूरत है बदलाव की सोच में करने में। यदि हम सीधे ही गरीबों को ही सिर्फ हर माह 2000 रुपये केवल पाँच साल के लिये दें कि तुम अपने पैरों पर खड़े होने के लिये करोगे तो ही यह रकम तुम्हें मिलेगी तो कैसा रहे? या आप भी सोच सकते हैं कोई नया तरीका। सरकार इससे कहीं ज्यादा खर्च गरीबी हटाने में खर्च कर रही है पर अधिकांश बीच में ही बट जाता है गरीबी को गरीबी हटाने वालों को अमीर बनाने में निपट जाता है।

प्रयोजन होना जरूरी होगा तभी यह रुपया मिलेगा। हमारे गाँवों की संख्या मात्र छः लाख है तो हर गाँव में दो गैर सरकारी संस्थान काम कर सकते हैं। जब हम आँकड़ों की बात कर ही रहे हैं तो यह बताना जरूरी है कि विश्वस्त आँकड़ों की हमारे देश में कमी है, समस्यायें अंकलन से नहीं मिटेंगी वह तथ्यों से ही मिटेगी। आँकड़े न हो तो, वह मात्र कल्पना ही हो सकती है, सच्चाई नहीं। इसीलिये हमारी अधिकांश योजनायें सफल नहीं होती हैं अटकलों पर आधारित हर अटकलें ही मिटा पाते हैं, सच्ची गरीबी नहीं।

हर जन जो सरकार से या गैर सरकारी सूत्रों से सहायता पाता है उससे भविष्य में दो जनों की मदद करेंगे अपनी ही जाती के जरूरतमन्दों की, यह आसवाशन मदद देते समय ही क्यों न ले लिया जाये तो कैसा रहे? गरीबों की मदद के समय भी इसी तरह के आसवासन की आवश्यकता है। हमारे देश में दानियों की कमी नहीं है पर दान देते समय हम यह उम्मीद

नहीं करते हैं कि दान लेने वाले से कि भविष्य में यह भी देने वाला बनेगा। हम दया करुणा दिखाते हैं जब कि समय की जरूरत दया करुणा सिखाने की है। हम मात्र प्रदर्शक, समस्याओं को मिटाने वाले बने रहें। वरन् पथ प्रदर्शक बनकर उन्हें समस्याओं को स्वयं अपनाने को कहें ताकि वह भी भविष्य में दूसरों के पथ प्रदर्शक बनें।

अन्त में नेताओं को अपने विचारों पर राज्य न करने दें उन्हें अपना आदर्श न माने खुद सोचें तभी सही मायनों में आप अपनी समस्याओं को हल कर पायेंगे इसी तरह पुलिस व जन सेवकों के सहारे न बैठे। वह हमारे भले के लिये काम करें तो ठीक है, वरन् हमें उनके मनसूबों पर और काम नहीं करना है कि हम उन्हें सारी सुविधायें भी दें पर उनकी जवाबदेही जनता के प्रति बिल्कुल न हो तो वह अपना रास्ता देखें। जनता के कोष का 80% नेताओं व जनता सेवकों पर खर्च हो जाता है। आप यह सब पढ़ने के बाद इस नतीजे पर अवश्य पहुँचे होंगे बदलाव की जरूरत तो है पर किन-किन बातों पर आप सहमत हैं मुझसे कह नहीं सकते तो शुरू दीजिये बदलाव के लिए काम । अगर आप अपने विचार पर अमल करेंगे तो वह आपके शब्द बन जायेंगे वही बाद में आपका कार्य बन जायेगा, जो भविष्य में आपकी आदत बन जायेगी जो आपका चरित्र कहलायेगा, अन्यततोगत्वा यही आपकी नियती होगी। इस तरह आपकी नियती आपके अपने हाथों में होती है। देश में आज एक आवाज उठ रही है कि एक नये गाँधी की जरूरत है, याद है यह—गाना तुम में ही कोई गाँधी होगा प्यार की राह दिखा दुनिया को ....

चौकीदार

हम इन्जीनियर, डॉक्टर, नेता, बनिया, दुकानदार, साहूकार, क्लर्क इत्यादि सभी के सभी चौकीदार बन के रह गये हैं। आप पूछेंगे यह कैसे हो गया।

चौकीदार की क्या परिभाषा है, उस पर ध्यान दें। चौकीदार वह होता है जो दूसरों की धन दौलत व वस्तुओं की रक्षा करता है, उसके बदले में उसे तनखा भी मिलती है। आज हम सभी धन व चीजों को एकत्र करके उसकी रक्षा कर रहे हैं। कभी-कभी अपने प्राणों की आहुति देकर धन व चीजों को एकत्र करके उसकी रक्षा कर रहे हैं। कभी-कभी अपने प्राणों की आहूति देकर भी, इसके बदले हमे तनखा भी नहीं मिलती है। हम क्या रह गये हैं? क्या किसी चौकीदार से कम हैं? हम सभी प्रार्थना करते हैं आरती भी रोज करते हैं- तेरा तुझको अर्पण क्या लागे मेरा

यह तो तय है कि दुनिया की चल और अचल सम्पत्ति के मालिक भगवान के अलावा कोई और नहीं हैं। इस नाते जो भी सम्पदा हमारी कहलाती है, अस्थाई है। यदि हम सब इस अस्थाई सम्पदा की चौकीदारी में दिन रात लगे रहते है तो हुए न हम सब चौकीदार? अगर हमें अपने मालिक भगवान पर भरोसा है तो जितना हमारा है हमारे पास रहेगा उसे कोई नहीं ले सकता हैं और ध्यान देने योग्य बात है कि मैं चौकीदार के खिलाफ हूँ खूब कमाईयें इस्तेमाल कीजिये पर भविष्य के बारे में जरा यर्थावादी होकर सोचिये जब हम कमा पा रहे है तो कल इसी तरह हमारे बच्चे क्यो नहीं कमा लेंगे जब जरूरत होगी इस तरह यह सोचना कि यदि हमने ज्यादा धन एकत्र कर लिया ज्यादा चीजें तो हम ज्यादा खुश होगे इस बात को जरा गहराई से सोच कर देखियें कि क्या सच है।

जरूरी धन भी एकत्र कीजिये पर घर पर नहीं वरना आपको सर्प की भाँति कुन्डली मार कर चौकीदार बन कर उसकी रक्षा करनी पडेगी। वह आपकी सेहत के लिये अच्छा नहीं होगा क्योंकि कोई भी चौकीदार रात को ठीक से सोता नहीं हैं दिन में ही सोता हैं। रात को उसे जागना ही पड़ता है। तो दिन में आपको जागना ही है और रात में धन व माल की चौकीदारी में जागना पडेगा तो आप सोएँगें कब? और नहीं सोएँगें तो बीमार पड़ जाएँगें।

भारत में एक ऐसी जगह है जहाँ पर आज भी कोई अपने घर में ताला नहीं लगाता है यह शनि महाराज गाँव महाराष्ट्र में हैं मैने खुद अपनी आँखों से देखा है। क्लाइव ने भी अपनी रिपोर्ट में यही लिखा था कि भारत में घरों में कोई किवाड़ो में ताला या कुन्डा तक नहीं लगाता है फिर भी चोरी इत्यादि नहीं होती है। हम सब राम राज्य की कल्पना करते हैं पर सोचते हैं कि यह हो ही नहीं सकता है तो कैसे होगा यह सब।

जनाब चौकीदारी छोड़िये और हालातों के साथ रहना सीखिये। यदि चोरी हुई भी और कुछ चला भी गया तो क्या यह अन्त है कि आप फिर नहीं खरीद सकते या उन चीजों के बिना भी काम चल सकता है यह आप मान लें। क्योंकि आगर इतना जरूरी होगा तो जैसे उस परमपिता परमात्मा ने पहले दिया फिर दे देगा पर यदि आपको उस पर पूरा विश्वास है तो यदि नहीं है, आप खुद कर रहे हैं तो ढ़ोइयें साहब यह बोझा भी जैसे आप ही सब कुछ कर रहे हैं, अपनी दुनिया चला रहे हैं।

हमने तो उसके ऊपर छोड़ रखा है। वही कर्ता है। वही धर्ता है।, हम तो सब बहाना मात्र हैं और हमे इसी में गर्व है कि हम उस परमपिता की इच्छा से चलाए जा रहे हैं इसलिये कहीं भी आने-जाने में स्वतंत्र हैं।   ‗‗‗‗‗‗‗‗

दरवाजा

जब एक दरवाजा बन्द होता है तो कई नये और खुलते हैं यह कहावत है। दुनिया का सब से बड़ा दरवाजा बुलन्द दरवाजा फतेहपुर सीकरी आगरा के पास भारत में हैं। जो अकबर ने बनवाया था। सबसे छोटा कहाँ होगा कहना मुश्किल है पर कुछ अमीर लोगा आधे नाप के दरवाजे अपने बच्चों के खेल-घरों में लगाते हैं वे शायद सबसे छोटे दरवाजे हों। एक बात आप जानते ही होगे कि पुराने भारत में दरवाजे आदमी के कद से छोटे नाप के हो जायें यह उस समय के शिष्टाचार में विनम्रता का प्रतीक रहा होगा या फिर रहने वालों की सुरक्षा की दृष्टि से जरूरी रहा होगा।

अब दरवाजे के बारे में जरा विस्तार से इस कहावत पर ध्यान दें कि आदमी अपनी दीवारें अपने आप बनाता है। जब दीवारे अपने आप बनती हैं तो दरवाजे कहाँ और कैसे लगानें हैं अपने घरोंदौ में वह भी खुद तय करते हैं जिस तरह जब एक दरवाजा बन्द हो जायें तो आदमी को अपने दिमाग के दवाजे हमेशा खुले रखनें चाहियें।

ये कहावत बहुत ही महत्वपूर्ण बात हमे सिखाती हैं कि जब हमे लगता है कि किसी समस्या को हल करने का एक रास्ता बन्द हो गया या एक जरिया आमदनी का बन्द हो जाने पर कई नये आयाम सामने आ जातें हैं। जरूरत है तो सिर्फ जागरूक रहने की और सकारात्मक सोचने की।

महत्त्वपूर्ण बात यह होती है कि जो भी निर्णय हम लें बहुत सोच-विचार करने के बाद, और फिर उसको पूरा करने में हम अपना शत-प्रतिशत लगा दें ताकि असफलता की कहीं कोई गुंजाइश ना रह जायें।

अकल बड़ी या भैंस? दरवाजा उन दोनों से बड़ा होता हैं जिसमें से भैंस भी चली जाये वा अकल भी पास हो जाती है। हाँ दरवाजा खुला रखने की आवश्यकता है। यानि अपने दृष्टिकोण सकारात्मक हो, यदि नकारात्मक रक्खा तो मतलब दरवाजा बन्द ही रहेगा। भारत में एक ऐसी जगह है शनिदेव महाराज का गाँव, जो महाराष्ट्र में है जहाँ लोग दरवाजों में

ताला भी नहीं लगातें हैं, यही स्थिति पूरे भारत में थी अग्रेंजो के भारत आने से पहले चाहें तो मैकाले की रिपोर्ट को देखें जो उसने क्वीन विक्टोरिया को लिखी थीं। अब हर शहर में लोग तालों पर ताला लगातें हैं। मुंम्बई में मुख्य दरवाजों पर कम से कम तीन ताले या उपकरण लगे होते हैं। ताले चोरों को दूर रखने के लिये नहीं होते हैं पर उचक्कों को नाकाम करने के लिये होते हैं जो समय को भाग्य कर हाथ साफ करते हैं। ऐसा कोई ताला नहीं है जो चोर न खोल पायें। हालाकि दरवाजों को खुला रखने का कोई औचित्य नहीं हैं पर दरवाजों को लेकर बहुत ज्यादा चिन्तित भी नहीं होना चाहिए, वरना ध्यान रहे कि दरवाजों के बजाय ताला कही आपके दिमाग में ही न लग जाये और आपका सम्पूर्ण नजरिया ही नकारात्मक हो जायें। यह मानी हुई बात है कि जब किसी के लिये सारे दरवाजे बन्द हो जाते हैं तो एक दरवाजा फिर भी खुला रहता है वह है, धर्म का दरवाजा।

एक नई दिशा

यह बहुत अच्छा अनुभव हुआ है कि हरिशचन्द्र बन्धु में बहुत प्रगतिशील और मौलिक विचारधारा प्रदान करने वाले लेख पढ़ने का अवसर मिल रहा है। जैसे राम धारावाहिक में राम के चरित्र युग प्रर्वतक दृढ़ व्यक्तित्व के रूप में उभर कर सामने आया है। तत्कालीन समाज की रितियों का हम आज की राजनीतिक घटनाओं का मनोवैज्ञानिक मापदन्ड से तुलनात्मक अध्ययन करें तो पायेंगे कि मान जाति हर समय में अपने समाज की कुरीतियों और अन्याय को सहती आई है। बहुत कम लोग कुशासन या शक्तिशाली द्वारा किये अत्याचार के विरोध में आवाज उठा सकने में समर्थ होते हैं, कहीं पद खोने का भय, कहीं प्राण खोने का भय। इतिहास को जानने से हमें यही शक्ति मिलती है कि जो गलतिया हो चुकी हैं उन्हें हम फिर से न दोहराएं और समय रहते उन्हें समाज से दूर करने की कोशिश करें, अपने अन्दर साहस ला कर।

लोग इस बारे में चिन्तन करते है पर समस्याए कम होने के बजाय बढ़ती हुई दिखाई देती हैं। कारण कुछ भी रहा हो पर सबसे बड़ा कारण व्यक्तिगत स्वार्थ हैं। स्वार्थ मनुष्य का व्यक्तिगत गुण है इसलिये यह बहुत अच्छी बात है कि हम स्वार्थी है। इस स्वार्थ को ही सर्वोपरि रखकर हम अपने देश व मानव जाति के भले के लिये प्रयोग कर सकते हैं। अमेरिका में एक बहुत अच्छा शब्द लोग बार-बार इस्तेमाल करते है वह है win win इसका मतलब यह है कि तुम भी जीतो और पड़ौसी भी जीतें और सभी winner हों।यह तभी हो सकता है जब हम यह चाहे कि जो सुविधा हमें मिल रही है, हमारे पड़ौसी के पास भी हो। हम सभी को आगे बढ़ना है न कि मैं तुमसे अच्छा इसलिये हूँ क्योंकि मेरे पास तुमसे ज्यादा पैसा है, या ज्यादा पढ़ा हूँ, या ज्यादा बड़े पद पर हूँ। जीवन यापन के लिये हम जो भी करतें हों पर हम सभी बराबर हैं, सभी में उसी एक भगवान का वास है। तब मन्दिर में जाकर यह नहीं कहना पड़ेगा कि भगवान मेरे बच्चे को इंजीनियर बना दो और एक अच्छी सी नौकरी भी दिला दो ताकि वह मेरे पड़ौसी के बच्चे से ज्यादा पैसा कमायें। बल्कि हम सभी यह कहे

तो कैसा रहेगा कि भगवान हमारे पड़ौस के बच्चों को इतना समर्थ बना दे ताकि सभी बच्चे अपना जीवनयापन भलीं भांति कर सके और हमारे इर्द-गिर्द खुशहाली फैल जायें।

अब आइये अपनी समस्याओं को हल करने के बारे में कुछ विचार करें। यह बहुत अच्छा समय है कि देश में इस समय संविधान सुधार आयोग का गठन हो चुका है बस जरुरत है उसको उपयोग में लाने कीं। हमारी सबसे बड़ी समस्याएं हैं नौकरियों की कमीं, भ्रष्टाचार, सफाई, पढ़ाई, स्वास्थ व जनसंख्या। हमें यह तो मनाने में कोई हानि नहीं है कि जब से हम स्वतंत्र हुए हैं सरकार के प्रयास सराहनींय हैं। देश में प्रगति हुई है, पर खरी नहीं उतरी है क्योंकि प्रगति का फायदा हर स्तर पर नहीं हो पाया है। जनसंख्या जो हमारे लिये समस्यां है प्रगति का कारण व गौरव भी हो सकती है यदि हमें जनसाधन का सही इस्तेमाल करना सीख जाये तो, चाईना इसका एक ज्वलन्त उदाहरण हैं। हमारी सरकार का ढ़ाचा केन्द्रीकरण पर आधारित है जबकि प्रगति विकेन्द्रीकरण में निहित है। हमें नये ढ़ंग से सोचना होगा। ताकि नयी-नयी सम्भवनाएं सामने आएं। हाँ नये तरीके में गलतियाँ होंगी पर जो अब हो रही है वह सब ठीक है क्या? यहाँ एक बात सच मानिये कि कोई भी चीज मुफ्त नहीं होती। देर सबेर हमको उसका मूल्य देना ही होगा इसी तरह हर गलती का भी मूल्य चुकाना पड़ता हैं। पर बार-बार एक ही गलती का मूल्य क्यों दिया जायें। हमारा सरकारी तंत्र बनाया था ब्रिटेन के शासन ने, जो हमारे ऊपर राज्य करना चाहते थे उन्हें जनता की जरूरत को समझने की जरुरत नहीं थी न उन्हें उसकी कुशलता की जरूरत थी। शिक्षा का प्रयोजन भी शासन के लिये क्लर्क उपलब्ध कराना था, लोग इसलिये यह नौकरियां करते थे कि मान बढ़ेगा और जीवन आरामदायक हो जायेगा यह सोचकर खुश रहते थे। अभी भी हमारी शिक्षा का यही मन्तव्य है, देश के लिये कर्णधार तैयार करना नहीं है, सरकारी नौकरी या आई०ए०एस० बनना है। अब अगर हम जैसा अब तक करते आयें वैसा ही करते रहेंगे तो वही फल मिलता रहेगा जैसा कि अब तक मिल रहा है। यदि बदलना है तो सोचने के तरीके में अमूलचूल परिवर्तन लाना होगा। पुलिस बजाय दिल्ली लखनऊ से आने के स्थानीय छोटे-छोटे शहरों की अपनी होनी चाहियें ताकि वह अपनी आवश्यकतानुसार अपने ही नव युवक व नवयुवतियों से बनें और शहर का मेयर जो जनता द्वारा चुना गया है उसके हाथ में हो। मुख्य सिद्धान्त यह होना चाहिये कि चुने हुए प्रतिनिधियों को चयनित सेवकों से ज्यादा अधिकार होनें चाहियें। कोई भी प्रतिनिधि एक पद को दो बार से ज्यादा ग्रहण न करे। उससे भाई-भतीजावाद कम होगा और ट्रान्सफर में होने वाली धांधलिया व खर्चा कम होगा । कितनी सुरक्षा आपको शहर, कस्बे या गाँव में चाहियें और उसका खर्च उठाने को आप तैयार हैं वह आपको मिलेगी। सफाई के लिये कूड़े को बिजली में गैस में कैसे बदला जा सकता है उस पर ध्यान देना होंगी। जिससे नये-नये उपकरण बनेंगे और ईजाद होंगे,

सम्भावनाऐं बढ़ेंगी, नई नौकरियाँ पैदा होगीं। सफाई ठीक होने पर प्रदूषण का स्वास्थ पर फर्क पड़ेगा। लेकिन यह ध्यान देने की बात है जो इस नये तरीके से प्रभावित हो। उनको इस उपक्रम में शामिल किया जाये। पानी की कमी हर घर में पम्प लगाने से दूर नहीं होगी या हर घर में गंगा टंकियां लगाने से नहीं होगी। बिजली का भी भरण हर घर में इन्वरटर या जनरेटर लग जाने से ही नहीं होगी इससे तो प्रदूषण को ही बढ़ावा मिलेगा उससे सबसे ज्यादा निम्न वर्गों के स्वास्थ्य पर प्रतिकूल असर पड़ेगा। आहार समस्या सबकी है तो हल भी सबको मिलकर निकालना होगा।

गतिरोधक इतने अधिक हमारी सड़कों पर लगे हैं उनसे हमारे वाहनों पर, व ईंधन की इतनी अधिक बेकारी होती है कि इससे हमारी आर्थिक स्थिति पर प्रतिकूल प्रभाव पड़ रहा है, समय और धन का अपव्यय होता है। वह अलग, पर सबसे ज्यादा अप्रत्यक्ष प्रभाव है जो हमारी सोच को दर्शाता है कि हमें हर काम में अडंगा लगाना आता है यह हमारी सामाजिक मनोवृति का प्रतीक हैं। हमें एक दूसरे के सहयोग से आगे बढ़ाने और सर्वजन हिताय रास्तों को अपनाना होगा ना कि मरहम पट्टी की तरह सड़क पर अवरोधक बनाने से समस्या सुलझ जायेगीं।

सरकारी तंत्र से गुप्तता को समाप्त किया जायें, जो अभी हो भी गई हैं इस लेख को लिखने के बाद हर समस्या को छोटे-छोटे हिस्सों में बाँटा जाये ताकि हल भी छोटे-छोटे रूप में हो सकें। सरकारी महकमों में फीस समयानुसार ली जायें, जैसे यदि काम जल्दी चाहियें तो फीस अधिक। जैसे यदि तुरंत काम तो फीस अधिक जैसे रेलवे में तत्काल सेवा है खासतौर पर कोर्ट में और पासपोर्ट आफिसों में होता है। सरकारी महकमों को अपना खर्च खुद निकलना चाहिये न कि वह जनता पर बोझ बन जायें। जिन महकमों का अब ओचित्य नहीं है उन्हें बन्द कर देना ही अच्छा है। जैसे शरणार्थी राशन सप्लाई इत्यादि।

सफाई के मूल में जायें तो पता चलता है कि वह हमारे ही मेहतरों के तले दबी पड़ी हैं और रेलवे इसके लिये पूर्ण रूप से जिम्मेदार है पूरे देश में गन्दगी फैलाने के लिये। शहरों में स्टेशनों में व रेलवे लाईनों के आस-पास बहुत ही ज्यादा गन्दगी रहती हैं। इसीलिये रेलवे लाईनों के आस-पास के लोग भी शौचालय न होने के कारण उसके किनारे बैठ कर काम चला लेतें हैं। अगर गाडी स्टेशन से गुजर गई तो आप सच मानियें आप वहाँ खड़े रहकर अपनी तबियत खराब नहीं करना चाहेंगे। उस तरह की गन्दगी सिर्फ भारत व उसके पड़ौसी देशों को छोड़कर कहीं नहीं पाई जाती है कारण जानना चाहते है वह यह है कि रेल के डिब्बो के नीचे एक फाईबर ग्लास का टैंक लगा दिया जाता है जो गन्दगी को रेल लाईन के पास गिरने से रोकता है और बड़े-बडे स्टेशनों पर इसे पम्पों से साफ कर दिया जाता है जहाँ पर सिटी सिवेज की सुविधा है जैसे पानी भरा जाता है, पानी खाली भी किया जा सकता है।

जब एक खोंचे वाले को अपना कूड़ा रखने के लिये एक कूड़दान रखना पड़ता है तो भारतीय रेलवे को किसने यह इजाजत दे रक्खी है कि सारे सप्ताह में एक निश्चित दिन ही कूड़ा बाहर फेंक सकते हैं जब सात दिन का कूड़ा घर में रखेंगे तब कूड़े की बदबू व महत्व हमारी समझ में आयेगा कि इसको किस तरह रखना या निकालना चाहियें। इस कूड़े से बिजली भी बनाई जा सकती है या शहर के बहार दफनाकर खाद भी बनाई जा सकती है जरुरत है सिर्फ एकजुट होकर सही काम करने की और थोड़ी सी व्यवस्था बनायें रखने की।

घरों पर टैक्स आज की कीमत पर देना होगा ताकि सुविधायें भी आज की तारीख में दी जा सकें। यह कुछ बड़े शहरों में शुरू हो चुका है। तंत्र का उपयोग जनता की सुविधा के लिये हो ना कि जनता को सताने या चूसने के लिये होना चाहिये। साथ ही हर नागरिक को अपने कर्तव्य का बोध भी हो। यदि सरकारी तंत्र गोपनियता को छोड़कर अपने कार्यकल्पों का विवरण नागरिकों को सुलभ करायें तभी हर नागरिक को अपने कर्म का बोध होगा। हर सरकारी महकमों के साथ नागरिकों की एक सलाहकार समिति होनी चाहिये जिसकी सदस्यता का मापदण्ड धन से जुड़ा न होकर सामाजिक जागरूकता के प्रति होना आवश्यक हो, व इन समितियों को राजनीतिज्ञ मोहरेबाजी से दूर रखना होगा। सिर्फ एक बार तीन साल के लिये चुना जाये। पुलिस, बिजली, पानी, पढ़ाई, प्लानिंग सड़क निर्माण एक सरकारी महकमे न होकर जनता के अधिकार में होने चाहिये जो लाभ की चिन्ता किये बिना काम करे, सरकारी शिकंजे में रहकर नहीं जहाँ पर नियम इतने ज्यादा हैं कि नये विचारो का गला ही घुट जाये। सरकार का काम व्यवस्था को बनाये रखना ही होना चाहिये। उनको चलाना नहीं। प्रतिस्पर्धा गतिशीलता के लिये जरूरी है। सरकारी नौकरी सुरक्षा के बजाये जड़ता में बदलाव गई है। पहले सभी लोग इन बातों का विरोध करेंगे पर चारा क्या है हमें नई दिशा दलाव के लिये सोचनी ही पड़ेगी।

नजर को बदलिये नजारे बदल जायेंगे, सोच को बदलिये सितारे बदल जायेंगे।

किश्ती को बदलने की जरूरत नहीं है, दिशा को बदलिये किनारे बदल जायेंगे।

बदलाव में ही प्रगति निहीत है। हमारे देश का भविष्य एक व्यक्ति, जाति, परिवार पर निर्भर न होकर सब देश वासियों पर निर्भर होना चाहिये और समाज सेवा धर्म होना चाहिए, पेशा नहीं। जो यह परिस्थितिवश नहीं कर सकते है। उन्हें खुद अपना पद त्याग कर दूसरों को मौका देना चाहिये।

यह सब लिखने का सारांश यह है कि मिलकर विश्वास के साथ हम समस्याओं को हल कर सकते हैं। अगर समस्या हल नहीं हुई तो यह सोचना चाहिये कि इसके पीछे किसी का स्वार्थ तो निहित नहीं है। तभी समस्या बनी हुई है। जैसे परमिट सिस्टम बसों के लिये होता है, या ऑटो के लिये, रिक्शाओं के लिये होता है, जबकि सरकार को उन पर

बैठने वालों की सुविधा व सुरक्षा के लिये चिन्तित होना ज्यादा जरूरी है क्योंकि आपको टैक्सियों व टैम्पों में बैठी जनता को देखकर ही पता लग जायेगा। अगर हम सोचते है कि हम समस्या का कारण नहीं है तो आइये हम उनके सुलझाने को कारण बन जाय वरना यह सब समस्यायें सुरसा के मुहँ की तरह बढ़ती जाएँगी। किसी को तो करना ही होगा तो मैं ही क्यों न पहल करुँ? जो मैं कर सकता हूँ करुँ। यह सोचना जरूरी है कि यदि समस्या हल नहीं हुई है तो हल निकलेगा और यदि हो गई, तो यह नहीं है कि नई और पैदा नहीं होंगी, यह एक सतत प्रयास है जो पीढ़ी दर पीढ़ी चलता रहेगा। आइये हम सब यह निर्णय लें कि हम समाज सेवा के लिये आधा घन्टा समय देंगें और अपनी आय का दसवाँ हिस्सा समाज के उत्थान में लगायेगें तो देखें कितना संतोष होगा व मानसिक शान्ति मिलेगी।

परहित जा के बस मन माही तिन नहीं दुलर्भ जग कुछ नाही।

═══════════

मायूसी

मायूसी की छटा इतनी निराली है जहाँ चले जाओं अपकों यह देखने को मिल जायेगी अपने भारत इसका इतना बोल-बाला क्यों है?

पहला कारण मेरी समझ में धर्म को डर का मानना है उसे सही रूप में समझना नहीं है डर सम्मान या आदर का पयार्य बन चुका है। नतीजा यह है कि बच्चा अभिभावक से, अध्यापक से, पुलिस से, धर्म गुरू से डरे। समाज की यही आपेक्षा अनजाने में संस्कारों का करण बन जाता है। नियमों से डरना है, उन्हें समझना है, न उन्हें मानने का मन करता है। यदि कोई अंकुश नहीं है तो खुले रूप से उनकी अवहेलना करो। सही तो यही होगा कि जो नियम कसे जाये लेकिन हर समय उससे डरकर बैठे रहने की मानसिकता के हम आदी हो चुके है जैसे सरकार कहीं बाहर की आई हुई है उनको क्यों सुलझाओं, हमारे पास सिर्फ दो ही तरीके है या तो सिर झुकाकर मान लो या विद्रोह और तोड़-फोड़ करा देश को पीछे की तरफ ढ़केल दो। प्रजातंत्र या लोकतंत्र के हम आदी ही नहीं तो नेताओं को क्या समझायेगें। चुपचाप घर पर बैठे रहों मुझे क्या करना है? ज्यादा से ज्यादा सरिता में एक स्तम्भ आता हैं उसमे छपा तो है, कोई हिम्मत वाला व्यक्ति होगा तो आगे ले जायेगा, हम पर तो आँच नहीं आयेगी, हम तो बाल-बच्चेदार आदमी हैं हम क्या कर सकते हैं?

अपने देश में इतने अधिक नियम है कि संसार में कही नहीं होगे। ऐसा लगता है जैसे जानवरों को नियंत्रण में रखना है तो उतने अधिक नियम तो होने ही चाहिये। बस फर्क इतना है कि जानवर पढ़ नही सकते है पर हमसे बहुत पढ़ भी सकते है तो क्या? नेता, अभिनेता, अमीर व्यक्ति जैसा करेगें हम भी कर लेगें हमे अपना अच्दा बुरा समझने की छूट कहाँ है। एक नियम है कि सरकारी कर्मचारी (दरअसल इनका नाम जन-सेवक होना चाहिए।) मैं आफिसरी नहीं कर रहा हूँ उसमें ब्रिटिश राज की बू आती है, राजनीति में भाग ले सकते हैं। आज जब सरकार हमारी जनतंत्र हमारा है, सोचे कि कितने होशियार व्यक्ति प्रजातंत्र की प्रक्रिया से बाहर हैं। जब कि सत्य यह है कि सारे कर्मचारी दिन भर ऑफिस के

समय इन बातों को करने की मनाहीं ही नहीं अखबार पढ़ने की भी मनाहीं होनीं चाहिए। इसलिए इस नियम को हटाना ही अच्छा रहेगा।

मायूसी का एक और तीसरा कारण है कि हम हमेशा अपने से ऊपर वालों को ही देखते हैं और हम समझते हैं कि हमारी तरक्की जब ही हो सकती है जब हम उनके बराबर कमायेगें। यह एक मृग तृष्णा है जो आज तक किसी की भी नहीं बुझी है। इस मायूसी को दूर करने का सबसे अच्छा उपाय है कि हम अपने से नीचे वालों के ऊत्थान के लिये, बिना किसी फल की इच्छा के इनकी मदद करें, समाज सेवा करे। दिन में चाहे पाँच मिनट का ही समय दें। इससे आपको व्यक्तिगत फायदा होगा, यह सोचे बगैर इस भावना से काम करें कि फायदा आपको ही ज्यादा होगा क्योंकि आपको उतनी ज्यादा खुशी और संन्तोष मिलेगा जो आज तक आपको किसी और काम से नहीं हुआ था न होगा। और यह मायूसी आपके पास फटकेगी भी नहीं।

हम बहुत सी बातों को समझतें व जानतें है पर जब तक हम अच्छी बातों को अपने जीवन का एक अंग नहीं बनायेंगे उनका कोई भी लाभ हमें नहीं मिलेगा, हाँ नुकासान भी नहीं होगा मायूसी इस कदर हमारे जीवन में घुस चुकी है कि हर समय आपको यही सुनने को मिलेगा कि हमारे करने से क्यो होने वाला है? कहाँ से शुरू करें। भय्या आप सारी समस्यायें तो हल करन से रहे पर एक को ही ले तो उसके बारे में गहराई तक सोचें और उसको दूर करने का प्रयत्न करेगें तो यह मायूसी आपके पास भी नहीं फटकेगी क्योंकि आप एक समस्या को सुलझाने में लगे होगें और आप विश्वास कीजिये तो सफलता आपके कदम चूमेंगी, वरना यह मायूसी आपको कहीं का भी नहीं रहने देगी, जैसा आप हर तरफ देख ही रहें हैं।

═══════════

आज की पीढ़ी भ्रमित क्यों
(नीति और धर्म का ह्रास)

इस प्रश्न के विषय में भी प्रश्न है कि क्या यह कथन सत्य है या असत्य? मैं इस विचार को सही नहीं मानता हूँ क्योंकि इस प्रश्न के उत्तर की खोज में खुद को लगाकर हम सोचे कि हमारी सारी समस्याओं का कारण क्या भ्रमित युवा पीढ़ी को गुमराह कर रहें हैं? चौकियें नहीं, अगर और सब बातें हमारा बच्चा जन्म से सीखकर नहीं, आ या तो भ्रमित भी वह जन्म से नहीं, वह सब कुछ समाज से सीखता है। समाज है—माता-पिता, परिवार, बन्धु, अध्यापक, मित्र, पड़ोसी, नेता, मंत्री इत्यादि।

नीलन ड्राइव, नोली अमेरिका निवासी प्रोफेशनल इन्जीनियर उमेश बाबू रोहतगी एवं उनकी धर्मपत्नी श्रीमती रश्मि रोहतगी जो युवा पीढ़ी के भटकाव के सम्बन्ध में अपने विचार प्रकट करते हुये कहते हैं कि इस प्रश्न के विषय में भी प्रश्न है कि यह कथन सत्य है या असत्य। इस विचार को सत्य नहीं मानते है तो इस प्रश्न के उत्तर की खोज में खुद को लगाकर हम सोचें कि हमारी सारी समस्याओं का कारण भ्रमित युवा पीढी है। दरअसल प्रश्न होना चाहिये कि हम हिन्दु अपने हिन्दु राम और कृष्ण को अपना आदर्श मानते हैं, जीवन के हर क्षेत्र में। दशरथ के पास जब विश्वामित्र राम को लेने आये तो उन्होंने यही कहाँ कि राम बच्चे हैं किस तरह राक्षसों को मारेंगे। कृष्ण के बारे में भी नन्द बाबा ने लगभग ऐसा ही कहा, जब अक्रूर जी उन्हें लेने आये। हमारे अपने माँ-बाप भी हमारी सीमाओं को नहीं जानते थे पर हममें से बहुतों ने न केवल उनकी महत्वाकांक्षाओं को फलीभूत किया वरना उससे भी आगें बढ़कर यह साबित कर दिया कि हमारे माता-पिता ने हमें अच्छे आदर्श दिये है अच्छी मान्यतायें दी, हैं। राम ने धर्म आचरण किया। सब कुछ छोड़कर कृष्ण ने भी धर्म का आचरण किया। उन्हें धर्म का ज्ञान अपने माता-पिता से, आपने समाज व पूर्वजों से मिला था, धर्म से दिशा का ज्ञान सहज है।

हमारी युवा पीढ़ी के भ्रमित होने का कारण भी हमारी कथनी ओर करनी में अंतर है। हमारी सामाजिक मान्यताओं व आदर्शों में कमजोरी इसका कारण है। यदि हम अपने हरिश्चन्द्र वंशीय समाज का अवलोकन करें तो पायेंगे कि जो हमारे बच्चे कर रहे हैं, वह हमने नहीं किया और जो हमने किया था वह हमारे माता-पिता व दादा ने नहीं किया। कितने डॉक्टर, इन्जीनियर, एकाउन्टेन्ट थे हमारे समाज में पहले? लेकिन अगर आज हमने इन्हें यह नहीं दिखाया और सिखाया कि अपने बड़ों का सम्मान किस तरह किया जाता है तो कल ये हमारा भी सम्मान नहीं करेंगे और आगे चलकर इसके लिये पीढ़ी जिम्मेदार नहीं होगी। शिक्षा का उद्देश्य घनोर्पाजंन नहीं वरन् मानसिक संकीर्णता को हटाना है। धर्म दंडिका से दिशा का ज्ञान दें ओर शिक्षा से मानसिक संकीर्णता हटायें तो किसी के भी भ्रमित रहने का प्रश्न नहीं उठता है।

पूजोग

अधिकांश भारतीय जन पूजा रोज करते हैं। अब योग भी बहुत प्रचलित हो गया। तो मन में एक प्रश्न उठा क्योंकि इन दोनों को मिला कर जाये तो "पूजोग" का जन्म हुआ। हम पिछले कई महीनों से यह प्रयोग कर रहे हैं, और हमें इसमें सफलता भी मिली है। यह सफलता बहुमुखी है। इसीलिए विचार आया, क्यो न इस विधि की उपयोगिता को देखते हुए व परिणामों के बारे में सोचकर देखा तो आप सब जो यह लेख पढ़ेगे, शीर्षक को देखकर उन सबसे इस प्रयोग की चर्चा की जाये। चर्च की उत्पत्ति चर्चा है, मस्जिद की उत्पत्ति मन्दिर है, और योग भी पूजा का ही अभिन्न अंग है, तो पूजोग की उत्पत्ति पूजा व योग में निहित है?

पहले हम पूजोग की उपयोगिता के बारे में ही लिखेंगे । अब कि इस पद्धति से हमारी मानसिक व शारीरिक जरूरतें पूरी होंगी और जब हम मन व शरीर से स्वस्थ होंगे, उनकी जरूरतों की आपूर्ति कर चुके होंगे, कर्म से भी भरपूर होगें, मन शान्त, स्वच्छ व निर्मल होगा। इस तरह जीवन प्रज्वलित होगा, चाहतो को लगाम मिलेगी, चीजों को एकत्र करना छोड़ देंगे क्योकि खुशी आपके जीवन का अंग बन चुकेगी।

अब आते हैं कैसे करें और क्या करें। आप जैसी भी पूजा करतें हैं करते रहियें। चाहे प्रेयर (उपासना) करते या अजान करते हैं। हम यह आपको बताना चाहेंगे कि उपरोक्त समय में सिर्फ 5 मिनट का समय और जोड़ दें, पूजा का स्थान और योग का स्थान आलग ढूढना नहीं पड़ेगा। आज के व्यस्त जीवन व घर के वातावरण में सबको अलग-अलग स्थान व समय निकालना संभव नहीं होता हैं। यह समस्या भी स्वत: हल हो जायेगी। सवाल आता हैं क्या करना हैं इन पाँच मिनटों के समय में। पहले आँख बन्द करके 3 बार ओम का उच्चारण करें। सांस को रोकें, गालों में भरें। अंगूठों से नाक कान बन्द करें, उंगलियों से आंख, नाक व मुंह को बन्द करें और सासों को और फूलायें और जब तक रोक सकें। 3 बार से शुरु करें। सिर का दर्द ठीक हो जायगा। फिर एक नथने को अंगुठे से बन्द करे दूसरे नथने से सांस अन्दर लें और फिर कुछ रुककर उसी नथने से सांस को बहार निकाल दें। इसी प्रक्रिया को दूसरे नथने से 5 बार करें। यह सोचें कि जब गन्दगी हवा द्वारा अन्दर जा सकती

है तो शरीर में भी जो मल है, हम उसके ऊपर हावी होकर उसको यह आदेश दें कि गन्दगी को भरने भर का ही तुम्हारा ठेका नहीं, उसको सांस की हवा, जो बाहर निकल रही है, बाहर भी निकालें।

- फिर दायीं और के नथने से सांस लें, बांयी और से निकालें और सांस लेते समय ओम कहते रहें या भगवान के बारे में सोचें। निकालते समय गन्दगी को बाहर निकालने की सोचें। यह प्रक्रिया 5-7 बार करें। इसका विलोम भी।
- अवसर पर एक नथने से सांस लें, रोकें फिर दूसरी ओर निकालें। फिर उसी ओर से सांस लें ओर पहली ओर से निकालें। फिर उसी ओर से सांस लें और पहली ओर निकालें। जल्दी-जल्दी 5 या 7 बार करें।
- फिर गहरी सांस लें और सोचें पूरे शरीर में यह सांस अच्छी हवा भगवान की इच्छा से पहुंच रही है। फिर उसे निकालें फेकें, गन्दगी जो भी हो उसके साथ महसूस करने कि कोशिश करें, कहाँ पर रुकावट लग रही हैं। फिर मस्तिष्क को ऑर्ड़र दें कि गन्दगी को बहार निकालो। आप मान लेँ कि मस्तिष्क आपकी बात मानेगा। शुरू-शुरू में न भी माने पर इसे आप छोड़ें न।
- फिर गहरी सांस लें और यह सोचें कि यह सांस सारी हमारी नाभि के अंगों से नीचे ही जा रही हैं। गर्दन सीधी रखें। रोकें, सांस को फिर बाहर गन्दगी समझकर निकाल फेकें (5-7 बार)।
- फिर गहरी सांस लें और इस बार इसे नाभि के ऊपर व गर्दन के नीचे जाने को कहें। सांस लेकर गर्दन को झुकाकर रोकें। फिर जितनी देर रोके सकें उसके बाद गर्दन सीधी कर गन्दगी सहित सांस बाहर निकाल दें। इस प्रक्रिया में यह महसूस करते रहें कहाँ पर रुकावट है, उसे दूर करना है। 5-7 बार से शुरू करें। बाद में बढ़ा भी सकते हैं।
- फिर गहरी सांस लें। इस बार इसे गर्दन से ऊपर ले जायें और फिर गर्दन को पीछे की ओर ढकेलकर सांस रोकें। जितनी भी देर तक, फिर गन्दी सांस को निकाल फेकें। गर्दन सीधी करें।
- फिर छोटी-छोटी सांसें अन्दर कीजिए जो आपके रोम-रोम में जाये और फिर बाहर गन्दगी रोम-रोम से निकाल फेकें (3-5 से शुरू करें) पर ध्यान रहे कि गन्दगी बाहर निकल रही है, अच्छी वायु अन्दर जा रही है।

- फिर दोनों हाथों को रगड़ें जब हाथ गर्म हो जाये तो आंखों पर हथेलियाँ रख दें। 10-12 सैकेंड के लिए। फिर दोनो हाथो से आंखों कि भौंहो को दबायें 5 बार, फिर दोनो आंखों के बीच नाक को दबायें। फिर दोनों अंगूठों को कनपटी पर रखकर उंगलियों से आँखों के नीचे व पलकों के ऊपर 5-5 बार फेरें। इससे आपकी आँखें स्वस्थ होंगी और निरोग भी। धीरे-धीरे आँखों की रोशनी में भी तरक्की होगी।
- दोनों हाथ सिर के पीछे कर लें और एक बार दायें झुकें, फिर बाँयें झुकें और सीधे आगे झुकें, फिर सीधे पीछे झुकें, फिर सीधे। पालथी मारकर बैठना है इस पूरी प्रक्रिया को करते समय।
- पैरों को पीछे मोड़ें घुटनों से, और पैरों के ऊपर बैठें और सीधे तनकर बैठें। मुट्ठियों को बांध लें और पेडू पर रखकर आगे झुकें पर मुंह सामने रहे, ठोडी से पृथ्वी का छूने कि कोशिश करें। दो बार। फिर हाथों को एक-दूसरे के ऊपर रखें, फिर उनको पेट पर रखकर दो बार ठोड़ी को जमीन से लगायें।
- इसी स्थिती में हाथों को सिर से ऊपर उठाकर तेजी से नीच लायें। 5 बार से शुरू करें।
- इसी स्थिती में गर्दन को घुमायें। एक गर्दन को आगे की ओर, दूसरी ओर पीछे की ओर पीठ को छूते हुए। उसका उल्टा भी करें।
- फिर उंगलियों के हर पोर को दस-दस सेकेन्ड़ तक दबाये और हथेलियों के बीच में दबायें। दूसरे हाथ के अंगूठें से, और सोचें हमारी Pencrea काम कर रही है। महसूस करें, दबाते हुए वहाँ हलचल हो रही है।
- पैरों के पोरों और तलुए भी दबायें, खास तौर पर अंगूठे के नीचे दबायें। इन सबसे यह फायदा है कि हाथ पांव जो सबसे दरी पर हैं यदि उनकी नसें ठीक हैं तो हमारा स्नायुतन्त्र काम कर रहा है पूर्णतया।
- धीरे से शुरू करें नम्बर 3- 5- 7- 9 तक कर सकते हैं इस प्रक्रिया का सही मानें तो इसी तरह से पूर्णतया स्वस्थ महसूस ही नहीं करेगें बल्कि होगें भी, यह विश्वास रखें।

भगवान की जय, अल्लाह की जय, गॉड की जय। वह आपको स्वस्थ रखेगा।

राम-मार

शायद ही ऐसा कोई भारतीय होगा जिसने राम का नाम नहीं सुना होगा। यदि नहीं सुना हो या याद नहीं हो जैसे कि, वाल्मीकि जी को याद नहीं रहा शुरू में

उल्टा नाम जपत जग जाना।

बाल्मीकि भये ब्रह्म समाना॥

यदि बाल्मीकि जी तर सकते हैं तो हम क्यों नहीं तर सकतें हैं? राम-नाम की महिमा इतनी अपार है वह इतना अधिक कहा जा चुका है कि अब कुछ कहने को बाकी नहीं रहा है। बस एक बात मेरे मन में समा गई है कि उल्टा जपने से जब इतना अधिक लाभ हुआ तो सीधा जपने से कितना अधिक लाभ होगा और यदि हम उन गुणों पर विचार व आचरण करने लगें तो अत्यधिक लाभ होना निश्चित है। कुछ लोग यह भी मानते हैं कि इन पर विश्वास करने व चलने से क्या लाभ, क्योंकि ये तो पुराने जमाने की बातें हैं। पर यदि हम, जो इस पृथ्वी पर अब आएं हैं राम की महिमा गाने व चर्चा करने में ही लगे रहेंगे तो हमारा उद्धार नहीं हो सकता है।

अब आजकल तो अंग्रेजी का जमाना है जो हमें बहुत ही कम आती है पर फिर भी ABCD... तो पढ़ ही सकतें हैं। इस बारे में मेरा एक अनुभव है कि आजकल लोग हिन्दी में अपने नाम का संक्षिप्त रूप अंग्रेजी में लिखना पसन्द करते हैं, जैसे राम मनोहर लोहिया को आर०एम० लोहिया। अरे भाई रा० म० लोहिया लिख दो तो दो अक्षर की जगह बचती है वरना पूरा नाम लिखने में दो अक्षर अधिक, बस तो पूरा नाम ही क्यों न लिखा जाये? यहाँ मैं श्री राम मनोहर लोहिया जी की बात नहीं कर रहा, उनका नाम सिर्फ उदाहरण के तौर पर ही लिया है अपनी बात कहने के लिए आपको अच्छी लगे तो अपनाएं वरना जानें और आगे चलें।

अब जब हम अपने इस जमाने की बात कर रहे हैं तो देखिये अंग्रेजी में राम का उल्टा MAR मार बनता है जो कि इस लेख का शीर्षक भी है, यही मार हम पर भारी पड़ रही है। पिछले जमाने में बड़े-बूढ़े कहते थे कि मार के डर से भूत भी भाग जाते हैं। यानि जब

मार पड़ती है (बच्चों पर या बड़ों पर) तो सब ठीक हो जाते हैं पर समय की मार तो सब पर पड़ती ही है उससे आजतक कोई नहीं बचा है।

जब जब मार पड़ी भगतन पर।
राम नाम ने किया भगतों का बेड़ा पार॥

इसी के सहारे हम भी उबर सकते हैं। कब और कैसे? जब हम इस MAR-RAM को अपना मंत्र बना लें। मतलब, इससे कुछ सीखें तभी यह हो पाएगा। मैं इसका विवेचना करता हूँ कृपया ध्यान दें—

M—Methods = तरीके	R—Robust = पुष्ट, दृढ़ (तरीके)
A—Adopted = अपनाएं	A—Accountability = जबाबदेही
R—Repeatedly = बराबर	M—Mean = साधन

हम ऊपर दी हुई कुंजी के सहारे देखें तो हमें पता चलेगा कि हमारी कमजोरियों का क्या कारण ह हम बार-बार करते आ रहें हैं उन तरीकों से मार खा चुकें हैं और फिर वहीं तरीके बार-बार अपनाते जाएंगे तो वही नतीजा मिलता रहेगा जो अब तक मिला है। इस चाल को सीधी करें ओर पुष्ट-दृढ़ तरीके अपनाए, जवाब देही को महत्व दें व साधनों की पूर्णता की जाँच कर लें। काम शुरू करने से पहले तो यह किसी भी क्षेत्र में हमारी सफलता का महामंत्र बन जाएगा। दूसरी बड़ी समस्या है कि नियमों को मानना हमारे सम्मान को सबसे बड़ी चुनौती है यह हमारे खून में नहीं बल्कि घुट्टी में पिलाया जाता है कि नियमों की अवहेलना करो। तो नियम जिस उद्देश्य से बने हैं वह कैसे पूरा होगा? उनकी उपयोगिता कैसे सार्थक होगी? उनमें विश्वास कैसे उपजेगा। आज हमारी सरकार के ज्यादातर नियम देश, काल और पात्र के प्रसंग में खरे नहीं उतर रहे हैं। परिणामस्वरूप व कारण स्वरूप (दोनों ही) साधन सीमित होते जा रहें हैं। समस्याएं बढ़ती जा रही हैं। जवाबदेही की कम (अधिकारियों व नागरिकों में) व दृढ़ता एवं पुष्टता किसी क्षेत्र में है ही नहीं। आप अपने आप से यह प्रश्न करें और उपर्युक्त कसौटी पर खुद जाँच करने से यह कथन स्वयं सिद्ध हो जाएगा। जरूरत है ऐसे नियमों की जो हमारे साधनों व पहुंच के भीतर पालन करने योग्य हैं। जवाबदेही हर स्तर पर हो तभी हम उन नियमों की पुष्टिकर उनसे लाभ उठा पाएंगे वरना निरर्थक नियमों की मार इसी तरह हमारी मौलिकता, नैतिकता व उद्यमिता का हनन करती रहेगी। गलत नियमों की अवहेलना करने के बजाय उन्हें बदला जाये या मिटाया जाय यह कोशिश सबको करनी पड़ेगी। बाकी सभी नियमों का पालन करना होगा हम सबको-चाहे कोई छोटा हो या बड़ा, गरीब या अमीर, जनता या नेता, हिन्दू, मुसलमान, सिख या ईसाई हम सब हैं भाई-भाई और नियम सबके लिए एक समान होने चाहियें।

संस्मरण

भारत में आधुनिकाता देखी जो नग्न है और गरीबी भी देखी जो उसके ही जैसी नग्न सत्य है। एक अपनी ललक में तो दूसरी अपनी मजबूरी में ...... फर्क क्या दोनों एक ही हैं? आशा की किरण देखी, विकास शिक्षा अंधविश्वास अन्याय के रूप में, जहाँ किसी के पास समस्याओं का हल नहीं हैं। सफाई के प्रयास देखे तो गन्दगी भी इतनी देखी कि आदमी सांस लेने से ही बीमार हो जाए।

प्रकृति की गोद में, जो भारत की सम्पदा है, आज भी बड़ा सुख मिलता है। आदमी कितना बड़ा ही क्यों न हो इन बड़े-बड़े ऊँचे पर्वतों को देखकर अदना ही लगता है। हिम आच्छादित चोटियाँ और लहरें लेता सागर जो कन्याकुमारी के छोर को धो रहा है, रोमांच पैदा करता है। माउंट आबू में दिलवाड़ा के जैन मंन्दिर मानव कलाकृति का अद्भुत नमूना है।

हवा से बिजी बनती हुई तमिलनाडू में, लहलाहते खेत पंजाब में तथा उत्तर प्रदेश और हरियाणा में जहाँ की कल्चर ही एग्रीकल्चर है। पर्वतों पर मोड़-मोड़ पर झरने देखे जैसे शिवाजी की जटाओं से गंगा बह रही हो। हरिद्वार में गंगा जी की आरती देखी।

एक ओर देश भक्त देखे जो गांवों में सफाई के लिए टट्टियाँ-शौचालय बनवा रहे हैं, महज 384 रुपयों में दूसरी तरफ उड़ीसा में तबाह हुए लोगों के पास आदमी का लालच मदद की इकट्ठी की हुई चीजों को भी नहीं पहुँचने दे रहा था। वहाँ एक पक्का घर बनाने की कीमत 12000 रुपये होती है और कच्चा घर बनाना हो तो सिर्फ 6000 रुपये लगते हैं, लकिन बाढ़ के पानी के साथ खेतों में नमक आकर इकट्ठा हो जाने के करण खेती नष्ट हो गई थी, और राहत कार्य सरकार तथा प्राइवेट संस्थाओं के द्वारा जारी था। आदिवासी कहलाने वाले और कच्चे घर बनाकर गांवों में रहने वाले भोले-भाले लोगों से शहर के लोग सफाई ही सीख लें तो देश का उद्धार हो जाए। पूरे हिन्दुस्तान में गन्दगी फैलाने में रेलों का योगदान उल्लेखनीय है। रेलवे लाइन के किनारे तथा स्टेशनों पर गन्दगी का आलम सहज ही दिखाई

दे जाता है। अगर रेलवे प्रशासन चाहे तो महज 500 रुपये प्रति डिब्बे के हिसाब से हरेक डिब्बे में टैंक लगवाए जा सकते हैं। जिससे गन्दगी न फैले, लेकिन सुनता कौन है।

भारत में सड़को के उपयोग पर बहुत कुछ लिखा जा सकता है। कुछ उल्लेखनीय बातों पर गौर करें। भारत मे सड़क सबसे बड़ा कूड़ाघर है, पीक-दान है, गायों का बाड़ा है, बच्चों के खेलने की जगह है। लड़कों के खड़े होने की जगह है। हॉकरों की दुकान, धान पीसने का स्थान, कपड़े फैलाने की जगह, मुर्गी लड़ाने की जगह है। अगर इन सबसे कुछ जगह बचे तो वाहनों को लाया ले जाया जा सकता है। सड़कों पर रोड़े व गति अवरोध ज्यादा हैं एवं सहूलियतें कम हैं। आप चाहे तो अपनी दुकान को सड़क की आधी चौड़ाई तक आगे बढ़ाकर लगा सकते है। पुलिस की जेब गर्म कर सके तो आप भी कर सकते हैं। पूजा-पाठ के नाम पर शादी-समारोह के अवसर पर सड़कों को बन्द किया जा सकता है।

यह तो हुई सड़कों की निराशाजनक तस्वीर, अब उजी बातें भी पढ़िये। भारत की प्राचीन कारीगरी देखी तो दूसरी तरफ नये-नये कारखाने भी जो इतने आधुनिक है कि विदेशी भी मात खा जाएं गुलाबपुरा में सिन्थेटिक सिल्क मिल और सोनगढ़ में कागज की मिल देखा।

सच्चे देशभक्तों से मिलने का अवसर भी मिला। बंगलौर मे श्री कृष्णमूर्ति गरीब बच्चों के विवेकानन्द स्कूल नाम से संस्था चला रहे हैं। इसी तरह दिल्ली में श्री सुब्बराव जी जिन्होंने डाकूओं से आत्म समर्पण करवाया था। 76 साल की उम्र में भी गाँधी जी के पद चिन्हों पर चलकर, मुश्किलें सहकर बच्चों के लिए शिक्षाप्रद कैम्प लगाते हैं। दासपुर में नारायण भाई व उनकी पत्नी सौमित्री गांवों में शिक्षा चेतना और खुशहाली के लिए बहुत से लोगों का उपकार कर रहे हैं।

अगर आप भारत में सुनियोजित मंदिरों के दर्शन करके शान्ति चाहते हैं तो मिलट्री के मंदिरों को देखिये। वे चाहे मेरठ, बडौदा में हो या फैजाबाद में, हर जगह सफाई और अनुशासन मिलेगा। दूसरी तरफ बड़ी प्रसिद्धी वाले मन्दिरों में सफाई की उतनी ही आवश्यकता है जितनीं कि पण्डों से इन मन्दिरों को छुड़ाने की। अक्सर ही भारत के विख्यात मंदिरों में प्राचीन तथा ऐतिहासिक मान्यता होने के कारण लोग बहुत श्रद्धा से दूर-दूर से वहाँ पहुँचतें हैं और जीवन मे पहली और शायद अखिरी बार वहाँ के व्यवहार से शायद ही कोई खुश होकर लौटता हों। ये मन्दिर न होकर दुकानें है जहाँ जितना पैसा लगाइये उतना दर्शन और प्रसाद पाइयें।

भरतपुर में पक्षियों का क्रीड़ा स्थल देखने का एक और आयाम था हमारे भारत दर्शन का, बहुत ही अद्भुत व प्यारी जगह है यह, जहाँ एशिया भर की चिड़िया देखने को मिल सकतीं हैं। हमारे भाग्य से फिर छींका टूटा कि हमे समय से पहले ही, 17 अक्टूबर को

उस सफेद हंस के जोड़ें के दर्शन हुए जो कि साइबेरिया से आता है। यहाँ का पूरा वातावरण शान्त और खूबसूरत है।

आगरा में यदि बारिश हो जाए तो कभी बाहर नहीं जाना। पानी की निकासी का सही प्रबन्ध नहीं होने के कारण दूसरे कई शहरों की तरह यहाँ भी पानी सड़कों पर भर जाता है। अपनी यात्रा के दौरान हमने करीब 10-15 बांध भी देखें। विजयवाड़ा देखा जो बहुत ही सुन्दर है। कन्याकुमारी में विवेकानन्द चट्टान पर खड़े होकर भारत भूमि देखने का अपना ही आनन्द है। सूर्य बंगाल की खाड़ी में उगता हुआ और अरब सागर में डूबता खूबसूरत दिखता है। पर्वतों की रानी मंसूरी बहुत खूबसूरत है। शिमला की सुन्दरता उससे बिल्कुल अलग है। भारत की सबसे बड़ी रोपवे ट्राली परवाणु के पास टिम्बर ट्रल में है।

अगर भारत में कुछ बेचने की गांरटी चाहते हो तो अमेरिकन नाम रख दीजिये। खाने में चाइनीज या पीजा, फिर कुछ भी बनाइये बिक जायेगा। ऐसे स्टोर देखे जो लोगों ने बताये कि अमेरिका के सबसे बड़े डिर्पाटमेंट्ल स्टोर हैं। जिनका अमेरिका में नामोनिशान नहीं है। मैगी भारत के युवा वर्ग का सबसे ज्यादा प्रिय भोजन बनता जा रहा है। ऐसे बच्चे देखे जो माता-पिता की कृपा से चाकलेट केक का नाश्ता करतें हैं। फलों केक रस, कोकाकोला और पेप्सी से सस्ते हैं पर उसकी किसे फ्रिक है? लोग खूब पैसे खर्च करके कम्प्यूटर प्रोग्राम सीख रहे है पर उनसे क्या करेंगे यह कोई नहीं सोच रहा है। बस अमेरिका या इंग्लैण्ड में नौकरी मिल जाएगी तो ठीक है। भरत में उसका क्या उपयोग है यह हम क्यों सोचें? हम तो सोचतें हैं, भारत बहुत देखा फिर भी कम देखा।

अन्त में कुछ भावभीनी यादें-अमृतसर के स्वर्ण मन्दिर में 400 वर्ष पुराना एक पेड़ देखा और तालाब में बड़ी-बड़ी मछलिया देखीं। सफाई इतनी कि फर्श में अपनी शक्ल भी दिख जाए।

गोआ के चर्च में सेंट एक्जेवियर का शरीर देखा जो कांच के बक्से में ऐसे ही रखा है जैसे 400 साल पहले रखा था पूर्व का बैसिलिका एक चर्च देखा मेरठ के पास सरधना में जो, कि बहुत भव्य था। भोपाल में दुनिया की सबसे बड़ी मस्जिद देखी और उत्साह से 'मेरा भोपाल देखे साहब' कहकर दिखाने वाला भी बादशाह (स्कूटर चालक) था। वहाँ की बहुत बड़ी झील देखी तो बादशाह ने बताया तालों में ताल भोपाल ताल बाकी सब तलैया ... और इस कहावत का अगला जुमला तब समझ में आया जब हम चित्तौड़गढ़ पहुँचे कि.... गढ़ों में गढ़ चित्तौड़ गढ़ बाकी सब गढ़ैया।

प्रयागराज में पाताल मन्दिर देखा। वहाँ एक रिक्शा वाला हमारे साथ एक घंटे तक हमारी मंजिल ढूँढता रहा। हमारे यह कहने पर कि वह अब चला जाए क्योंकि हमारे परिचित

हमे लेने आ रहे हैं, हमने उन्हें फोन कर दिया है। वह बोला कि मुझे पैसे का लालच नहीं है, आपको घर पहुँचा कर ही जाऊंगा। राजस्थान में सड़क पर सुनसान में हमारी गाड़ी खराब हो गयी। एक किसान औरत ने ट्रक रूकवाकर हमें पानी, पेट्रोल दिलवाया और हमारी मदद के लिए वह तब तक वहीं रही जब तक हम वहाँ से चल न दियें।

दीपावली हमने मेरठ मे कुष्ठ आश्रमवासियों के साथ मनाई। उनका उत्साह और रहन-सहन का सलीका व सफाई देखने के काबिल थी। दिसम्बर 31 और 1 जनवरी को हमने मेरठ में सड़क पर सीधे-सादे मेहनती लोगों को हाथ जोड़कर नयें साल की बधाई दी थी और अपने कपड़े अर्पित कियें, त्रिवेन्द्रम में हमारा स्कूटर चालक जो हमें दर्शनीय स्थान दिखा रहा था। भाषा न जानने के बावजूद सब ठीक-ठाक सामने लाने की याचना की। वह शरमाकर मुस्कुराया और जेब से कंघा निकाल बाल संवार कर आ खड़ा हुआ याद आने पर बरबस मुस्कुराहट आ जाती है। उसकी फोटो खींची और उससे लिये पते पर भेजी। सोचता हूँ आज भी मेरे देश के भोले-भाले सोने जैसे तपे हुए कर्मठ लोगों में ईमानदारी जिंदा है।

जुगाड़

- **जागो जागो जुगाड़ करो**
- **अपने साथ ओरो का भी बेड़ा पार करो।**

मन्दिर के महन्त जी ने गरीबों को खाना खिलाने का संकल्प किया लाखों रुपये मिनटों में इक्कठे हो गये, यह आम बात है। जनता आपको निमंत्रण दे रही है हमारी समस्याओं को सुनों साथ यह भी कह रही है कि हमारी समस्याओं को हमें अब सुलझान है उलझान नहीं है पिछले साठ सालों से हमने इस ढ़ाचे को सहा है पर हमें यह वह नहीं दे पा रहा है जो हमें चाहियें तो हमें इस ढ़ाचे को अब बदलना ही है।

हमारे प्रशासक अन्धे हैं और प्रशासन लँगडा है। अन्धा बाँटे रेवडी लौट फिर अपने को ही दे जैसी स्थिति है। और अब देश मे आग लगी है। अगर आप सबको बचना है तो कुछ ऐसी तबदीर करो कि लंगडा अन्धे के कन्धों पर बैठ जाय ताकि दोनों ही आग से बाहर हो जाएं। ताकि हमारी एक सौ दस करोड़ जनता का भला हो जाए। यह सरकारी ढ़ाँचा हमारे दो या तीन करोड लोगों के लिये सार्थक हुआ है जो हमारे तंत्र से इस तरह जुड़े कि सफल कहलाते हैं। माननीय स्वर्गीय राजीव गाँधी के शब्दों मे जब एक रुपया सामाजिक विकास के लिये चलता है तो जनसाधारण तक पहुँचते है सिर्फ सोलह पैसे। हमारा यह विश्वास है कि बाकी ऊपर वाले वर्ग की कामयाबी में भेंट चढ़ जाते हैं। पता नहीं क्यों पर सुरेन्द्र शर्मा का यह हास्य याद आ जाता हैं। रैन दे रे डाक्टर पचास हजार में तो नई घर वाली आ जाती है तो एक लाख में इसे ठीक कराने की क्या जरूरत है। यह व्यापारी मानसिकता उन्नत्ति की निशानी है। अब यह चुटकला थोड़े ही रह गया है।

मेरे कन्धों पर चढ़कर नपने वालों जरा यह सोचो
कि तुम्हारी ऊँचाई में मेरी लम्बाई भी शामिल है।

सरकारी कर्मचारी नियमों को जनता को बताने को तैयार नहीं, समस्याओं को लिखकर समझाने को तैयार नहीं तो जनता का सहयोग मिलेगा कैसे? नेता बनते हैं समस्याओं को सुलझाने के लिये पर सरकारी तंत्र की दलदल में ऐसे फँस जाते हैं कि उनकी अपनी समस्या भी जनता के गले की घंटी बन जाती है। अपनों की और अपनी समस्याओं को सुलझाने के नाम पर जनता के सर्व-जनहित की बलि चढ़ाते रहते हैं। और वह जनता के प्रतिनिधि रह ही नहीं जाते हैं।

हम आह्वान करते हैं अपने देश के बच्चों का जिन्हें अपना भविष्य स्वयं ही बनाना है। हम आह्वान करते है अपने नेता वर्ग का जिन्हें इस तंत्र का बोझ उठाना है उन युवाओं का जिन्हें इस तंत्र के नीचे फंसे रहना पड़ रहा है। हम आह्वान करते हैं। I.A.S, I.P.S, I.F.S, I.E.S, इत्यादि उन सभी कर्मियों का जो हौसला और चाह होते हुये भी देश के लिये वह सब नहीं कर पाते है जो करना चाहिये। हम आवाहन करते है समस्त व्यापारी गणों का जो साधारण से साधारण कार्यों के लिये रिश्वत देते देते थक गये हैं । हम आह्वान करते है उन सभी पुरुषों, नारियों, पिताओं माताओं का जो निराशा में डूबें हैं । जो चाहते हुये भी अपने बच्चों को वह आशा नहीं दे पा रहे हैं किसके वह हकदार हैं। आओ हम सब मिलकर कारण ढूँढें, उन नियमों का स्रोत जानने की कोशिश करें जिनके चलते हम प्रगति की दिशा में कोई ठोस कदम नहीं उठा पा रहे हैं। एक स्वतंत्र देश के नागरिक होते हुऐ भी हम अपने आप को इतना आशक्त, असहाय क्यों महसूस कर रहे हैं। हमारा सरकारी तंत्र परतंत्र के ताने बाने से बुना हुआ हैं जिसमें भरोसे की कमी जबावदेही किसी स्तर पर है ही नहीं उससे मुक्ति दिलानी है। वह पारदर्शी हो जनहित में हो, जनता से संचालित हो वरन् नौकर शाही व नेताओं या व्यक्ति विशेष की मुट्ठी में हो। प्रशासन का विकेन्द्रीकरण हो। स्थानीय विभाग अधिकतर स्वायत्त हों केवल डाकतार, सुरक्षा, विदेश विभाग केन्द्र नियन्त्रित हो बाकी सब प्रान्तों के हाथो मे हों। केन्द्र विभागों को न पाले वरन् उन विभागीय योजनाओं को प्रोत्साहन दे जो जनहित में हो यही नई दिशा देश में सम्पन्नता लायेगी। जन-साधारण का प्रशासन के साथ सम्पर्क सूत्र के अनुसार शासक वर्ग इसका ध्यान रखें।

- ❀ मुझे कुछ बताओ मैं आवश्य भूल जाँऊगा

- ❀ मुझे करके दिखाओ हो सकता मैं याद रख रखूँ

- ❀ मुझे साथ में लगाओ तो मैं अपनी जिम्मेदारी समझूँगा व साथ निभाउँगा।

जब-जब ढ़ाँचे को बदलने की बात उठेगी तो जिनको इस ढ़ाचे से लाभ मिल रहा है उन्हें अघात पहुँचेगा और वे इसके विरोध की पूरी जी जान से कोशिश करेगें। परन्तु वे

बहुतायत में होंगे और अन्त में सभी का फायदा होगा यदि वह भी अपने को जनता का एक हिस्सा समझेगें। हम सिर्फ यही कहना चाहते हैं कि जो भी नियम बने जन-साधारण के भले के लिये हों और जनता को प्रोत्साहन देते हों ना कि तंत्र को बढ़ावा देतें हों। हम एक वर्ग विशेष की तरक्की के लिये सम्पूर्ण देश की तरक्की को नजरअन्दाज नहीं कर सकते हैं। साठ साल बहुत होते है, इन्तजार के लिये इससे तीन पीढ़ियों की बलि चढ़ चुकी है, स्वतंत्रता के बाद सरकार की खोखली बुनियादों पर बने सरकारी तंत्र के कारण।

स्थानीय प्रशासन स्वायत्त हो जनता से संचलित हो ताकि हानि लाभ भी जनता को मिले । जनता के प्रतिनिधियों का ज्यादा अधिकार हो वरन् मनोनीत नौकरशाही के होशियार युवा सरकारी अफसर बनकर जनता पर रौब जमाने व उसे लूटने के बजाय, होशियारों को उद्यमी बनने, जनता के लिये नईं सम्भावनाएँ पैदा करने में इस्तेमाल करें ताकि जिससे ज्यादा से ज्यादा जनता को लाभ हो और देश आगे बढ़े।

कमाने लायक पूँजी निवेश

इस लेख की शुरूआत हम कबीर दास जी के दोहे से करना चाहते है फिर देखेगें कि आज के समय की माँग क्या है? इस सन्दर्भ में उसको देखेगें।

गौ धन गज धन वाज धान और रतन धन खान

जब आवें संतोष धन सब धन धूरी समान।

पर इससे पहले हम संतोष धन तक पहुचें बहुत से ऐसे धनों के विनियोगो से गुजरना होता है। जो साधारण विनियोगो (Investments) से भी ज्यादा लाभप्रद है उसमें समय का नुकसान भी बहुत कम होता है। धन भी बहुत कम लगाना होता है। आइये देखें वह कौन-कौन से विनियोग हैं। सबसे पहले जो ध्यान में आ रहे हैं उनके बारे में नीचे लिख रहे है आप भी उस क्रम को आगे बढ़ा सकते है।

1. शेयर बाजार—सभी जानते हैं कि यह कितना घातक है आपको क्षणों में करोड़पति से फकीर बना सकता है क्योंकि ये बन्धन में है।

2. स्वास्थ्य—इसमें विनियोग किया धन कभी भी बेकार नहीं जाता है।

3. पढ़ाई—इसमें विनियोग किया धन कई गुना होकर मिलता है।

4. अनुभव—जिसे व्यावहारिक ज्ञान भी कहते है जो हमे जीवन से मिलता है संचित होता जाता हैं और उसमें जीवन भर कभी भी उतार नहीं आता है।

5. किताबे—हमें किताबें जरुर पढ़नी चाहियें। क्या जाने कौन से पल में कौन सा शब्द या वाक्य हमारा जीवन ही बदल दें। हम हमेशा आगे बढ़ें ऐसा प्रयास करना चाहिए। यह ज्ञान भी हमेशा हमारे साथ रहता हैं इसमें कभी कमी नहीं आती है।

6. पर्यटन—इससे भी हमें बहुत कुछ सीखने को मिलता हैं हमारा दृष्टिकोण विभिन्न लोगों व स्थानों के प्रति बदलता व बढ़ता रहता हैं जो हमेशा हमारे व्यवहार को बदलता रहेगा और हम जैसे लोग खाते हैं, रहते है, पहनते है, हममें उनमें जो फक है उनको उसी तरह से देख पाते हैं।

7. परिवार—परिवार के बारे में यह स्पष्ट है कि जैसे हाथ में पाँच उंगलिया होती है अंगूठे को मिलाकर, उनका अपना-अपना कार्य है उसी तरह हम अलग-अलग होकर भी एक इकाई का काम कर सकते हैं यदि परिवार का मुखिया उसका ठीक संचालन करता रहें।

8. आध्यात्मिकता—हममें प्रत्येक अपने बनाने वाले से जुडा है जो हर क्षण में, हर स्थान में, हर स्थति में, हमें जीवन शक्ति प्रदान करता है। ताकि हम हर आने वाली परिस्थिती का सामना कर सकें। जब हम ध्यान में बैठकर इस शक्ति के बारे में सोचतें हैं तो हमें और भी शांति मिलती है, और शक्ति भी मिलती हैं यही हमारे जीवन का सबसे बड़ा विनियोग है। जो कबीर दासजी ने अपने उपयुक्त दोहे में कहा है।

इस आखिरी विनियोग के द्वारा हम अपनी सभी समस्याओं पर विजय प्राप्त कर सकते हैं। तभी हमे अपने जीवन के महत्त्व का पता चलेगा कि हम कहाँ से आये थे और कहाँ जाना है। जीवन एक ऊर्जा है जो हमे ऊर्जा स्त्रोत से मिलती है। (भगवान, God, Allah, etc.) जब ऊर्जा व्यय हो जायेगी हमारा काम इस पृथ्वी पर पूरा हो जायेगा और हम जो ऊर्जा के अंश है, अपने स्त्रोत में मिल जायेगें। इसीलिए हम इस आध्यात्मिक ऊर्जा का संचय नही कर सकते है। इसका अनुपयोग भी नही कर सकते हैं, पर यह हमारा सबसे उपयोगी धन विनियोग है जीवन को जीने के लिये।

पहले विनियोग को छोड़कर बाकी सभी विनियोग में कभी कोई घाटा नहीं होता है लाभ ही लाभ हैं। अन्त में यही कहाँ जा सकता है। कि अन्य सात धन विनियोग में अधिक ध्यान दे अभी ही नहीं आने वाली सात पीढ़ियों का भी जीवन बदल जायेगा। पहले विनियोग पर भी ध्यान अवश्य दें। आशय यह है कि इस लेख का यही नही कि जीवन का सारा समय पहले विनियोग में ही लगा दें, अन्य जो ज्यादा लाभ कारी है उनके लिए समय ही नहीं है कि धन उर्पाजन महत्त्वपूर्ण ही नहीं, वरन् बहुत जरुरी है। गोस्वामी तुलसी दास जी ने कहा है।

दरिद्र समान नहीं कुछ दुख जग मांही।

संगठन

एक बार मैने एक स्वामी जी से पूछा कि महाराज बुराईयों में इतना अधिक मेल क्यों है, जबकि अच्छाईया बिल्कुल भी संगठित नहीं। जैसे चोर और आतंकवादी आपस में मिल कर काम कर लेते हैं। जुआ खेलना, शराब पीना, वैश्यावृत्ति आदि संगत से ही फैलते हैं जबकि इसके विपरीत चलने वाला अपने को बिल्कुल अकेला पाता है। एकाएक कोई जवाब वह नही दे पायें मुझे खुद ही सोचना पडा इस बारे में। तो यह निष्कर्ष निकला कि जो कमजोर होता है। उसे बाहरी शक्ति का सहारा लेना पड़ता है बुराईयाँ कमजोर है। अच्छे गुण आदमी का सबल सहारा होते हैं। और यह निष्कर्ष भी निकला कि दुनिया में अच्छे आदमियों की बहुतायत है पर वह सब अपने-अपने दायरे में अलग-अलग बुराईयों से अपनी-अपनी लडाईयाँ लड़ रहे हैं।

लेकिन सामाजिक स्तर पर कुछ ऐसे बड़े काम होते है जो एक मनुष्य अकेले अपने बल पर नहीं कर सकता है उनके लिए संगठन की जरूरत पड़ती है। अच्छे विचारों व सबल व्यक्तित्व वाले लोग जिनमें आत्म विश्वास की कमी नहीं है दृढ़ संगठन बनाने के लिये बहुत उपयुक्त है। परन्तु यदि संग रहने वालों ठनी रहे तो अच्छे विचार, श्रेष्ठ लक्ष्य होने पर भी कार्यप्रणाली की भिन्नता और अन्य मतभेदों के चलते वो बिखर जाते हैं। उनके संगठन पनप नहीं पाते, टूट जाते है।

अगर संग रहने वाले ठान ले, विचार विनिमय के बाद एक मन हो जाँए तथा अपने को एक दूसरे से श्रेष्ठ होने के अंह पर विजय प्राप्त कर लें, तो लक्ष्य की प्राप्ति सहज हो जाती है। इसी का नाम संगठन है।

किसी लक्ष्य को प्राप्त करने के लिए संगठन इतना जरूरी नहीं जितना कि संगठित होना। विचारों का एक मत होना व लक्ष्य की प्राप्ति के लिए अटूट निश्चय आवश्यक है, रास्तों का एकीकरण लक्ष्य तक पहुचने के लिये संगठन समाजिक मल्यों का हो या सामाजिक सुधार के प्रयासों का हो। उन प्रयासों में निहित भावना सर्वजन कल्याण व सर्वजन हिताय हो तभी वह सम्पूर्ण समाजिक सुधार ला सकते है। व्यक्तिगत मसलों के लिये हमारे लक्ष्य

सार्वजनिक होने चाहिए। जैसे अगर हम सफाई से रहना चाहते हैं, तो हमे हमारे पूरे मौहल्ले की सफाई को ध्यान में रखते हुये यह काम करना पड़ेगा। वरना हम सफाई से नहीं रह सकेगें। हमारे आस-पास गन्दगी रहेगी ही चाहे हम कितनी ही प्रयत्न क्यो न कर लें।

इसके अलावा व्यक्तिगत समस्याओं को सुलझाने का काम परिवार का होना चाहिये न कि संगठनों का, हाँ यदि परिवार उस समस्या का हल नहीं कर पा रहा है तो बाहरी मदद ली जा सकती है। पर किसी संगठन के अन्तर्गत नहीं वरना हम देख ही रहे हैं कि संगठनों का अधिकांश समय व्यक्तिगत समस्याओं का हल करने की कोशिश में ही निकल जाता है। इससे संगठन कमजोर पड़ता है। लोगों की रूचि संगठन में कम हो जाती है तथा दूसरों को संगठन के कार्यों पर उंगली उठाने का अवसर मिल जाता है।

अब देखेगें कि संगठन में कितना बल है और वह कहाँ से आता है तथा इसका उपयोग कैसे हो रहा है। आप सभी ने मारवाड़ी समाज में प्रचलित दिवालिया हाने की कहानी जरूर सुनी होगी जिसमें दिवालिया परिवार को हर मारवाडी परिवार से एक रुपया व एक ईट भेजी जाती है। रुपया व्यापार करने के लिये व ईट मकान बनाने के लिये। हम आपको एक गाँव की आपबीती सच्ची घटना सुनाते है। जिसकी हमारी एक सहयोगी संस्था ने मदद की थी उस कार्य को देखने गये थे। गाँव वालो ने सोचा हम अमेरिका से आये है तो क्यों न इनसे आगे के काम के लिये पाँच लाख रुपये माँग लिये जाएँ जो उनकी जमीन पर खेती करने के लिये नीचे तलाब से ऊपर की जमीन तक पानी ले जाने के लिये पाईप व पम्प आदि के खरीदने के लिये चाहिये थे। पानी का तालाब तो इसी संस्था की मदद से बनाया था। हमने उनसे साफ कह दिया कि हम तो तीन साल से कुछ कमाते नहीं है ओर आज खाना भी आपकी मेहमान नवाजी में खाया है इतने पैसे तो हमारे पास नहीं है। हाँ कुछ चर्चा करते है। कोई तरीका निकल आए। तो सभी सहमत हुए हमने पूछा कि इस गाँव में क्या ग्राम कोष है तो उतर मिला हाँ है। इसके बाद हमारा दूसरा प्रश्न था कि इस गाँव में कितने परिवार है मालूम हुआ तीन सौ। हमने फिर एक सवाल दाग दिया कि अप सब लोग एक दिन मं कितना गुटखा खाते है। सम्मिलित रूप से तो सब बोले करीब पाँच। एक गुटखा एक रुपये का आता है। यह हमे मालूम था हमारी बाछे खिल गयी क्योंकि हम जल्दी हिसाब लगा लेते है। फिर हमने कहाँ कि यदि आप पाँच गुटखे खाये और इस तरह जो एक रूपया बचेगा ग्राम कोष मे दें तो कैसा रहेगा। तो हमे जवाब मिला इसमें कौन सी बात है जो हम सब कर सकते है? हमने वही एक और शर्त लगा दी यह प्रस्ताव ग्राम सभा के पास करवा लेगें, जवाब मिला हाँ। तो फिर हमने उन्हें बताया कि इस तरह से आप एक साल में एक लाख आठ हजार रुपये जमा कर लेंगे। उन रुपयों को ग्राम सभा के प्रस्ताव के साथ आप लोग बैंक जायें और बैंक वालों से कहे कि हमको चार लाख जमा रुपये ब्याज पर दे दो, क्योंकि आपने एक साल में

एक लाख से ज्यादा पैसा जमा करके दिखा दिया है कि आपके संगठन मे दम है, इसे देखकर बैंक सहर्ष आपको चार लाख रुपये देगा। फिर आपकी आय बढ़ जायेगी अधिक पैदावार होने के कारण और आप वह लोन दो साल में ही वापिस कर पायेगें। फिर हमने एक प्रश्न दागा क्या अब भी हमारी जरूरत है तो वह सब गंभीरता से आपस में बाते कर रहे थे जवाब नही में था।

यह था संगठन का बल जो एक दिशा में एक जुट होकर सोचने से आता है। इसके विपरित यदि एक परिवार के ही सदस्या के उत्थान की सोची जायेगी तो विषमता ही पैदा होगी समाज में। सगंठन जो सामाजिक है उनका उपयोग समाज के सामूहिक लाभ के लिये होना चाहिये। परिवार समाज की एक इकाई है उसका उत्थान स्वत: ही हो जायेगा।

परन्तु आज अधिकतर संगठन ही व्यक्ति केन्द्रित हो गये है ऊपर से नीचे तक। नेता का बेटा नेता, हीरों की बेटी हीरोइन, के चलन के कारण कांग्रेस जैसे उच्च स्तरीय संगठन भी परिवार में फंस कर रह गये हैं। संगठन का संचालन ऐसा होना चाहिए कि हर स्तर पर समाधान की छूट हो पर दायरा संगठन का होगा जो पहले से निर्धारित होने चाहिए। नेता का होना जरुरी है पर उसके चारों ओर चमचे नहीं बल्कि सच को कहने वाले होने चाहिए। दिशा का बदलाव जरुरी है मंजिल तक पहुचने के लिए कभी-कभी मंजिल को ही बदल देना ठीक नहीं है। उपनेता परिवार से दूर तक सम्बन्ध नहीं रखता हो, इस तरह का संगठन ही परिवार में बदल जाता हैं संगठन नहीं रह पाता है। यही संगठन का लक्ष्य होता है। परिवार को संगठन से दूर रखेगें तभी समान विचारों वाले व्यक्तियों की क्षमता को समाज से ढूँढ कर संगठन मे उनके स्थान को उन्हें सौंप सकेगें और समाज व परिवार दोनों ही आगे बढ़ पायेगें।

सड़क

मैं यह लेख इसलिए लिख रहा हूँ क्योंकि मैं अपनी भतीजी सुमि से इस सम्बन्ध में वचनबद्ध हूँ। भारत की सड़कों के बारे में अधिक होगा क्योंकि सुमि भारत में रहती है और मुझे भी भारत की सड़कों से प्यार है किन्तु उनकी दुर्दशा पर रोना भी आता हैं हमने अपनी 6+4=10 माह की भारत यात्रा में जो उनका हाल देखा कोई तो उनकी पीड़ा समझ कर उनका दुखड़ा रोएँगा।

आइये एक सवाल करें: दुनियाँ में सबसे बड़ा व सुविधाजनक पीकदान कहाँ पाया जाता है? उत्तर साफ है : भारत की सड़क चाहे वह कहीं की भी हो यदि उत्तर भारत की हुई यानि बनारस लखनऊ या पटना आदि की तो बस पूछिए मत क्या हालत होगी बेचारी की। मारे शर्म के लाल हो गई होगी आप कहेंगे। पर नहीं, ऐसा कुछ नहीं हुआ पान की पीक से लाल हो रही है सड़क और साथ ही घर, ऑफिसों के कोने और दीवारे भी।

अब आगे देखा जाए कि इस बेचारी सड़क पर क्या-क्या बीत रही होगी। यह बनाई इसलिये जाती है कि इस पर रिक्शा, बैलगाड़ी, मोटर साईकिल व पैदल यात्रियों का साथ मिले आप आगे चलकर पाएंगे कि क्या-क्या और मिलता है उसे इसके अलावा भी। जिन सड़कों पर यदा कदा ही सवारी जाती है। उन पर क्रिकेट खेली जा सकती है। गिल्ली डंडा खेला जा सकता है। मुर्गिया लड़ाई जा सकती है। कुत्ते, बिल्लियाँ कबूतर खेली जा सकती है। चाहें वह नेशनल हाइवे का खिताब ही क्यों न पा चुकी हों। बच्चें कंचे खेल सकते हैं। ताश खेले जाते हैं। इस पर धान सुखाया जाता है, बान कूटे जाते हैं। चावल, दालें गेहूँ आदि सुखाया जाता है। कपड़े भी सुखाए जाते हैं कभी इन पर बैठकर आराम से धूप सेंकी जाती है। और गप्पें लड़ाई जाती हैं और तो और औरतें व सरदार अपने बाल भी सुखाने के लिए बैठ सकते हैं। हुक्का पीने के लिए भी यह बड़ी माकूल जगह है। कार और स्कूटर रिपेयर की तो बात पूछिये मत इसके अलावा इनकों पार्किंग लेट्स में भी बदला जा सकता है। मगर कुम्भ जैसे मेलों में सिर्फ एकतरफा पैदल यात्री ही चल सकते है। इस पर वाहन सर्वथा वर्जित हो जाते है।

आईये अब जब यह इतनी उपयोगी चीज हैं तो इसका रखरखाव भी करना पड़ेगा वैसे इस बारे में जितना कहा जाए उतना ही कम होगा। राजस्थान में तो कई जगह पर सड़क में इतने गड्ढे है कि सड़क को दुरबीन से खोजना पड़ सकता है और यह इसलिए नहीं कि उन पर रेत जमा हो गई है

सड़क की रानियां होती है। ट्रक, और यदि आप सड़क पर यात्रा कर रहे हैं तो ट्रक के पीछे लिखी हुई इबारतें, हिदायतें पढ़ना न भूले इतनी अधिक दिलचस्प बातें पढ़ने को

मिलेंगी कि आप इन्हे भूल ही नहीं सकते हैं मैं आप को क्या बताऊँ और उन को यहाँ लिखना मुमकिन नहीं होगा वह अपने आप में एक मनोंरजन हो जाएगा। आप बोर नहीं हो सकते चाहे आप कितने ही लेट क्यों न हो रहे हों तो देखिये यह आपको खुश रखने में आडे आती है अगर इस पर यह रानियाँ सड़क रोके है तो आपको अपना सिर पीट लेने का मन करेगा कि भगवान ने आपको पंख क्यों नहीं दिये इस समय अपनी कार सहित उड़कर पार हो जाते।

इसके अलावा अगर कही खुदा न खास्ता सड़क सही हालत में है तो यह सच मानिय कि उस पर से कोई नेता गुजर गये होगे यदि कही गुजरनेवालो हुये तो अपने समय की खैर भगवान से मानाईये। वरना यह असम्भव स्थिति होगी आम आदमी के लिए सड़क को अच्छी स्थिति में क्यों रखा जाये। यदि आप आम आदमी है तो अच्दी सड़क की उम्मीद रखते है तो यह आपकी नासमझी होगी।

पार्क की तो बात ही क्या सड़के भी रोकी जा सकती है यदि कोई धार्मिक अनुष्ठान, शादी, पूजा, उत्सव या उपलक्ष्य हो, किसी राज्य अधिकारी मंत्री आदि की सवारी को उधर से जाना हो तो।

एक बहुत ही महत्त्वपूर्ण घोषणा रह गई सड़क के बारे में कि जब चाहें जिस समय आप इनका इस्तेमाल कूड़ा फैकने के लिये कर सकते है क्योंकि भारत मे आपको इनसे बड़ा कूड़ाघर नहीं मिलेगा। किसी गाँव शहर या कस्बे में, ऐसा क्यों कोई नहीं जानता कि गन्दा करना हमारा धर्म है सफाई करना सरकार का और हम क्या करे हमारा पड़ोसी भी डालता है कूड़ा सड़क पर तो हम भी डालेगें। सरकार अब अंग्रेजों की नहीं रही पर हमें इससे क्या? पर हम यह भूल जाते है कि हमारा काम समस्यायें पैदा करना ही नहीं है उनको सुलझाना भी हमारा ही काम है। कूड़े के ढेर हमारे ही बनाये हुये है जो इन सड़को पर यातायात में रूकावट और हमारे ही अपने देशवासियों के अस्वास्थता का एक बहुत बड़ा कारण बन चुके है।

एक बात अभी-अभी याद आई कि यदि आपके पास एक अदद गाय हे और आप चारे के बार में चिन्तित है तो चिन्ता छोड़िये सड़क पर, खुली सड़को पर छोड़ दीजिये। सड़कों का भी कुछ बोझ हल्का हो जायेगा और अपका भी और सांडों को कोई रखना ही नहीं चाहता है आप उन्हें खुली सड़कों पर छोड़ सकते है जो सड़को के राजा का खिताब हासिल कर चुके है रानी की बात ऊपर लिखि जा चुकी हैं हम भारतीयों को सर्वश्रेष्ठ होना चाहिये। सांड़ो से रक्षा करने में क्योंकि हमे तो रोजमर्रा के अभ्यास के कारण, स्पेन के लोग अपने को बेकार ही इस लेख का माहिर समझते है। जबकि वहाँ पर यह खेल सड़क पर साल मे एक बार ही खेला जाता है सड़को पर सांड़ो को छोड़ा जाता है और लोग उनसे अपनी जान बचाने के भागते है। यूरोप व अमेरिका से लोग हजारों लाखों डालर खर्च करके

स्पेन की सड़क पर यह खेल देखने आते है। लेकिन हमारे देश में यह खेल रोज हर शहर, गाँव व कस्बे में कही भी मुफ्त में देखने को मिल जाता है बेशर्त पास में मन्ड़ी, अनाज, फल या सब्जी हो। पर्यटक विभाग इस बात को नाटे करे आमदनी का जरिया बढ़ जायेगा और अधिक पर्यटकों को हम आकर्षित कर पायेगें। अब एक कविता करना का जी चाह रहा है।

- गाय हमारी माता है पर दूध भैस का भाता है
- चाहे हमे रस नही आता है क्योंकि हमारी बुद्धि ठोस बनाता है।
- सांड़ों को हमेशा खुला ही सड़को पर छोडते है।
- इससे हम अपने ही देशवासियों को मुफ्त ही मनोरंजन देते है।

भारत ही एक ऐसा देश है जहाँ पर बहुत रंग की सड़क होती है जबकि पूरे संसार में दो रंग की पाई जाती है एक भूरी दूसरी काली पर हमारे भारत में भूरी सलैटी काली पीली सफेद मटमैली लाल सभी रंग की पाई जाती है क्योंकि हमारे देश की मिट्टी के बहुत से रंग होते है। कही-कही पर सड़को से ज्यादा पगडंडिया चौड़ी हाती है ताकि इन पर सड़को से ज्यादा तेजी से चला जा सकता है।

यह मत सोचे कि हमे सड़क बनाना नहीं आता है। हमारी तकनीकी ज्ञान इतना अधिक है कि अच्छी व कठिन सबसे ऊँचाई पर सड़के दुनिया में कोई नहीं बना सकता है। हम यह बात इसलिये नहीं कह रहे कि हमारा अपना सहपाठी भारती सड़क अनुसंधान केन्द्र नई दिल्ली का डायरेक्टर है। हिमालच व दिल्ली से आगरा जयपुर की सड़के इसकी मिसाल है। यहाँ पर यह लिखना अनुचित नहीं होगा कि अमरीका के डेटाराईट शहर में जहाँ हम रहते है वहाँ की सड़के भी बहुत ही खराब है। मैने एक बार अपने उस मित्र से पूछा कि हर जमात जनता चाहती है कि हमें आजादी के इतने साल में भी अच्दी सड़के बनाना क्यों नहीं आया? उसका जवाब था हम अपनी इच्छानुसार ही सड़के बनाते है और तो और हम इतने तेज है कि कुछ सड़के जो नक्शो में तो है पर इन्हें आप प्रत्यक्ष रूप से वहीं पर देख सकते है। उन सड़को का क्या हुआ कोई नहीं जानता। जनता जानना चाहती है पर हमारे अधिकारीयों को व नेताओं को जवाब देने का समय नहीं है खासतौर पर आम आदमी के प्रति तो कोई भी नहीं है। यह सड़के कहाँ चलीर गई हमारे नेताओं को, इंजीनियरों को पता ही नहीं है पर हमे भी कुछ पता चल गया है लगे हाथो हम अपको बता दे वह कुछ लोगों के पेट व कुछ की जेबों में चली गई है पर लोग जो खा गये है डकार भी नहीं लेते है, अब तक हज्म भी हो गई होगी।

हमे यह चुटकुला याद आ रहा है हमने एक गाँव वाले से पूछा कि भाई यह सड़क कहाँ जाती है तो उसने उत्तर दिया भाई साहब, यह कही नहीं जाती है यह तो यही रहती है अपको कहाँ जाना है वह हम बता सकत है कि आप कैसे जायेगे पूर्व पश्चिम उत्तर या दक्षिण

अन्त में—

> बहुत निकले मेरे अरमा इन सड़को के लिये,
> फिर भी बहुत कम निकले इस लेख के लिये।

शिकायतें

भारत में क्या पूरी दुनिया में शायद ही कोई ऐसा होगा जिसको कोई शिकायत नहीं होगी। शिकायते होना या करना कोई गलत बात नहीं है। हर एक को शिकायत करनी चाहिये, यह स्वास्थ्य की दृष्टि से बहुत महत्त्वपूर्ण है। हम सब शिकायतों के पुलिन्दों को ढो रहे है पर कमी बस यही है कि हम सब एक दूसरे से खूब शिकायत करते पायें जाते हैं और यह हम सबका एक वार्तालाप का विषय बन गया है। शिकायत करना हमारे जन्म सिद्ध अधिकार क्षेत्र में आता है हमें जिससे शिकायत हो उसी से ही उसकी चर्चा करनी चाहिये और इन शिकायतों को दूर करने की चेष्टा करनी चाहिये। यह स्वास्थ्य के लिये घातक ही नहीं हानिकारक भी है, पर हम सब इससे दूर भागते हैं, जब कि यह हमारा कर्त्तव्य होना चाहिये।

सबसे पहले कुछ झलकियाँ शिकायतों के क्लबों के नाम पीड़ित क्लब उपभोक्ता क्लब, महिला वोर्टस क्लब, पर पुरुष बोर्टस क्लब अभी तक पनपे हैं। शिकायतों का इतना प्रचलन है तभी आपकों रेलवे में बहुत से स्थानों पर शिकायक पुस्तिका या बाक्स मिल जायेगें। इन शिकायत स्थानों का इस्तेमाल करके आप भी योगदान कर सकते हैं कैसे दूर कर सकते हैं। सबसे पहला काम जिससे शिकायत है बीवी से पति से, माँ या बाप इस बारे में बिल्कुल ही इशारा तक न करें, वह सब शिकायते विकराल रूप ले लेगीं। इसी तरह शिकयतों को किसी दूसरों से करते समय सबके पास समय की कमी होती ही है। अखबारो में आपकी शिकायतों की कॉलम होता है पर बहुत ही कम पाठक पत्र लिखते हैं। और पत्रिकाओं में भी यह कॉलम पाया जाता है, पर मैंने किसी से नहीं सुना कि फलानी शिकायत सरिता के पाठकों की दूर हो गई क्यांकि एक सरकारी जनता सेवक ने इस सरिता में पढ़ा था। लोगों ने अब यह आम धारणा बना ली है कि सरकारी महकमों से शिकायते करने से कुछ होता वाता नहीं है, क्या अपने कभी कोई शिकायत किसी महकमे में की है जो ऐसी धारणा बना ली है ऐसे है। सरकारी महकमों में देर है अन्धेर नहीं हैं। कृप्या शिकायतों को दूर करने के लिए रिश्वत का सहारा न ले। एक नया नियम बना है सूचना का अधिकार सन् दो हजार पाँच में, उसका इस्तेमान जरुर करें फीस मात्र दस रुपये है हर महकमे में सूचना अधिकारी है उसे जवाब देना होगा तीस दिन में, यदि नहीं तो प्रदेशिक सूचना अधिकारी के पास जाएँ

और जवाब साठ दिन में देना होगा, नहीं मिले तो राष्ट्रीय सूचना अधिकारी के पास जायें, ऐसा अधिनियम में प्रावधान है। यह बहुत बड़ा हथियार हमें मिला है भ्रष्टाचारको समाप्त करने का, इसका अधिक से अधिक इस्तेमाल करें।

अब इस लेख को एक घटना को बताकर समाप्त करुगाँ, रोज गाड़ियाँ लेट चलती हैं रोज हम रिश्वत लेते देते हैं एक-एक ट्रेन में कम से कम हजार दो हजार यात्री सफर करते हैं, पर एक भी यात्री ट्रेन लेट होने के बारे में शिकायतें नही करता वरना हर कोई यह कहता पाया जायेगा कि ऐसा होता ही है यदि शिकायतें शुरू कर दें तो शायद यह स्थिति बदल जाएँ, और हम सबका बहुत कीमती समय बच जायेगा। यदि आप भ्रष्टाचार को घटाना चाहते है तो रिश्वत देने की बजाय आप शिकायत भी तो कर सकते हैं, आप कहेगें कि हमारे से सरकारी सेवक बदला लेगें हम कहेगें कि किस-किस से बदला लेगें यदि शिकायत करेगें। शिकायत के साथ-साथ भ्रष्टाचार रोको जैसी संस्थाओं के पास सब एक पोस्टकार्ड डाल दे रेल मंत्री को तो रेल मंत्री कुछ न कुछ तो करेगा या करेगी रेल को लेट होने से रोकने की। एकता में बल है और रहेगा।

अन्त: में :

नजर को बदलिये नजारे बदल जायेगें,

सोच को बदलों सितारे बदल जायेगें।

किश्ती को बदलने की जरुरत ही नहीं,

दिशा को बदलों किनारे बदल जायेगें।

सृजन

"गरीब व अमीर में अन्तर इतना ही होता है कि गरीब अपनी आमदनी से ज्यादा खर्च करके पूंजी की आवश्यकता पर ब्याज देता है और अमीर अपनी बचत को फिर दोबारा पूंजी निवेश करके उसे दो गुना कर लेता है। गरीबों की समस्याओं को कम करने के लिए हमें उनको बचत का तरीका सिखाना होगा।"

अभी कुछ दिन पहले अनुसंधान से यह पता चला है कि सृजन में कम शक्ति का व्यय होता है और विध्वंस में शारीरिक इकाई के रूप में अधिक शक्ति व्यय होती है। जेसं कि प्रत्यक्ष है कि लड़ाई में अपव्यय और शान्ति में अर्जन निहित है।

इसलिए आज से हम वह व्रत ले सकते हैं। कि भारत सरकार सबकी है न भाजपा ने कांग्रस की या मिली-जुली जो भी है हमारी है। क्योंकि जिस व्यक्ति ने जनतंत्र को जन्म दिया था उसी ने कहा था कि हमें वही सरकार मिलेगी जिसके योग्य हैं। तो यदि हम आज कोई तोहमत लगाकर सरकार पर एक उंगली उठाते हैं तो तीन उंगली हमारी तरफ उठी हुई दिखेंगी।

जब यह तय हो गया है कि सरकार हम सबकी है, हमारी भाग्य विधाता है तो हमें इसे पूरा सहयोग देना है ताकि वे अपना कार्य ठोक-ठाक कर पाएं और सर्व जन की इच्छाओं को पूरा कर पाएं। यदि वे अपने कार्य में असफल हो तो उन्हें अपने सत्र से एक दिन भी आगे न जाने दें। प्रजातंत्र में जनता ही बोटों द्वारा अपनी भाग्य विधाता होती हैं।

हमने अब तक विध्वंसात्मक सृजन ही किया है पिछले 54-55 सालों में हर तरफ हर काम में सरकारी बुराई करके हमें कुछ भी हासिल नहीं हआ है। शिकायतों का पुलिंदा इतना भारी हो गया है कि उसे हमें सब देशवासी मिलकर भी नहीं उठा पाते हैं और सुनने का समय हम में से किसी के पास नहीं है। जब तुम प्रधानमंत्री, मुख्यमंत्री, विधायक, मंत्री की आलोचना करते हैं तो यह भूल जाते हैं कि वे तो मात्र एक मुखौटा है जनतंत्र का असली खलनायक तो बिगड़ा हुआ सरकारी तंत्र है। जो मुझे कहते हुए शर्म आती है कि यह हमें विरासत में मिला था। हमने उसे बिना सुधार किये अपनाया हुआ हैं। हम यह भूलें हुए हैं कि

यह जनता की सेवा के लिए नहीं वरना भारत को चूसकर अंगेजी शासन को मालामाल करने के लिए बना था। जनता को सताने के लिए बना था। उसी तरह हमने स्वतंत्रता के बाद अंगेजी शासन द्वारा छोड़ी गई शिक्षा पद्धति को भी स्वीकार किया हुआ है जिसका कोई जवाबदेही नहीं है, विकल्प नहीं है मौलिकता नहीं है। जनता की सेवा का कोई इरादा नहीं है। संगठन को बढ़ावा देने की कोई तदबीर नहीं है।

इस सब में विध्वंस की ही भावनाप्रधान रहती हैं। सृजन तक पहुँचते-पहुँते शक्ति का ह्रास हो जाता है। इस तरह हम अपनी अधिकतर शक्ति का अपव्यय कर रहे हैं। हमकों अब सृजनात्मक विध्वंस करना होगा। इसका मतलब यह है कि हमें अपनी शक्ति वृजन में अधिक और विध्वंस में कम लगानी होगी। जैसे गर एक बड़ी अवन्छित इमारत को गिराना हो तो उसमें ऐसी जगह डायनामाँइट लगाया जाता है कि इमारत तो ढह जाये पर आसपास के सृजन को हानि न हो। इसी तरह हमें यह सोचना है कि किस तरह सरकारी तंत्र के बिना ढांचे को बदला जाए जिससे ये जनता पर राज करने के बजाए उसकी सेवा करना सीखे।

इसके लिए प्रजातंत्र को सरकारी तंत्र पर हावी होना होगा। उसे बदलने को मजबूर करना होगा। कहाँ से शुरूआत की जाये। इसके लिये हमें 70 करोड़ जनता, जो ईमानदारी से रह रही है उसे संगठित करना व 31 करोड़ बेईमानों के संगठनों को विघटित करना होगा।

हम अपना अधिकांश समय समस्याओं को सुलझाने में न लगाकर उनके मुखौटों पर बहुत समय तक चर्चा करते रहते हैं। जबकि मुखौटे न तो समस्याओं का कारण हैं न ही उनकी पास समस्या हो हटाने का विकल्प होता है। सरकारी तंत्र पर ध्यान दें तो यह बात आपकों खुद ही समझ आ जाएगी ।

हम सतही तौर पर न ढूंढकर मूल कारणों पर ध्यान दें तभी समस्याएं हल हो पाएंगी। शक्ति का विकेन्द्रीकरण हल इसका महामंत्र है। इस सृजनात्मक विध्वंस की नींव भरोसे पर आधारित होनी चाहिए। इसकी शुरूआत आपस में एक दूसरे पर भरोसे से होगी न कि शक से जो आज हमारे बीच विद्यमान है। हां, इससे कुर्सी पर बैंठे लोगों को तकलीफ होगी परन्तु जनता के बल को अपनी तरफ खींचने की इच्छा से जनता के प्रति उनका कर्तवय बोध जागेगा। हमारा पूरा सरकारी तंत्र अविश्वास की नींव पर खड़ा है जबकि अविश्वास से किसी की जीत नहीं होती। हमें सृजनात्मक कार्य सामूहिक ढंग से करने के अभ्यास नहीं हैं।

अब हम एक समस्या को ले लें जो हममें से अधिकांश लोगों को झेलनी पड़ी हैं मुकदमों की । समय पर न्याया न मिले तो वह अन्याय के समान है इसका कारण कोई जज, वकील आदि नहीं हैं। वरन बिगड़ा हुआ तंत्र है जो शक की नीवं पर रचा गया था। न्याय का दम भरने के बावजूद निहित स्वार्थ के कारण न्याय की आत्मक का उस तंत्र में अभाव है इसे

हम भरोसे की नींव पर जन साधारण के हित में अब बदल सकते है। "जब तक दोष प्रमाणित न हो जाये जनता का हर व्यक्ति सच्चा माना जाये।"

दूसरी समस्या शिक्षा पद्धति की है जिसके सम्बन्ध में सभी एक राय हैं कि यह भारत के लिए उपयोगी नहीं है मूल कारण यह है कि यह प्रणाली प्रोत्साहन पर नहीं वरन् प्रताडना पर आधारित है। तीसरी समस्या एक प्रश्न के रूप में आपके सामने रखना चाहता हूँ। क्या हम गणतंत्र में रहते हैं? यदि हां तो विधयक (M.L.A.) जो जनता द्वारा चुना जाता है उसके अधिकार उसके कार्यक्षेत्र में डिस्ट्रिक्ट मजिस्ट्रेट (जिलाधिकारी) जो कि मनोनीत होता है, से कम क्यों होते हैं? जनता क्या इतनी बेवकूफ है? हमें डिस्ट्रिक्ट कलेक्टर की अब क्या जरूरत है जबकि हर शहर में जनता द्वारा चुना हुआ मेयर मौजूद है। यह क्या व्यर्थ पद नहीं है?

गन्दगी की समस्या को ही लें। गन्दगी हम करें और सफाई सरकार करेगी। यह दृष्टिकोण रखकर पिछले 54 सालों में क्या यह काम पूरा हो पाया है। तंत्र की खानापूरी करने के लिए सफाई विभाग हर स्तर पर है। परन्तु जनता उससे कभी सन्तुष्ट नहीं हुई है। क्यों न हम इस काम से सरकारी तंत्र को निजात दें और बेहतर तरीके के इस अभियान को पूरा करने की जिम्मेदारी जनता अपने ऊपर ले लें। क्योंकि सरकारी तंत्र जन्संख्या की दुहाई देकर अपनी असमर्थता इस क्षेत्र में प्रकट करता आ रहा है, इस तरह इस काम को अपने हाथ में लेकर जनता सरकारी तंत्र का बोझ कम कर सकती है। सरकारी तंत्र का हलका रखें तो हम ज्यादा सुखी रह सकेंगे।

एक कड़ी कम होगी समस्याओं को सुलझाने में। संभावनायें देखें कितनी बढ़ जाएंगी, नौकरियां पैदा होंगी। मुम्बई में एक कम्पनी कूड़े से खाद बनाती व उसे बेचकर मुनाफा कमातीं है यह हर शहर में क्यों नहीं हो सकता ? देहरादून में भी कई कॉलोनी में ऐसी स्कीम जनता द्वारा सफलतपूर्वक चल रही हैं।

हम लोगों ने अपनी कमियों को नकारने का एक और तरीका अपनाया है कि अमेरिका को दोषी ठहरा दो। वह तो अपनी सफाई देने आएगा नहीं और हमारी समस्याएं सुलझेंगी नहीं तो सुनें, अमेरिका के छोटे-छोटे शहर जिनकी जनसंख्या 5 से 10 लाख तक है, उनकी सेवा व सुविधा, मनोरंजन के लिए 30 से 40 तक रेडियो स्टेशन व टी० वी० स्टेशन होते हैं। यह है तरीका नयी-नयी नौकरियां, हूनर व कला के विकास में सहायक होने का। हमें दूसरों को अपने काम अपनी तरीके से करने की छूट देने में पता नहीं क्यों हिचकिचाहट होती है। क्या हमारी असफलता को डर हमारे विकास के प्रयास में बाधक हैं? हमें अपनी सामूहिक मन: स्थिति में सुधार लाना होगा। हमें भ्रम और वास्तविकता में अन्तर समझना होगा वरना हम हर दूषित प्रचार का जो हमें कुछ कार्य करने से रोकता है, सही मान

लेंगे। हमें सामूहिक होना होगा ताकि हम अपने राजनीतिक विरोधियों के साथ कंधे से कंधा मिलकार काम कर सकें और कमियों के ऊपर विजय पा सकें न कि किसी व्यक्ति विशेष को दोषी बनाकर समस्या ज्यों की त्यों बनी रहने दें। इस तरह इसका मानदंड एकाकी न होकर सामूहिक होना चाहिए तभी हम समाज को, देश को आगे ले जा पाएंगे । जो भी समस्याएं भारत में हैं क्यों नउनकी एक सूची बना लें और उतनी ही टीमें बना ले जिससे एक एक समस्या का हल हर क्षेत्र में साथ किया जा सके। भारत के विकास के विषय में हमें एक मत होना ही होगा तभी संगठित रूप से सभी समस्याओं का निदान हो पाएगां। विरोध गलत मान्यताओं का करें, सरकार की मदद करें। जहाँ-जहाँ जरूरत है, आड़ंगा न लगाएं।

इस बात में भी कोई दम नहीं लगता कि अधेड़ व युवा-वर्ग में मतभेद हैं। शायद सभी भारत की तरक्की चाहते हैं। युवा पीढ़ी को चाहिए कि वह अपनी शक्ति और उत्साह को सरकारी तंत्रों को प्रश्नवाचक रचनातमक आलोचना की दृष्टि से देखें, क्या चीज जरूरी नहीं है। किसी भी समस्या का समाधान जब तक नहीं हो जाएँ विकल्पों को सोचा जाए, कार्यन्वित किया जाए। गलतियाँ होंगी असफलताएँ भी आएंगी, निराशा भी होगी पर अंत में विजय होने पर उल्लास होगा, उत्साह बढ़ेगा और आशा से अधिक उन्नति होगी, क्योंकि असफलताओं से भी कुछ नये तौर तरीके सामने आएंगे।

आज नौकरी के नाम पर अनगिनत युवक-युवतियां इंतजार में बैठे है क्यों न वे उन युवक-युवतियों को पढ़ाएं जो हर माह उन्हें पैसे शायद न दे सके। पर आगे चलकर उनकी सफलता में साथी बनें, भागीदार बनें। अपना काम स्वयं करें, कोई धंधा जो नैतिक रूप से ठीक हो रहें। बहुत से ऐसे क्षेत्र हैं जो मुझे मालूम हैं आपकों भी मालूम होंगे। जहां बहुत आवश्यकता हैं नये विचारों व नईं सूचनाओं की। कम्प्यूटर साइंस व टेलीफोन गांव ले जाएं उसे कृषि और ग्रामोंद्योग से जोड़े। बैल से चलने वाले संयंत्र की सहायता से बिजली बनाएं व गांव में बाँटें। सौर ऊर्जा से चलने वाले बिजली के संयंत्र तथा पानी जमीन से निकालने वाले पम्प लगाएं ताकि उनसे सिंचाई एवं पीने के पानी की समस्या हल हो सके। स्थानीय लोगों द्वारा बनाई वस्तुओं को अधिक से अधिक उपभोक्ता के पास पहुँचाएं। भारत के कम्प्यूटर प्रोग्रामर विदेशों को निर्यात करने में अग्रण्य हैं। अपने देश में इनका उपयोग दैनिक आवश्यकताओं को सहज और सुलभ बनाने के लिए किया जाए। सरकार के सहारे बैठने या मल्टीनेशनल का विरोध करने के कुछ हासिल नहीं होने का। ऐसे तरीके ईजाद करें ताकि कम लागत में अच्छा माल बनाया जा सके जो घरेलू उद्योग के अन्तर्गत देश में खपत ही नहीं वरन विदेशों में भी उसकी बिक्री की जा सकें। इसके लिए उत्पादन मानदण्डों को अन्तराष्ट्रीय स्तर पर लाना होगा। टकराव से ऊर्जा का ह्रास है और सहयोग से शक्ति का सदुपयोग होता है।

किसी भी समस्या का हल सिर्फ बातों से तो नहीं निकाला जा सकता है। परन्तु मिल बैठकर तर्क-वितर्क करके किसी भी मंजिल पर पहुँचने के लिए राह निकाली जा सकती हैं। उस राह पर फिर मिलकर सहयोग से चलना है। चाहे मंजिल भी दूर हो पहला कदम उठाकर ही दूसरा रखा जा सकता है। कदम-कदम बढ़ाकर ही मंजिल तक पहुँचा जा सकता है। बीच में रोड़े भी आएंगे। बाधाएं जो प्रकृतिक हों या मानवों की बनाई भी हो सकती हैं परन्तु उनसे जूझना पड़ेगा। तरीकों में कुछ बदलाव करना पड़ सकता है। पर जरूरी है कि समस्या पर हमारा ध्यान पूरा हो। साधनों का अभाव न हो और लगन की कमी न हो तो सफलता हमारे कदम चूमेगी।

गरीब व अमीर में अन्तर इतना ही होता है कि गरीब अपनी आमदनी से ज्यादा खर्च करके पूंजी की आवश्यकता पर ब्याज देता है और अमीर अपनी बचत को फिर दोबारा पूंजी निवेश करके उसे दो गुना कर लेता है। गरीबों की समस्याओं को कम करने के लिए हमें उनकों बचत का तरीका सिखाना होगा। पूंजीवाद के सही ज्ञान व लाभ से वे ही क्यों वंचित रहें। किसी तरह भी सीधे साधे शब्दों में उन्हें बताना होगा गांवों में अपव्यय को कम करें और आमदनी को बढ़ाएं ताकि जो उल्टा हो रहा है उसकी दिशा बदली जा सकें। शहरों से गांवों में जाने वाली प्रसाधन सामग्री की खपत प्रतिवर्ष 700 करोड़ से बढ़कर दो वर्ष में ही 2300 करोड़ प्रतिवर्ष पहुँच गई हैं। इससे पता लगता है कि गांवों से कितना धन शहरों में आकर गांवों को और गरीब तथा खोखला बनाता जा रहा है। इनके विकल्प हैं व गांवों के परिवेश में बहुतायत में सुलभ हैं। जो उन्हें सुझाए जा सकते हैं उन्हें ईंधन की बचत करना सिखाएं क्योंकि अधिकांश गांवों में वन की लकड़ी ईंधन का स्रोत हैं तथा उनके अपव्यय से पर्यावरण को बहुत क्षति पहुंची है। गांव वालों के साथ मिलकर ईंधन का कोई अन्य व्यवहारिक विकल्प ढूंढा जाएं। ऊर्जा का उत्पादन कम खर्चे में और ऊर्जा तथा वहाँ की शक्ति के द्वारा विन्फार्म लगाकर करना सिखाएं। जल को बचाना सिखाएं। साबुन, तेल, पाउडर, क्रीम, शैम्पू, टूथपेस्ट आदि के विकल्प प्रकृतिक रूप से सुलभ हैं और उनका उपयोग बहुत सरल है तथा आजकल शहरों में भी काफी लोकप्रिय हो रहें है। इस सूचना से उन्हें भी अवगत कराएं। दवाईयों का बिना जानकारी के प्रयोग न करें उन पर खुद को आश्रित न बनाएं। योग का ज्ञान व अभ्यास बढ़ाएं ताकि स्वयं को स्वस्थ सबल रख सकें। इस तरीके से जब बचत करना आ जाए तो उन्हें पूंजी निवेश करना सिखाएं जिससे उन्हें भी आर्थिक सुरक्षा का अहसास हो। यह न समझें कि इन छोटी-छोटी बचतों से क्या होगा। बूंद-बूंद मिलकर ही सागर बनना भी उतना ही लाभकारी है जितना एक पैसे को कमाना गांव-गांव में बेकरी खोली जाए जिससे शहर की बेकारियों वाले ही मालदार न बनते रहें। गुटखा खाकर, गुटखा बनाने वालों को मालदार न बानाएं। इन सब तरीकों से पैसा बचेगा औरकाम धन्धों में लगेगा जो हमारे ही पड़ोसी के उत्थान में मदद देगां। गांव के बच्चों को दूध पिलाएं अच्छा पौष्टिक भोजन

उपलब्ध कराएं जिससे वे शारीरिक रूप से समर्थ बनें और खेती में श्रम करके उसे बढ़ा सकें। शहरों में जब दूध कम पहुँचेगा को अपने आप ही उसकी कीमत बढ़ेंगीं।

गांव द्वारा पैदा की हुई चीजों की कीमतें बढ़े तो गांवों में समृद्धि आयेगी उनकी शक्ति बढ़ेगी, खुशहाली बढ़ेगी। अभी क्या हो रहा है कि पानी की कमी के कारण दुर्लभ हरियाली पर पल रहे पशुओं का दूध आमदनी का जरिया होने के कारण मजबूरी में गांव वालें अपने बच्चों तक को दूध के स्थान पर चाय का आदी बना रहे हैं और बड़ी मुश्किलों से पैदा किया दूध, घी कम दामों में ही शहरों में बेच जाते हैं इससे उनकी आगे आने वाली नस्लें तो कमजोर हो ही रहीं हैं इसके अलावा अन्य किसी विकल्प के अभाव में एक स्थान पर हरियाली खत्म हो जाने पर उन्हें अपने मवेशी लेकर या छोड़कर दूसरे स्थान पर जीविका की तलाश में भटकना पड़ता है। ऐसी विषम स्थिति में कौन विकास, सृजन या समृद्धि की उम्मीद कर सकता है। सामाजिक स्तर पर जागरूक व्यक्ति अगर इस विषय में खुद नहीं प्रयास करेंगे तो फिर कौन करेगा? इन समस्याओं को हम जनसंख्या में बढ़ोत्तरी की दुहाई देकर नहीं छोड़ सकते।

कुछ लोगों के अच्छे प्रयास के फलस्वरूप होने एक गांव में अनाज का सहकारी गोदाम देख जो आपात काल में प्रभावित परिवारों को कम दाम पर अनाज मुहैया कराता है। जरूरत है ऐसे प्रयासों को हर गांव में दोहराने की। हर गांव में एक सहकारी संस्था बनाइये गांव वालों के सहयोग से। इनके द्वारा रोजगार पैदा हो सकते हैं। हर गांव सिर्फ 1 रुपया रोज की बचत हर परिवार द्वारा करके ग्राम कोष की स्थापना करें और उस धन से अपने गांव के बच्चों को गांव में ही नौकरी पर लगाएं। यह विषय विचारणीय है तथा संभव है। कोई काम भी मुफ्त नहीं होता है। हरेक को उसके काम का पारितोषिक मिलना चाहिए। अपने गांव के लोग करेंगे तो उनमें अपने लोगों के लिए दर्द व सहानुभूति होगी। अब प्रश्न है कि अगर सरकार से अपने काम करवानें है तो न होंगे। अगर हुए तो तीन गुना महंगे पड़ेगे। आपके हाथ में अपनी देश के भविष्य की कुंजी है, जो चाहें करें। जब हमारे पास साधनों की कमी है तो उन्हें दो ही तरीकों से पैदा किया जा सकता है। कुछ त्याग करके कुछ पाया जा सकता है और संगठन की शक्ति के साथ लग्न से एक-दूसरे पर भरोसा करके सफलता हासिल की जा सकती है व दूसरों को भी कराई जा सकती है। चाय और काफी व्यवसाय मालिकों को अपने काफी अमीर बना दिया, अब अपने बारे में भी कुछ सोचिये।

अब भारत जो गरीब देश कहलाता है, उसकी दरियादिली देखिए कि हम दुनिया को सारी सोने की खाने चलाने का खर्चा देते हैं। हमारे अमीर लोग यूरोप और अमेरिका को और अधिक अमीर बनाने का काम कर रहें हैं। वहां जाकर जो डालर खर्च कर रहे हैं। आज भी हम अपना मैटेरियल कम दामों में बाहर देशों में भेज रहे हैं और अपने देश में लोग गरीब

हैं। जापान व चीन को देखें, उनके पास कोई अधिक भू-सम्पदा नहीं है, जनसंख्या भी कोई कम नहीं है पर वे सरकार के सहारे नहीं बैठें हैं। देश के लोगों को अपनी सम्पदा की रक्षा रखा करनी होगीं। अपने पूर्वजों की धरोहर की देखरेख करके व पर्यटकों को सुविधाएं देकर असीमित विदेशी मुद्रा अर्जित कर सकते हैं। हम स्वतंत्र हो गये हैं पर उसको बरकरार रखनें के बजाय सरकार का मुँह देख रहे हैं। हमने अपनी न दिखई देने वाली बेडियों में खुद को जकड़ रखा है। जब तक हम ये बेड़ियां नहीं तोड़ेंगे, सरकार या पुलिस का भय नहीं छोड़ेंगे देश के हित में कुछ नहीं कर सकते। गांव के लोगों को शहर रोजगार की खोज में न जाना पड़े ऐसा कुछ प्रबन्ध किये बिना देश की तरक्की नहीं हो सकती है। पानी जो गांवों से आता है शहर की म्यूनिसपैलिटी उसे बेचती है। यह पानी गांवों से चुराया है पर उन्हें कोई मुआवजा नहीं दिया जाता है। तो गांव कैसे अमीर होंगे। हमें यह चोरी रोकनी होगी। मल्टीनेशनल जब यहाँ व्यवसाय शुरू करें और आपकी प्राकृतिक सम्पदा पर हाथ डालें तो उनसे उसकी सही कीमत जो वे अपने देश में देते हैं, लेनी होगी। हर गांव में सुरक्षा वाहिनी गांव के युवकों को अनुशासन व जिम्मेदारी सिखाकर बनाइयें जो अपनेगांव की सेवा अपने पुरुषार्थ से करे। यह सब जो मैं बयान कर रहा हूँ वह संभव ही नहीं मेरा देखा हुआ है और भारत के कुछ गांवों में हो रहा है। जरूरत है जागरूकता की और इसे हर गांव तक पहुंचाने की। हमारे हर लेख में कहानी में, मनोरंजन के साथ-साथ एक सच की भी जरूरत है और किसी भी माध्यम से सच्चाई का, उन नियमों का, जिनसे किसी समाज की उन्नति संभव है सब लोगों तक पहुँचाना जरूरी है तभी देश लाभन्वित हो सकेगा।

बेरोजगार किन्तु पढ़े-लिखे लोग यह जानकारी लोगों तक पहुँचा सकते हैं। इसके लिए फीस चार्ज कर सकते हैं। पानी को लोग बोतलों में भरकर बेच रहे हैं, उन्हें पैसे मिलते हैं पर पानी के स्रेत को नहीं, क्योंकि गांव का कोई सामूहिक संगठन नहीं बना है अब तक। पढ़े लिखे लोग गांवों में जाकर इन बातों से गांव के लोगों को अवगत करा सकते हैं। सरकार क्या है और कैसे चलती है, सिखा सकते हैं। गांव-गांव में बुक बैंक बनाए जा सकते हैं। न ज्ञान की कमी रहनी चाहिए न सूचना प्रसारण की। अगर हम हर समस्या के बारे में सोचते हैं, हल भी जानते हैं। तो धैर्य, लग्न और पुरुषार्थ की कमी क्या साधनों की कमी लिस्ट में आनी चाहिए? मरे विचार से तो हम असफलता की आशंका से डर कर साधनहीनता की दुहाई देने लगतें हैं और सबसे ऊपर सरकार को रखकर अपनी सामर्थ्य की इतिरी समझ लेते हैं। जबकि जो संभावनाएं हो सकती हैं उन पर विचार ही नहीं किया। जरूरत है तो उसका रास्ता भी जरूर होता है यह विश्वास रखें। हर एक व्यक्ति अगर अपने सामने उद्देश्य रख कर रास्ता ढूंढे तो एक नहीं कई रास्ते निकल सकते हैं। इसी तरह से समस्याएं कम होंगी। एक-एक करके। किससे पहले करें वह विषय हमारे विषय हमारे विचार करने का हैं। आज

हम सबका फायदा इस बात में है कि हम देश में सफाई पर ध्यान दें। देश का और देशवासियों का जो स्वास्थ्य और धन व्यर्थ नष्ट हो रहा है उसे बचाना सबसे जरूरी है। कैसे होगा मुझे नहीं मालूम है। पर हम सब इतने होशियार हैं कि सुदूर बसे देश अमेरिका के हथकंडों को समझ जाते हैं आसानी से फिर अपने ही हालतों के हथकंडो को क्यों नहीं समझ पाते हैं? क्यों हमारे गांवों, कस्बों, शहरों की सफाई अब तक हमारे महकमों और जमादारों में दबी पड़ी है? हम विकल्प क्यों नहीं ढूंढ पाते हैं।

अगर हम रास्ता ढूंढ भी लेते हैं तो एक निश्चित दूरी तक जाकर वह रास्ता खो सा क्यों जाता है। अगर सरकार को ही करना है तो पड़िए उसके पीछे, जब तक यह समस्या हल न हो जाए मत छोड़िये प्रयास और हालाता से समझौता मत करिये। साथ ही हालातों से विचलित न हों तभी स्थित प्राप्त होकर अपने ध्येय को हम प्राप्त कर सकते हैं। नये तरीके से सोच सकते हैं। जैसे कि सफाई झाडू से ही क्यों होती है? पानी से ही सड़क क्यों साफ करें जबकि धूल और कीचड़ की समस्या इससे पैदा हो जाती है। इसकी जगह हवा से सक्शन पम्प से सफाई करना अधिक सुविधा जनक भी है और प्रभावशाली भी है। क्या जरूरी है कि जमादार झाडू, पंजे से ही सफाई करें?

एक ठेला जिसमें सक्शन पम्प लगा हो उसके भी तो हो सकती है। कोई करेगा न सब नई-नई चीजों की ईजाद तो नये काम शुरू होंगे और रोजगार बढ़ेंगे।

हम संगठित होकर देश के हित में अपनी शक्ति, मस्तिष्क लगाएं। इस प्रकार के विचार व उद्‌गार हर भारतीय के मन में उठतें हैं। आशा और विश्वास के साथ हर व्यक्ति अपनी क्षमतानुसार प्रयास करें और कोई भी समस्या पर अपने विचारों को तौलें परखें पर जब एक निर्णय पर पहुँच जाएं तो सबके साथ एक जुट होकर उसको कार्यान्वित करने की आशा और विश्वास के साथ हर व्यक्ति अपनी क्षमतानुसार प्रयास करे और किसी भी समस्या पर अपने ही को तौले, परखे पर जब एक निर्णय पर पहुँच जाये तो सभी के साथ निर्णय की चर्चा करे, और एकमत होकर उसके समाधान में लग जाये तो कोई कारण नहीं कि समसया हल न हो, चाहे रास्ते बदलने पड़े, पर निश्चय नहीं बदलना है तभी हम अपने लक्ष्य को प्राप्त कर सकेगें।

त्याग

हमारे समाज में त्याग का बहुत महत्त्व है जहाँ देखें जब चाहे इस त्याग का इस्तेमाल किया जाता रहा है। कभी सही कभी गलत। पर जरुरी है कि जिसका या जिन चीजों का त्याग करना होता है वह बहुत कम होती है। उन चीजों का जिनका हमें त्याग करना चाहियें वह हम नहीं करते हैं।

हर माँ या बाप का यह अधिकार है कि वह अपने बच्चों के लिए त्याग करे पर इस त्याग का हमें बदला मिलेगा तो वह त्याग नहीं कहला सकता है । जरा गौर करने की बात है कि असलियत में यह त्याग है क्या? त्याग का सही अर्थ क्या है जरा यह देखें। पर त्याग उसी चीज का किया जा सकता है जो हमारे पास है। यदि यह गुण या अवगुण हमारे पास नहीं है तो उसका त्याग करना या न करना कोई मायने नहीं रखता है। जैसे हम बहुत ज्यादा चीनी खा सकते हैं तो चीनी का त्याग किया जा सकता है पर हमारे पास चीनी है नहीं और न खा सकते हैं तो कैसे हम उसका त्याग कर सकते हैं। इसका मतलब जो इच्छाये हमारे मन में थी उनकों पूरा नहीं कर सके तो किसी और की जरुरते कैसे पूरी कर सकते हैं तो हम यह नहीं कह सकते कि हमने इस चीज का त्याग कर दिया है। यह त्याग की श्रेणी में नहीं आ सकता है। यही बात कम ज्यादा बच्चों के लिये हमने त्याग किया उसमें भी सही उतरती है। क्या बच्चों की जरुरतों को पूरा करना त्याग कहला सकता है। हम उन्हें इस दुनिया में लायें और वह उनकी जरुरते पूरी कर सकते हैं, जब तक वह स्वावलम्बी नहीं हो जाती है, जरा सोचे कि इनकी जरुरतें पूरी करना क्या त्याग की परिभाषा में आ सकता हैं? हम कह सकते हैं कि यह त्याग की परिभाषा में नही होनी चाहिये क्योंकि हमें अपने बच्चों से बदले की भावना रहती है। आइये अब हम अपने नेताओं के बारे में बात करें। हम सब अपने नेताओं के त्याग जो उन्होने स्वतत्रता के लिये समय-समय पर, या औरों के लिए किये, उसके लिये हम उनके नतमस्तक है। हर हालात उन्हें मान सम्मान दिया जाना चाहिये पर जरा सोचे कि वह स्वतंत्रता सेनानी क्यो बने? अग्रेजों से सत्ता लोगों के हाथ में लेने के लिये या सत्ता, जनता को सौपने के लियें। जबाब शायद आप सबका यही होगा कि जनता को सौपने के लिये। यहाँ

पर एक महत्वपूर्ण बात है कि इन सब नेताओं को सत्ता चलाने का कोई ज्ञान नहीं था इसीलिये आज तक यह जनता को उन अधिकारों से वचिंत किये हुए है। और उसी त्याग के चलते सत्ता से चिपके हुये है जैसे सरकारी सेवक भी, जो सही मायने में आज तक जनता सेवक नहीं बन पाये है। हम कह सकते हैं कि जन सेवक और नेता जनता को वह नहीं दे पाये हैं बासठ साल के बाद भी जिसकी जनता अधिकारी है, कारण सीधा है कि यह दोनों अपनी जरुरतों को जनता से ऊपर समझते हैं।

वह त्योग हो ही नहीं सकता जिसमें बदले में कुछ भी सुविधा या मान-सम्मान, या कुछ विशेष अधिकार भविष्य में मिलने की चाह हो। इसी तरह जिस काम को करने के लिये हमें किसी भी रूप में पारिश्रमिक मिलता हो वह भी त्याग नहीं हो सकता है। तो यह हुई हमारे नेताओं के त्याग की गाथा। तो नेता लोग भी त्याग की कसौटी पर खरे नहीं उतरतें हैं।

अब आइये पति-पत्नी के एक दूसरे के लिये त्याग के बारे में बात करें इस बारे में जितना कम लिखा जाये उतना ही अच्छा है क्योंकि लेना-देना है जो आपस में तय किया जाता है वहाँ त्याग का कोई स्थान ही नहीं है करीब कम या ज्यादा बात हम भगवान से भी करते कि हम इतना त्याग कर रहे है तू समय पर यह नहीं दे सकता या वह काम पूरा नही करता यह लेन-देन है न कि त्याग।

जब हम योग्य पात्र को दान देते हुए बदले में कुछ चाह नहीं रखते वह सही त्याग है।

आज तक माँ या बाप त्याग का हवाला दे कर अपने बच्चों के साथ खिलवाड़ करते हैं क्योंकि ऐसा होता चला आ रहा है हम क्यों न रखे क्योंकि हम अपने जीवन के तीसरे हिस्से के लिए ठीक से प्राविधान नहीं करते हैं।

अपनी गलत आदतों को त्यागें यह बड़ी बात होगीं और आप खुश रहेगें और समय की भी बचत होगी । कृपा कर के त्याग का पल्ला छोड़े और किसी शब्द को पकड़ लीजियें।

समाज की सेवा ही असली त्याग है, समाज का उत्थान ही असली पूजा हैं, और अपने अहम का त्याग करेगें। तो आपका जीवन सुधर जायेगा।

आधुनिकता में, बैलों का उपयोग

ट्रेक्टरों के आ जाने से हल करीब-करीब समाप्त हो गये हैं उससे सबसे ज्यादा असर बैलों पर पड़ा रहा हैं। तेल निकलने का काम भी मोटरों से होने लगा है, बैलों पर दूसरी मार। गन्ने का रस भी मोटरों से निकलने लगा है, यह बैलों पर तीसरी मार। इस बिजली के मोटरों व डीजल इंजनों ने बेचारें बैलों की यह दुर्दशा कर दी और उनका पूरा बेड़ा गरक कर दिया। बैल पूरी तरह से गाँवों से निकासित ही हो गये हैं। जो साधन हीन किसान हैं वह ही बैलों से हल बैल की सहायता से खेती करते हैं और बेलगाड़ी से आप-पास आने-जाने का काम करते हैं।

पर कुछ चिन्तकों ने इस दिशा में बहुत ही महत्तवपूर्ण काम किया है कि बैलों से और क्या काम लिया जा सकता है ताकि बैल भी गायों की भाँति प्यारे बने रहें हमारे गाँवों में ही नहीं शहरों में भी। इन सभी की चर्चा हम इस लेख में करेगें। यह दो ऐसी जानकारियाँ दे रहा हूँ जो बैलों, और आप सभी जो बैलों के बारे में चिन्तित हैं, सोने की किरण जैसी लगेगी कि चलो बैलों की जान तो बच गई। आपको व आपके बैलों दोनों को ही खुशी होगी।

ऊपर जैंसा लिखा जा चुका है बैलों से तेल व रस निकालने का काम लिया जाता था उन्ही कोल्हूओं में जेनरेटर और गियर बाक्स लगा दें तो बिजली बन सकती है। यह काम किया हमारे रेलवे के एक रिटायर्ड इन्जीनियर कृष्ण पाल सिंह जी ने किया। उनसे आप सुरभि संस्थान वाराणसी के जरिये सम्पर्क कर सकते हैं यह एक व्यवसायिक संस्था है जो इस दिशा में बहुत ही महत्तवपूर्ण कार्य कर रहा है। पिछले कई दशकों से और एक व्यसायिक संस्था कानपुर में भी है। आप अधिक जानकारी की लिये लेखक से सम्पर्क कर सकते हैं। इस एक जेनरेटर से जिन गाँवों में या शहरों में भी बिजली पैदा की जा सकती है और पर्यावरण की रक्षा व शोर-गुल कम किया जा सकता हैं, यदि बहुत सी सम्भावनाएं को

सकती हैं यहाँ सिर्फ कुछ इशारे किये गये हैं। एक और बात कि इस एक जेनरेटर से करीब चालीस बल्व जलाये जा सकते हैं, गाँवों में बिजली की कम्पनी बनाकर और इस ऊर्जा का वितरण करके रोजगार योजनायें चालू की जा सकती हैं जो गाँव दूर दराज स्थानों में हैं या बिजली के तारों के रास्ते में नहीं पड़ते हैं। आपको कीमत की जानकारी दे दूँ जो पुरानी हैं जो एक लाख के आस-पास ही होगी। वह मुख्य बात नहीं है पर बैलों को काम मिलेगा वह सबसे अहम बात होगी आशा है आप मुझसे सहमत होगें।

अब दूसरे महत्वपूर्ण अविष्कार की बात यहाँ करेगें नई दिल्ली स्थित एक भारतीय पशु संरक्षक संस्थान जिसके संचालक श्री लक्ष्मी नारायण मोदी जी है उन्होंने एक ऐसा बैलों से चलने वाला यन्त्र जिस पर आप बैठकर कोई बच्चा या महिलायें भी खेती का सारा काम कर सकती हैं। अधिक जानकारी के लिये लेखक से या मोदी जी सीधे सम्पर्क कर सकते हैं। कीमत मात्र तीस या चालीस हजार। फिर वही सवाल कि कीमत नहीं उपयोगिता बैलों की ज्यादा महत्वपूर्ण है। और कुछ फायदे हैं जैसे ट्रेक्टरों के लिये डीजल चाहिये जो गाँवों के बाहर से आता है पर बैलों का चारा गाँवों में बहुत होता है।

विदेशी मुद्रा की भी बचत होगी। पर्यावरण की रक्षा होगी। इसमें छाता भी लगा हैं व पानी पीने की सुराही भी टँगी होती हैं। ट्रेक्टर चालक के स्वास्थ्य की भी रक्षा होगी।

फिर यदि ऐसे, जनरेटर व हल बनेगें तो और ज्यादा लोगों को काम मिलेगा नये-नये उपयोग मिलें गाँवों में सम्पन्नता आयेगी खुशहाली बढ़ेगी। आशा करता हूँ कि इन जानकारियों से आप लाभ लेगे और दूसरों को भी इन बातों से अवगत करायेगें ताकि हमारे देश, बैल व आप सभी को लाभ मिले , ऐसी हमारी कमना है।

विचार प्रबल

एक विचार में कितना बल हो सकता है। इसकी कहानी अपने आप बीती आपको सुनाता हूँ। अखबार में खबर पढ़ी, रेडियों टी.वी पर सुना देखा कि 26 जनवरी 2001को गुजरात में भूकम्प आया; जिसमें लाखों लोगों के घर उजड़ गये, गाँव के गाँव ध्वस्त हो गये। हमारा भारत से अमेरिका वापसी का समय नजदीक आ रहा था। मुम्बई सोनगढ़ सूरत में लोगों से मिलना था। गुजरात हम हो आए थे पर मन छटपटा रहा था कि इतनी बड़ी मुसीबत गुजरात के लोगों पर पड़ी है, गुजरात दोबारा जाए बिना तो हम वापिस अमेरिका नहीं जा सकते । आखिर वहाँ भी लोग पूछेंगे तो क्या जवाब देंगे उन्हें क्या मालूम कि दिल्ली कहाँ हैं और गुजरात कितनी दूर है। उधर हमारे गुजरात में सम्पर्क हमें आने से रोक रहे थे कयोंकि उस समय मदद की धुआँधार वर्षा के कारण वहाँ बहुत आपाधापी मची थी। मेरठ से ही फोन द्वारा मानव कल्याण ट्रस्ट के संचालक श्री लल्लू भाई देसाई से सम्पर्क कर पिलखुआ जाकर 104 टैंट और लोगों का इन्तजाम तो कर दिया और जल्दी से जल्दी दस दिन के अन्दर टैंटो को लोगों के रहने के लिए जेठासरी, जड़सा एवं गमराउ गांवों में पहुँचवा भी दिया। कम से कम एक घर बनवा कर एक परिवार को बसाने का विचार आया। फरवरी में सोनगढ़ अपना ठहराव कुछ कम करके हम भुज, अजार, गाँधीबाग, रतनाल, नारायण सरोवर, गाँधी नगर अहमदाबाद गये। मानव कल्याण ट्रस्ट के कार्यकर्त्ताओं की मदद से हमनें चुबडक गरियगड़ा आदि गाँवों का सम्पूर्ण विध्वंस अपनी आँखों से देखा। घर बार व सब कुछ खों चुके लोगों से बातें की। उनकी आप बीती सुनी-समझी तो विचार आया कि इतने विनाश के बीच एक घर कैसे बनेगा, कैसे चयन होगा और कैसे एक परिवार सुख से रह सकेगा जबकि आस पास खंडहर और मलवा हटाने का कोई इंतजाम नही है। अब विचार आगे बढ़ा कि काश एक पूरा गाँव बनवाने की ही सामर्थ्य हममें होती। इस विचार की चाहत बदली बीच रूप में लेकर मार्च के शुरू मे हम अमेरिका पहुँचें तो पाया हर बड़े शहर से सहानुभूति की भावना से प्रेरित होकर लोगों ने लाखों डालर विभिन्न संस्थाओं को देकर भूकम्प पीडितों के मदद के लिये धन इकट्ठा किया हुआ है।

हमने अपने विचार को कार्य रूप देते हुए 800 घरों का एक गाँव बनवाने के लिए मानव कल्याण ट्रस्ट की तरफ से 100000 डॉलर का एक प्रोपोजल एक संस्था को भेजा। उन्होने बताया कि उनकी गाइड लाइन के अनुसार चयन कमेटी के अन्य प्रोपजल अधिक उपयोगी जान पड़ें। हमें खुशी हुई कि लोग काम करने के लिए आगे आ रहे हैं और हमने उन्हें उत्साहित किया। देखे हुए विनाश की तस्वीर आँखों के आगे रहती थी। इस बीच एम.आई.टी.की एक मैगजीन हमारे हाथ लगी। उसमें प्रोफेसर वैम्पलर जो वहाँ आर्किटेक्ट के प्रोफेसर है के बारे में छापा था कि टर्की में भूकम्प के बाद नये सिरे से एक गाँव यू.एन.ओ. की मदद से बनाया गया है। जिसमें तकनीकि विशेषता के साथ-साथ गाँववासियों को आर्थिक रूप से स्वाबलम्बी और अपने ग्रामीण परिवेश के उपयोगी साधनों के सम्पर्क की जानकारी द्वारा शहरों को पलायन वाली प्रवृत्ति को रोकने मे प्रोफेसर विलियम व उनके विद्यार्थियों का विशेष हाथ रहा इस सूचना ने हमारे विचारों को अपने देश के लिये देखे गये हमारे सपनों को सच्चाई में बदलने का विश्वास दिलाने वाली भूमिका अदा की।

मेरा बेटा एम.आई. टी. में पढ़ा है मैने सोचा वह इस प्रोफेसर से मेरी जान पहचान करवा देगा पर उसने मुझे तरीका बता दिया और मैंने प्रोफेसर से सम्पर्क स्थापित करने को ई-मेल द्वारा प्रयत्न किया। वे बड़े सरल, सज्जन व उत्साह बढ़ाने वाले व्यक्ति निकलें और अगले नौ महीने के दौरान हमारी पोती के जन्म के कारण कई बार हमारा बोस्टर जाना हुआ इसके फलस्वरूप प्रोफेसर से कई बार मिलनें व बहुत कुछ सीखने का अवसर मिलां। दुर्भाग्यवंश अमेरिका में 11 सितम्बर के बाद उत्पन्न हुई अन्तर्राष्ट्रीय परिस्थतियों के चलते प्रोफेसर को अपने विद्यार्थियो के साथ गुजरात आ कर हमारा मार्ग दर्शन करने का कार्यक्रम रद्द करना पडा। हम उनके विचारो से बहुत प्रभावित हुए हैं और यह विश्वास करते हैं कि भारत में भी गाँवों का पुनेद्धार का यही तरीका अपनाना चाहिए कि योजना और कार्यप्रणाली गाँव वालों के सहयोग से बने। हमें उनको आवश्यक सूचना, सहयोग, नये तरीके व्यवहारिक एवंम् औद्योगिक प्रशिक्षण देना चाहिए।

इस बीच शुरू के चार पाँच महीनो में राहत कार्यों मे व्यस्त रहने के बाद जब लल्लू भाई को कुछ समय मिला तो उन्होंने मुझ कच्छ से रापर जिले के एक गाँव सुरसरधाम के बारे में लिखा कि इस गाँव के बहुत इन्टीरियल में होने के कारण जरूरतमंद व्यक्तियों को सहायता अभी तक नहीं मिली ऐसे 120 परिवार अपने स्थान से कुछ दूर (3किमी०) जमीन ले चुके है। इनमें सभी कम्यूनिटी के लोग शामिल है।कम्यूनिटी में ज्यादा परिवार है। ये नये सिरे से अपना गाँव बसाना चाहते है। करीब-करीब इस समय आई.डी.आर.एफ. (इण्डिया डिप्लोमेंट एंड रिलीफ फण्ड) से उनके पास मौजूद फण्ड की जानकारी हुई थी तो मैंने एक फार्म मंगवा कर मानव कल्याण ट्रस्ट के खिलाफ भरकर उन्हें भेज दिया। और एम. के.टी.

के हस्ताक्षर करवाने के लिय फार्म भारत भेज दिया। आई.डी.आर.एफ ने हमारा प्रोपजल कुछ व्यक्तिगत मीटिंग व फोन पर बातचीत के बाद स्वीकार कर लिया। यद्यपि हमें पहले एम.के.टी के कार्यक्षेत्र, कार्य,प्रणाली, कार्यकत्ताओं व संचालन आदि का बहुत अच्छा अनुभव है पर आई.डी.आर.एफ. इनके बारे में कुछ भी नहीं जानते थे अत: वे चाहते थे कि हम भी एक्टीवली इस प्रोजेक्ट से जुड़ें। हम तैयार हो गये क्योंकि इससे हमें गाँव को स्वावलम्बी बनाने के लिए अपने विशेष प्रयोजन को कारागर करने का मौकां मिल रहा था। परन्तु जहाँ हमें 33 लाख की उम्मीद थी वहाँ करीब 23, 24 लाख का ही आश्वासन मिला। सोचा कि काम शुरू हो, कही से इंतजाम हो जाएगा। भारत आने से पहले एक मित्र ने अमेंरिका मे बताया था कि मेरे भाई से पाटन में मिल लेना। सम्भवत: एक प्रोजेक्ट से बचे हुए पैसे मिल जाए। इस स्त्रोत से करीब 2 लाख की राशि कुछ औपचारिक कार्यवाही पूरी हो जाने की उम्मीद है।

लल्लू भाई ने हमें अपने सहकर्मी तेजा भाई से मिलवाया जो इस गाँव के आसपास लोकल एरिया में कार्य संलग्न है उनके साथ बातचीत व उनके नि:स्वार्थ बेबाक व्यक्तित्व को नजदीक से देखने, परखने का जो अवसर मिला वह एक संस्मरण हो गया। वहीं लाकडिया सेन्टर से डिसासइपल सेन्टर (दिल्ली) के कार्यकर्त्ताओं से मिलना हुआ जो 100 घरों के लिये कंक्रीट, कोपिंग और कालम देना चाहते थे। हमने यह मंजूर किया । गाँव वालों से ग्राम कोष बनाकर उसमें धीरे-धीरे अनुदान का पैसा वापिस करने की बात समझाई तो वे भी मान गये और फाउन्डेशन वाले दिन ही उन्होंने 11/ रु० हर परिवार में इक्ट्ठा करके पैसा ग्राम कोष से देना का श्री गणेश भी कर दिया। अब हम अपना यह फर्ज समझते है कि सरकारी संस्थाओं से उन्हें औद्योगिक प्रशिक्षण उपलब्ध करा कर उनकी अर्थिक स्थिति को मजबूत बनाया जाये ताकि वे अपने गाँव को बढ़ोत्तरी करने में खुद समर्थ हो सकें। गाँव वालों ने हम पर विश्वास किया है और हमने उनके स्वावलम्बी होने की इच्छा समान विचारों वाले को एक दूसरे से बल मिलता है तभी तो तुलसी दासजी ने लिख है।

जहाँ सुमति तहं सम्पत्ति नाना, जहाँ कुमति वहां विपत्ति विधाना।।

हम उनकी प्रगति में उनके साथी है और अंत में छोटे बड़े कार्य के मूल में एक विचार का होना जरूरी है या कहा जा सकता है कि एक विचार ही हर कार्य की जननी है। विचार हर समय में होते है पर कुछ लोगों की ग्रहण शक्ति पर निर्भर करता है कि व्यक्ति विशेष क्या करता है ग्रहण करने के बाद।

भेद-भाव

सब लोग बोलते हैं कि भेद-भाव को मिटा डालों पर मेरा कहना है कि भेद-भाव को एक-दूसरे से दूर रखने से ही समस्या हल हो सकती है क्योंकि न भेद को न भाव को कोई मिटा सका है न ही मिटा सकेगा। कारण भेद करना सामाजिक प्रक्रिया है और भाव मानसिक प्रक्रिया है। जरा गौर से देखा जाय तो भेद-भाव को मिटाना सम्भव ही नहीं है पर ध्यान दे तो उनको अलग-अलग रखा जाय या दूर रखा जाए तो सम्भव है कि समाज में कुछ सौम्यता आ जाय। तो आइए जरा बारीकि से इस समस्या का हल ढूढा जाए इसके लिय यह जरुरी है कि इन दोनों शब्दों का अलग समझा जाय कि भेद क्या है भाव क्या है।

भेद–जैसा ऊपर लिखा जा चुका है कि यह रहा है और रहेगा जैसे कि मैं लम्बा हूँ तुम छोटे हो, मैं गरीब हूँ वह अमीर है, तुम हिन्दू हो मै यहूदी हूँ, मैं सरकारी नौकर हूँ तुम जनता हो, मै व्यापारी हूँ तुम खरीददार हो, मैं इजीनियर हूँ तुम डाक्टर हो, तुम नौकर हो मैं स्वामी हूँ, मैं शुद्र हूँ तुम पंडित हो, मैं बनिया हूँ तुम क्षत्रिय हो, तुम तो किसान हो मैं उद्योगपति हूँ, मैं औरत हूँ तुम आदमी हो, मैं मिस्त्री हूँ मैं मजदूर है, वह मोटा हूँ तुम पतले हो, मैं नेता हूँ और आप एक आम आदमी हैं, चाहे आपके कन्धों पर चढ़कर ही नेता बना हूँ, पर मुझे अब आप से क्या लेना-देना, मैं तुम्हारा बाप हूँ तुम मेरे बच्चे हो, मैं माँ हूँ बहन हूँ बेटी हूँ धर्मपत्नी हूँ। इस तरह यह पूरा पन्ना   भरा जा सकता है भेदों की गिनती करते-करते आपको मैं क्या बता रहा हूँ आप सब जानते ही हैं क्या आप इन सब भेदों को मिटा सकते हैं। हो सकता है इस भेद को दूर आप कर भी पाये तो आप मेरी नजर में महात्मा हैं आप भगवान के बहुत नजदीक है। मैं यहाँ पर आम आदमी की बात आम आदमी से कर रहा हूँ। यह मेरा है वह तुम्हारा हैं यह सबसे बड़ा भेद है आप उससे ऊपर उठ सकते हैं क्या? पर एक बात और है कि हर मनुष्य अपने को अनोखा मानता है उसके लिये भेद-भाव जरुरी है। यहाँ पर यह कहना अनुचित नहीं होगा कि भाव आते रहते हैं पर हम प्राणी की ग्रहणता के अनुसार वह प्राणी उनको अपना बना लेता है।

भाव—जहाँ तक मेरी समझ जाती है हर समय हर पल हरेक में भाव आते रहते हैं और उनमे अन्तर नहीं होता है अगर अन्तर होता है तो इतना ही कि किस काल में वह आते हैं और पात्र कौन है पात्र भी भेदों की तरह अनगिनत है पर भावों में कोई अन्तर नहीं होता है। भाव क्या है मुझे भूख लगती है, गर्मी, सर्दी, भी मेरे खून का रंग भी लाल है हमारे यहाँ भी सिर्फ बच्चे पैदा होते हैं मुझे भी अपने बच्चे अच्छे लगते है उन्हें भी मैं अपने से ज्यादा खुश देखना चाहता हूँ ज्यादा पढ़ा लिखा देखना चाहता हूँ ताकि वह सफल हो, मैं भी खुश रहने का अधिकारी हूँ, मेरे को भी अधिकार है। एक भारतीय बन कर रहने का बिना किसी रोक टोक के मेरे सोचने और तुम्हारे सोचने का तरीका फर्क नहीं है अगर भावों मे अन्तर है तो इतना ही मेरे और तुम्हारे भेदों का है, हालतों का है समझ का भी हो सकता है, पढ़ाई का भी फर्क हो सकता है, पर उससे भावों की परिभाषा तो नहीं बदल जाती है।

मेरा अन्त में यही कहना है कि किसी भी भेद के साथ किसी भी भाव को जोड़ा जा सकता है पर उससे न तो भेद में न भाव में अन्तर आता है। अन्तर आता है जब हम उन दोनों को जोडकर अपनों को माफ ही नहीं कर देते हैं बल्कि दलीले भी दे देते है कि ऐसा क्यों हुआ बगैरहा-बगैरहा और दूसरों को दोषी करार दे देते हैं। कारण साफ है क्योकि हमने भेद-भाव को जोड़ दिया जबकि हमकों उन दोनों को अलग-अलग करके देखना है। यदि आप हालातों और व्यक्ति को अलग-अलग रख सके तो दुनिया की बहुत समस्या, समस्या ही न रहेगी। अच्छे और बुरे भाव रहने से भेद में आ सकते हैं और किसी भी समय आ सकते हैं। यदि भेदभाव को दूर करना है तो इन दोनों को अलग-अलग रखिये, मै पहले ही कह रहा था। कि भेद-भाव को दूर रखों भेद-भाव अपने आप मिट जायेगा। भगवान, अल्लाह, गॉड, कभी भी किसी को न कुछ देते हैं न लेते हैं पर हम सबको अपने-अपने कर्मों के अनुसार ही फल मिलता है। जैसे ऊर्जा को पैदा नहीं किया जा सकता न मिटाया जा सकता है, पर बदला जा सकता है स्थूल को ऊर्जा में बदलने का काम सिर्फ जीव जन्तु ही कर सकते हैं। आदमी भी उसमें से एक जन्तु है और हम सब सर्वोत्तम पूर्ण विकास की तरफ अग्रसर हो रहे हैं हर एक प्राणी की जरुरत है तभी हम इस धरा पर है।

कोला

यहाँ पर कोला ठन्डा मीठा पानी उसी की बात करेगें। जिसका चलन आज गाँव-गाँव में हो रहा है उससे हमे क्या फायदा है और उन बहुराष्ट्रीय कम्पनियों को कितना फायदा हो रहा हैं। उसके बारे में इस लेख के माध्यम से, साफ-साफ बात करुगां यदि आप नहीं जानते हैं और या आप कुछ मेरे नजरिये को जानना चाहते तो लेख आगे पढ़े, वरना अपना समय न खराब करे तो अच्छा है। इससे तो आप और अधिक कोला पीकर आनन्द उठा लें इस लेख का पढ़ने के बाद आप मजबूर हो जायेगें सोचने के लिये कि मैं आगे कभी कोला पियें या न पियें । एक बात मेरे से भी जान ले यदि हमने एक कोला पी लिया है दिन में तो हमने रोज जितनी चीनी की शरीर को आवश्यकता है उससे तीन गुनी चीनी शरीर में डाल दी है।

हम करीब तीस सालों से भारत में बाहर रहते हैं पर पिछले छब्बीस सालों से कोला नहीं पीते हैं कारण अन्दरुनी है ना कि डॉक्टर ने मना कर दिया है। इन्ही बातों के बारे में आपसे बाते करने का मन कर रहा है कोला के बारे में आप से कितना स्वास्थ्य लाभ या हानि इसके बारे में भी बात ज्यादा नहीं करेगें क्योंकि यह डॉक्टरों के अधिकार क्षेत्र की बात है जो डाक्टर आपकों ज्यादा ठीक से बता सकेगें । यहाँ पर इतना ही कह देना चाहूगाँ कि फायदे कम और नुकसान ज्यादा है आपकों ही नहीं वरना समाज को और देश को भी होता है। पौष्टिक तत्व कोलाओं में नहीं के बराबर होते हैं।

अब आये, कुछ और पहलूओं पर विचार किया जाए जो सामाजिक, नैतिक व मौलिकता पर आधारित है उनका मूल्यांकन करना बहुत ही जरुरी हैं। स्वास्थ्य के आधार पर लाभदाायक हैं कोलाओं के मुकाबले में इतनी ज्यादा सम्भावनायें है जैसे कच्चा नारियल पानी, नींबू पानी या मीठी शिकंजी मेरठ दिल्ली के बीच करीब तीस या ज्यादा दुकान होगीं जो आधी से ज्यादा जैन शिकंजी वाला के नाम से चलती हैं। अब सवाल यह उठता है कि यह और पेय जैसे ठण्डा दूध, लस्सी, नारियल पानी, शिकंजी, बोतलें हर जगह क्यों नहीं मिलती है? उनके दाम भी कम होते हैं। यहाँ पर ध्यान देने की बात हैकि इन पेयो में चार या

पाँच चम्मच चीनी होती हैं कोलाओं में पन्द्रह चम्मच चीनी होती हैं, क्योंकि कोलाओं के विभिन्न अवयवों की कड़वाहट को दबाने के लिय पन्द्रह चम्मच चीनी जरुरी है, यह स्वास्थ के लिये बहुत नुकसान दायक हैं। सुना है कि आदमी का दाँत जो एक तरह की हड्डी है कालोओं में डाल दे तो दस या पन्द्रह दिनों में गल जाते हैं। जब कि मिट्टी में पड़े रहने पर दाँत हजारों साल में भी नहीं गलते हैं। अब यदि माँग बढ़ेगी तो मिलने भी लगेगी यह चीजें आप माँगने वाले तो बने। रश्मि जी यह बात पिछले दसियों साल से दोरहा रही है हर जगह। आपकों एक सच्चा किस्सा बताता हूँ एक बार हमें दिल्ली से अहमदाबाद जाना था या गाड़ी राजस्थान होकर जाती है हमने घर वालों से खाना बाँधकर देने को मना कर दिया सोचा रास्ते में ठण्डा दूध या फल मिल जायेगें पर नहीं मिले हर स्टेशन पर कोला मिल रहा था। पर दूध फल नहीं मिले हमे व्रत करना पड़ा। कारण साफ था कि माँग नहीं है तो क्यों बेचें जब हमें कोला या पानी बेचने में फायदा ज्यादा है तो क्यों और चीजें बेचें। क्योंकि लागत इन पेयो की कम होती है। इनमें पानी व चीनी ज्यादा होती है इन कोलाओं को इधर-उधर पहुँचाने में ज्यादा खर्चा होता है या उन्हें ठण्डा रखने में अब आईये देखें कि कोलाओं की कम्पनियों को क्या फायदा होता हैं मान लीजिए कि हर साल भारत का प्रत्येक व्यक्ति एक कोला पीता है और मान ले कि सिर्फ एक रुपया ही देश के बाहर चले गया। अगर इन रुपयों का देश में विनियोग होता है तो कम से कम हजारों और व्यक्तियों का काम मिल जाता है। अगर आप शिंकंजी या नारियल पानी पीते तो कम से कम चार हजार, तीस-तीस हजार रुपये के मकान हमारे देश के गाँवों में बनते। और यही नहीं, हो सकता है कि किसान नींबू पैदा करते, नारियल के पेड़ लगाते, अतिरिक्त आमदनी होती है तो शायद इतने किसान आत्महत्या न करते ।

अब आइयें इस बात के बारे में सोचें कि कोला कोला या पेप्सी कोला वाले हमारे पानी की चोरी करते हैं। इस बारे में मैं आपकी जानकारी की लिये यह कैसे हो सकता हैं हमारे देश में ही हमारे पानी की चोरी फिर सीना जोरी। जहाँ जहाँ इनकी फैक्टरियाँ लगी हैं आस पास के तीन चार सौ गाँवों में पानी के कुँए सूख जाते हैं पैदावार कम होने लगती है कारण यह कम्पनियाँ हर मिनट साठ हजार लीटर पानी करीब तीस से चालीस हजार फुट नीचे जमीन से बड़े-बड़े पम्पों के सहारे। हमारे ही पानी की चोरी करके हमे ही पानी बेचे। भारत में वैसे ही पानी की कमी है। यहाँ पर एक दास्तान आपको बताना चाहूँगा कि केरल के एक गाँव पंचायत ने कोका, कोला कम्पनी के विरुद्ध कई साल पहले बड़ी अदालत में मुकदमा जीता हुआ है पर कम्पनी ने काम करना बन्द नहीं किया है कारण जानते हैं सरकार हमारी कोका कम्पनी का पक्ष ले रही है। मैं इस बारे में बहुत अधिक जानता हूँ मैं सरकार को इस सम्बन्ध में सुझाव भी दे चुका हूँ कि इन विदेशी कम्पनियों को कहा जाय कि समुन्द्र का

पानी साफ करके उसके बेचें और इन कम्पनियों को तकनीकी जानकारी है। अरब देशों में वह सब ऐसा कर रहीं है क्योंकि वहाँ की सरकार उन्हें मजबूर करती है तो हमारी सरकार क्यों नहीं कर सकती? कारण साफ है कि उन्हें हमारी सरकार की पनाह प्राप्त है और हमारी ही सरकार हमारी जरूरतों को न समझ कर इन कम्पनियों की आमदनी की ज्यादा परवाह है। और अपने नीजि हितों की रिश्वत जो सरकारी अधिकारियों व नेताओं को इन कम्पनियों से मिलती हैं।

एक दूसरा किस्सा सुनियें जो इससे भी मजेदार है जो सत्य ही नहीं वरन् अनूठा भी है। एक भारतीय जो हमारे शहर में रहता है मैं इसे व्यक्तिगत रूप से जानता हूँ इसने भी एक नई प्रक्रिया बनाई तथा इसने कई मंत्रीयों से भेंट की और कहाँ मैं चन्नई शहर को दिन रात पानी सप्लाई कर सकता हूँ और सस्ते भाव मे दस एकड समुंद को इस्तेमाल करने दिया जाय। मैं ही अपना पसा लगाऊँगा। बीस करोड़ रुपये सबने बड़े ध्यान से बाते सुनी अधिकारियों को सहायता करने के लिये भी निर्देश दिये गये। इस बात का आज पाँच साल होने को आ गये है पर उसको कोई जवाब नहीं दिया गया हैं।

कारण शायद अपको पता चलेगा निम्नलिखित बातों को जान कर कोका कोला कम्पनी ने मद्रास की सरकार से एक छोटी सी माँग की कि उन्हें त्रिबलूर की नदी से हर रोजा एक लाख लीटर पानी लेने दिया जाये तो हर साल कोका कोला कम्पनी सरकार के राजस्व में पाँच लाख रुपये कर रूप में देगी, एकदम मंजूरी मिल गयी और बहुत से लोगो की जेबें भी भरती गई लाखों रुपये से हर साल। अपकी जानकारी के लिये बता दू कि यह जिला चेन्नई के पास है पानी की भरमार है वहाँ से हर रोज हजारों टैंकर पानी चेन्नई जाकर बेचा जाता है। बाजार भाव पर एक दस हजार लीटर का टैंकर करीब पाँच हजरा रुपये में। इससे लोगों की जीविका चलती हैं। और नेताओं की जेंबे भी भरती हैं। तो अब इस धन्धे को कैसे बन्द किया जा सकता है। चेन्नई के पानी की भरपाई करके। शायद अपको पहले प्रश्न का जवाब मिल गया होगा जब कि उस भारतवंशी को अभी तक जवाब क्यों नहीं मिला? बेचारा नेताओं व जनता सेवकों की जेबे नहीं भर पाया था न भरना चाहता था।

अब वापिस चलते है कोका कोला के पानी खरीदने के सौदे पर हिसाब लगाते है उन्हें प्रतिदिन एक लाख लीटर पानी लेने पर कितना लाभ हुआ जिसके लिये उन्होने उदारता से पाँच लाख रुपये दे दिये बिना किसी चूचा किये उन्होने इसी पानी को प्लास्टिक की बोतलो में बनद करके यदि इस रुपय लीटर भी बेचा तो कुल कीमत हम लोगों ने अपने ही पानी के लिये सिर्फ साढ़े छत्तीस करोड़ रुपये कोका कोला कम्पनी को दिये पर अपनी ही मैंन्सपैल्टी साढ़े छत्तीस हजार भी नहीं देना चाहते हैं तो हमे पानी मैन्सपैल्टी क्यों और कैसे देगी। अब कोका कोला कम्पनी का खर्चा देखे तो पता चलेगा कि पूरा खर्चा व रिश्वत

मिलाकर चार-पाँच या साढ़े छः करोड़ भी मान ले तो शुद्ध लाभ तीस करोड़ का होता है। आपके पास कोई ऐसी स्कीम जिसमें आपको छः गुना फायदा हो जाय। तो कृप्या मुझे भी सूचित करे मैं भी अपके धन्धे में लग जाऊँगा। यह सरासर चोरी ही नहीं वरन् अनैतिकता की हद है, आसामाजिक और अंसगत भी, अवैधानिक है। हम लोग अपनी ठपली बजा रहे है और विदेशी हमे अब भी लूट रहे हैं, मजा उड़ा रहे हैं। इन सब बातों को जानने के बाद यह बीडा तो उठा ही सकते है कि हम अवैध व्यापार के अंग तो नहीं बनेगें। आशा है आप मुझसे सहमत होगें।

मैं शाहरूख खान की इस बात को मानता हूँ कि कोका कोला उन्हें ठन्डक जरूर पहुचाता होगा, क्योंकि उन्हें कोका कोला खरीद कर नहीं पीना पड़ता बल्कि उन्हें ऐसा कहने के लिये करोडो रुपये भी मिलते होंगे हर साल। जबकि आप सबकी जैबों से करोड़ो ऐठ लिये जाते हैं। ऊपर से हमारे स्वास्थ्य पर भी प्रतिकूल प्रभाव पड़ता है। यह है असली कोका कोला की कहानी। आप कोका कोला या पैप्सी कोला की कहानी से अपनी कहानी को नहीं जोड़ने देगें।

कोका कोला कम्पनी के बाहर जो छना हुआ कूडा-करकट पड़ा रहता हैं उससे हमारे पर्यावरण को कितना नुकसान पहुँचता हैं उन फैक्टरियों के बाहर देखे या उन लोगो के स्वास्थ्य पर असर देखे जो इन के आस-पास रहते हैं। इस सब बातों पर कोई अनुसंधान नहीं हुआ है पर हमारी आने वाली पीढ़ियों को होगा। जब समय बीत जायेगा कारण कोका कोला वाले कुछ भी नहीं बताना चाहते है कि कोका कोला में क्या-क्या है क्योंकि यह गोपनीयता के अन्तर्गत आता है।

एक आखिरी बात कहे बिनरा यह लेख नहीं होगा कि एक शून्य कैलोरी का कोका कोला उसमे गन्ने की चीनी के बजाय न्यूटरा स्वीट पड़ी रहती है। जो बड़ी-बड़ी बीमारियों की जड़ है। अमेरिका में इसका प्रयोग बिल्कुल बन्द हो चुका है क्योंकि बड़े भयकर परिणाम सामने आ चुके हैं। पर दुर्भाग्य वश इसका प्रचलन बहुत ज्यादा होता जा रहा है।

इतना सब जानने के बाद आशा है कि आप कोलाओं से दूर रहना चाहेगे तीन कारणों से पहला भारत के किसानों के लाभ के लिये, दूसरा भारत राष्ट्र के लिये, तीसरा अपने स्वास्थ्य को सुरक्षित रखने के लिये। पर्यावरण की रक्षा के लिये भी। कोलाओं का त्याग कर दे और दूध और दही की मीठी नमकीन लस्सी, नीबू पानी और नारियल पानी पीना शुरू कर दें। भारत में सबसे ज्यादा नारियल के पेड़ पाये जाते हैं और अधिक होते जा रहे है। जितने ज्यादा पेड़ होगे उतनी ज्यादा आक्सीजन बनेगी और हमारा वातावरण सुधरेगा जबकि कोलाओं को पीने से ज्यादा से ज्यादा कार्बन डाई आक्साइड पीनी पडेगी जो पेड़ो के पीने की चीज है। आप खुद सोचें कि क्या करना चाहियें। अपनी दिशा खुद ही तय कीजिये।

कहा जाता है। कि भारत में पानी की कमी है जब चाहे जितना चाहे, जहाँ चाहे पानी को खरीद सकते है पर इसकी कीमत देनी पड़ेगी सरकार से हम मुफ्त चाहते हैं तभी तो सरकार को नहीं मिलता पर बेचने वालों को खूब मिलता ही रहता है। यह सवाल एक बार हमने अधिकारी से पूछा तो उनका जवाब था कि यदि पानी की समस्या हल हो जायेगी तो हमारा क्या होगा। कुछ राज्य सरकारे तो अपने-अपने बजट का आधे से अधिक पानी की समस्या पर ही खर्च करती हैं। समस्या नहीं रही तो उन्हें नई बातों पर ध्यान देना होगा। जिसकी कोई जानकारी नहीं है न अनुभव ही है।

===============

रोजगार से, रोटी कपड़ा और मकान

A, B, C, D से शुरु करते हैं यह गाथा यहाँ पर इसका मतलब इंगलिश में ही बताना होगा : (Assets Based community Development) हिन्दी में एक कहावत है "पैर पसरिये जेती लम्बी सौढ़" यानि आपको जो सम्पदा उपलब्ध है उसके आधार पर विकास।

आज हमारे समाज में व्यक्ति की हर मांग अभाव से पैदा हुई लगती है इसलिये हमारी सारी शक्ति व समय हमारी कमियों को पूरा करने में लगा हुआ है और हमें आगे अपने को बढ़ाना है इस तरफ हमारा ध्यान ही नहीं जाता है।

हमारे देश की सरकार हमारी ही मांगों को पूरा करने के लिये जब उपलब्ध साधनों से ज्यादा व्यय करने का रास्ता चुनती है तो उसका आकार सुरसा के मुँह की तरह बढ़ता है। वह समस्याओं के खर्चीले समाधान तथा अपने कर्मचारियों के वेतन को पैसा मांकर पूरा करती है। जो खुद मांग कर खाएगा वह औरों को क्या खिलाएगा मांगने के अलावा? हर ओर परिणामस्वरूप मांगों का बोलबाला हैं। अपना देश भारत प्राकृतिक सम्पदाओं की प्रचुरता वह अत्यंत अनुकूल जलवायु का मालिक होते हुए भी कमियों का देश है। ऐसा किसलिये? क्या यहाँ कर्मठता की कमी है। हमने बहुत ने लोगों को जी तोड़ मेहनत करते देखा हैं और बहुत से लोगों को यहाँ काम से जी चुराते भी देखा है। यह कोई नयी बात नहीं, हर जगर ऐसा होता है, यह तर्क दिया जा सकता है। फिर बात सिस्टम पर आती हैं। क्या हमारे समाज की पद्धति स्व शासन पद्धति में दोष है? क्योंकि कर्मठता, आत्मविश्वास व अभिलालाओं की कमी मनुष्य में उसके व्यक्तित्व को बढ़ावा-प्रोत्साहन न मिलने से भी हो सकती है

यदि हम सब काम अपने आप से करने लगेंगे तो सरकार पर निर्भरता कम होगी यह सरकार नहीं चाहती है इसलिये उसका उसूल है " नियम बना दो, रोड़ा अटका दो।" किसी

समाज को निकम्मा बनाना हो तो सरकार को ऐसा बना दो जैसा भारत में हो रहा है। जब व्यक्ति के सामने के सारे रास्ते बंद होंगे तो रिश्वत को बढ़ावा मिलेगा। भारत सरकार में एक मात्रालय हैं मानव उत्थान का पर क्या वह वो सब हर पा रहा है जो उसे करना चाहिये? ''सम्भावानाएंपैदा करना।'' जबकि हमारे पास ऐसे साधन है और उन पर विचार होता है पर कही हम असफल न हो जाएं इसलिये लकीरों पर ही चलते चलते लकीरों के फकीर हो रहे हैं।

भारत के योग्य बच्चे बाहर जाकर नयी-नयी खोजे करके विश्व में नये प्रतिमान स्थापित कर रहे हैं। भारतीय जो I B M में काम करते हैं, एक साल में 60 नयी चीजों को बना पाएं है सन् 2003 में जो I B M के अंदर एक रिकार्ड है और I B M दुनिया की सबसे ज्यादा नयी चीजें बना पाया है। हमारे प्रयासो को प्रोत्साहनों की कमी है अपने देश में। ज्यादा से ज्यादा इंगलैंड की नकल कर लो तो समाज में आदर मिल जाएंगा परन्तु अपनी योग्यता से कुछ मूलभूत परिवर्तन लाकर समाज के फायदे के लिये कुछ करना चाहों तो कोई नहीं सुनता या प्रोत्साहन देता। मदद करना तो दूर की बार है उल्लटे लोग विपरीत परिणाम दिखाकर हतोत्साहित करेंगे। ऐसे में क्या सुधार व सामाजिक उन्नति की आशा की जा सकती है?

जो भी नयें तरीके या नियम लागू किये जाते हैं वे ऊपर से थोपें हुए लगते हैं। व्यवहार में उनका कोई औचित्य का लाभ नही होता। परिणाम होता है, नियमों का उल्लंघन और लोगों की शासन के प्रति अवहेलना कोई भी अवधारण ऐसी नहीं होती जो लोगों द्वारा तैयार की गई हो और सरकार उसे समर्थन न दे रही हो ताकि सभी वर्गों के लोगों में आत्माविश्वास पैदा हो कि अब हम भी अपने देश में अपने सपनों को पूरा करने में समर्थ हैं। क्या यह प्रजातंत्र है? हां गंदगी फैलाने की व गुडागर्दी की पूरी स्वतंत्रता है और लोग अपनी इस गर्व से राष्ट्रीय अधिका का इस्तेमाल करते हैं।

जब हम कमियों की सूची बनाते हैं तो वह इतनी लम्बी और भारी हो जाती है कि हमें अपनी शक्तियाँ बहुत क्षीण लगने लगती है। हम स्वयं को बौंना महसूस करने लगते है। यदि हम अपनी शक्ति को अपने भरोसे व पौरुष पर निर्भर करें और सत्य पर चलने का व्रत लें तो समस्याओं को निदान एक एक करके हो जाएगा यही इस लेख को लिखने का मेरा मन्तव्य है। परिश्रम से रोजगार से –रोटी, कपड़ा और मकान बनाना न कि माँगना जैसा करकार देगी वादा रहा''। जो पिछले 67 सालों से विभिन्न सरकारों को उलट पलट कर आजमा चुके। यह पता नहीं कि सरकार अपनी हैं पर पद्धति तो वही पुरानी है–

स्रवतंत्रता से पहले ब्रिटिश सरकार वाली। इसलिये योजनाएं तो बनी पर संभावनाएं न बढ़ी परस्पर विश्वास जनता व सरकार में नहीं गन पाया अत: समस्याओं का सार्वजनिक वस्थानीय हल नहीं निकला। अपेक्षा करे कि हम रोजगार द्वारा ही स्वत: अपनी रोटी का

फिर कपड़ों का बाद में मकान का भी स्वयं निर्माण करेंगे तो ही काम चलेगा आगे वरना हम जीवन पर्यन्त दूसरों पर आश्रित रहेंगे। यह एक अच्छी अनुभूति नहीं है और आगे विकास को रोकती है।

दुसरा पहलू यह भी है कि यदि देर से जो लोग तुमारी मदद करेंगे तो वे अपनी इच्छा, परिस्थिति व समय के अनुसार करेंगे अगर स्वयं करोगे तो तुम स्वतंत्र होंगे कि क्या करना है, कैसे करना है और कब करना है। इन प्रश्नों के जवाब यदि आपकों मिल गये तो आप खुद अपने को समर्थ पाएंगे और आपका आतविश्वास कहेगा कि आप कुछ भी कर सकते हैं। वरना आश्रित होंगे और अपने जीवन में और बातों की कल्पना भी नही कर पाएंगे। जबकि आपके विकास की संभावानाएं अनन्त है पर आश्रित होकर।

परस्परलाभ का एक दृष्टिकोण है गांवों और शहरों के बीच जो स्वार्थपूर्ण सम्बन्ध से शुरु होता है पर उससे शहरों को भी लाभ होगा और गांवों को भी। यह कैसे सम्भव है?

अपने आस पास के गांव देखे जो सफल कहलाए जा सकते है किसी एक क्षेत्र में हो ही उनकी अच्छाई को अपनाए यह एक शुरुआत है। अब गांवों की आधारभूत अच्छाइयों को लें। यहाँ रहना आसान, सुरक्षापूर्ण, स्वस्थ्य व कम खर्चीला होता हैं। जलवायु ज्यादा स्वच्छ है। कमी हो सकती है तो पानी की। अधिकांश गांवों में बिजल उपलब्ध है कितने घंटे आती है यह मात्रा कम ज्यादा हो सकती है। हर गांव सड़कों द्वारा शहरों से जुड़ा है। ज्यादातर गांवों में फोन की भी सुविधा है वायरलैंस व लैंडलाइन दोनों की । यह सब पिछले कुछ सालों में सरकार व गैरसरकारी संस्थाओं एवं व्यक्तिगत प्रयत्नों से संभव हो सका है। अधिकांश गांवों में कुछ पढ़े लिखें युवक युवतियाँ भी हैं। पंचायत हर गांव में है उसका खर्चा प्रान्तीय सरकारें उठाती हैं। टेलिविजन हर गांव में है जहाँ प्रन्तीय भाषाओं में जन-उपयोगी प्रसारण होता है।

कृषि विषयों पर पढाई के विषयों पर जानकारी दी जाती हे। जन साधारण के स्वास्थ विषयों पर तथा विदेशों में हो रही विभिन्न खोजों व योजनाओं के बारे में भी बताया जाता हैं। अब हर गांव में कोई न कोई NGO गैर सरकारी संस्था भी काम कर रही हैं। हाँ पर यह उल्लेख करना असंगत न होगा कि जो युवक और युवतियाँ गांवों से शहर पढ़ने जाते हैं और वही के जीवन में रम जाते हैं क्योंकि शायद व उस शहरी शिक्षा का उपयोग गांवों में नहीं देख पाते हैं पर उनमें से बहुतों का शहरी जीवन निराशामय व गांवों के जीवन से बदतरी ही बीतता है। जो शिक्षा भी प्राप्त नहीं कर पाते और शहरों में मजदूरी करके जीविका चलाने को बाध्य होते हैं वे शहर के नितांत घिनौने हिस्से में जीवन यापन के लिय मजबूर हो जाते हैं यह गांवों की एक विशेषता हुई कि रहन-सहन आबोहवा की दृष्टि से समान स्तर का होता है। इनके

गांवों को छोड़कर चले जाने से गांव वीरान और अधिक अभाव ग्रस्त हो जाते हैं। शहरों में इसके विपरीत भीड़ व उचित मात्रा में आवास व्यवस्था न होने से गंदगी बढ़ती जाती हैं।

गांवों की कमियों की बात हम यहाँ पर नहीं करेंगे क्योंकि वे तो मनुष्यों की बनाई हुई है क्योंकि गांवों के विकास की कोई बात कभी सोची ही नहीं गई । आप सब लोग मुझसे ज्यादा ही जानते होंगे इस विषय में । हम तो यहाँ इस पर प्रकाश डालेंगे कि कैसे सदुपयोग करें उपर्युक्त अचछाइयों का जो जन-साधाराण के लिये लाभकारी हो और गांव एक स्वतंत्र इकाई की तरह पनप सकें। लोगों को रोजगार की संभावनाएं प्रस्तुत करें और गांवों की ओर शहर की लोग भी आकर्षित हो तथा हम अपने गांवों गर्व कर सकें।

गांवों से अब तक शहरों में कम दर पर साग, सब्जी, फल, अनाज, दूध आदि जाता रहा है इसके तरीके में सुधार लाना होगा। पहले सड़के नहीं थी, टेलीफोन की सुविधा नहीं थी, टेलीविजन नही था। यानि संचार के साधन नहीं के बराबर थे। अब ज्यादातर गांवों में ट्रेक्टर आ गये हैं बैलगाड़ियों का जमाना लद गया है ट्रकों की भी बहुतायत हो गयी है। सोचिये इनसे हमने क्या सीखा, कुछ नहीं? हम सही उपयेाग में लाएं या नहीं, सभी के लाभ के लिये? पहले जब फसल पकती थी तो एक साथ रखकर बैलगाड़ियों पर (वह भी मांगे की होती थी) शहर में आड़तियों को दे दी जाती थीं। अब शायद सरकारी गोदामों के हवाले कर दी जाती हैं।

क्यों भई उनकों गांवों में क्यों पहुँचा दो उचित दामों पर सड़क कही नहीं भागी जा रही है ट्रक भी आते जाते रहते हैं और गोदाम शहर में मंहगें तथा गांव में सस्ते पड़ेगें अपने माल को कम दामों में जिस बाजार में उपज की अधिकता हो उसी को कम दामों में बेचने की मजबूरी भी नहीं रहेंगी। अपने जवानों को काम मिलेगा गांव में अंदर भी और शहर में उपज ले जाने और बेचने का भी। गेंहू की जगह आटा बेचा जाये। धान की जगह चावल बेचे जायें और बजाय 900 Kg बोरे के 10 Kg को छोटी-छोटी इकाईयों में सीखे खुदरा व्यापारियों को दे बिचौलिये की क्या जरूरत है? इनको भरने के लिए थैलियाँ व बोरे भी गांव ही में बनाएं। इस सब उद्योग के लिये बैंकों से सहायता मिल सकती है, गांवों में पहले से उपस्थित सेल्फ हैल्प ग्रुप से भी उधार लिया जा सकता है क्योंकि इस तरह का पूँजी निवेश गांवों के आर्थिक भंडार में बढ़ोतरी करने वाला।

इस तरह अगर आप आपूर्ति चक्र का स्वयं एक बलिष्ठ हिस्सा बने जाएं तो बीच का लाभ आपके बच्चों को व पड़ोसियों को मिलेगा। एक साथ उन सारी वस्तुओं को जो अपने पैदा की हैं औने पौने दामों पर खराब हो जाने के डर से वयों बेचते हैं? हर व्यक्ति को अपनी समपत्ति को बचाने की पूरी छूट है। कृति उपज की साफ करने, सुरक्षित रखने व संचित करने की प्रक्रिया वाले यन्त्र आसानी से सब जगह उपलब्ध है जो गांवों में ही लगाए

जा सकते हैं। इसके लिये किसी भी प्रकार के सरकारी संरक्षण की आवयकता व नियमों की अवहेलना नही होती है।

सरसो के बजाय सरसों का तेल निकाल कर बेचने में मुनाफा ज्यादा होगा। तेल के पीछे व डिब्बे शहर में ही क्यों बनें स्कूल व कॉलेज गांव में हो सकते हैं तो कापियां शहर में क्यों बने? जो फल धूँप में सुखा कर बेचे जा सकते हैं जैसे अंगूर, आलू बुखारा, अनन्नास, नाश्पाती सेब आदिउनकी उत्यधिक उपज चिंता के बजाय लाभ का कारण बन सकती है। अमरुद, आम संतरे की जैली जैम बनाकर बेचने में बहुत ज्यादा फायदा हो सकता है। अचार अब गांवों में बनने लगा है। इसी तरह हाथ का कागज बनाना, सूर्य की ऊर्जा से चलने वाली साइकिलें भी गांव में बने व गांवों के बीच किराये परभी चलाई जा सकती हैं। इस तरह बहुत समीवनाएं है जिनकों हमारे शिक्षा प्राप्त ग्रमीण युवक-युवतियाँ असलियत व लाभ में बदल सकते हैं। शिक्षा प्राप्त करके शहर में नौकरी ही क्यों ढूंढनी है? इसके बदा जरूरत है तो बस बचत की या निवेश की पूँजी बैंकों के अथवा सैल्फ हैल्प ग्रुप से भी उधार लेकर उन लघु उद्योगों में लगाई जा सकती है। इन लघु उद्योगों को ध्यान में रखकर स्कूल, कॉलेजों में शिक्षा के कार्यक्रम बनाये जा सकते हैं जिससे पढ़ने के बाद भी बच्चों को नौकरी की तलाश में दर-दर न भटकना पड़े बल्कि वो स्वयं व्यवसाय शुरु करके गांव के अन्य अशिक्षित लोगों को भी रोजगार दे सकें।

कम्प्यूटर सीख कर लोगों को इन्टरनेट या टेलीफोन की सुविधा भी आप दे सकते हैं गांवों में जीवन कितना सुगम हो जाये अगर इन सब सुविधाओं की जानकारी व उपयोग गांव वालों को सुलभ हो। फैक्स मशीन के द्वारा हाथ के हाथ चिट्टियों का इधर से उधर पहुँचा देना सम्भव है इससे सूचनाओं, फॉर्मों, आदि का आदान प्रदान बहुत ही सरल व शीघ्र हो जाएगा। इन्टरनेट से बीमारियों का इलाज व रोक थाम भी हो सकती है।

सवाल यह उठना चाहिये कि अगर गांवों की आबादी अधिक है तो हम कम आबादी वाले क्षेत्रों की जरूरतों को पूरा करने में क्यों लगें हुए हैं? हम उन चीजों की पैदावार में समय और शक्ति क्यों नहीं लगते हैं जो ज्यादातर लोग इस्तेमाल करें?

मकान ज्यादा बनेंगे या गाँव में। गावों में रोजगार बढ़ें इससे शहर वालों को यह फायदा होगा कि शहरों में नौकरी ढूंढने के लिये आने वालों की भीड़ नहीं बढ़ेगी। गाँव तरक्की करेंगे तो आप गाँवों के सुंदर, प्राकृतिक, सुविधाओं से परिपूर्ण माहौल में छुट्टी बिताने जा सकते हैं।

घर के हकीम की राय कोई लेने वाला नहीं है आज भारत के योगशास्त्र से अमेरिका और सारा विश्व फायदा उठा रहा है। हमारे महात्मा, गुरु व स्वामी बाहर जाकर यह सब सिखा रहे हैं पर हमारे देशवासियों कि हमारे गाँवों में यह फायदा क्यों नहीं हो रहा है?

निम्नलिखित धंधों में कई नई सम्भावनाएँ हैं यह भारत के कुछ गांवों में लागू हो गयी है आप भी अपना सकते हैं। आलू सफेद के स्थान पर लाल पैदा कीजिये अधिक दाम मिलेंगे। ज्यादा आलू की फसल हो तो उसका पाउडर बना कर अमेरिका भेजो। एक कारखाना गुजरात में लग रहा है दूसरे प्रान्तों में या गाँव-गाँव में क्यों नहीं लग सकता? इसके कारण आलू उचित दामों में बिकेगा। दूध भी सीधे बेचिये गाय का और अधिक दाम कमाइये। सेंधा नमक व खाने का सोडा 2 भाग + 9 भाग मिलाकर मंजन कीजिये। दांतों को स्वस्थ रखिये और टुथपेस्ट पर खर्च होने वाला पैसा बचाइये। गाँव के कूड़े से कम्पोस्ट खाद बनाइयें जिससे गंदगी बीमारी कम और अधिक स्वास्थ का लाभ मिले। साबुन अपने आप बनाइये क्रीम, पाउडर, लिप्सटिक भी लघु गृह उद्योग में बनाये जा सकते हैं। हिन्दुस्तान लिवर के बनाये अपने गाँव को अमीर बनने दीजिये। अपने पड़ौसियों के फूलने-फलने से आप भी लाभ में रहेंगे। ईधन की गैस गोबर से बनाइये। बिजली भी खुद बनाइये गाँव के कूड़े से तथा बैल चालित जेनरेटर की जानकारी के लिये लेखक से सम्पर्क करे। इस तरह सफाई के साथ-साथ आपके गाँव में खाद व बिजली की आपूर्ति हो सकती है।

प्लास्टिक के खिलौने, गुब्बारे कागज के व कपड़े के नकली फूल गाँव में बनाए जा सकते हैं। असली फूलों की पौध जो शहरों में खूब बिकती है गाँवों में तैयार की जा सकती है। घरों को नई मंजिलों का बनाकर जमीन बचाएँ और उस जमीन पर सब्जी पैदा करे फल पैदा करें पहले खुद खाए बाद में ज्यादा होने पर शहरों को बेंचे। आंध्र के गुदूर जिले में एक आदमी ने सौ साल पहले एक आम का वृक्ष लगाया था जिसमें सन् 2003 में 28344 आम पैदा हुए। इससे उसके पौत्रो को करीब 1.5 लाख की आमदनी हुई। अगर बच्चा पैदा होते ही उसके नाम से एक फल का या बहुमूल्य लकड़ी का पेड़ लगाने की परम्परा गाँव में चल जाए तो परिवारों को हमेशा के लिये एक आमदनी का जरिया मिल जाए परिवार के एक सदस्य के साथ। पहले खुद अपने गाँव का बाजार बनाए बाद में दूसरों के बारे में सोचे आजकल अधिकतर गाँवों में बाजार के नाम पर एक छोटा सा खोका है जिसमें शहर से बीड़ी, गुटका, पान मसाला, तम्बाकू, मीठी गोली आदि लाकर कोई बेचता है इससे गाँव वालों को क्या लाभ होता है। A B C D सीखें Activity Based on Community Devleopment यानि हमारी क्रिया व्यवहार और व्यापार का आधार-भूत उद्देश्य सामूदायिक और व्यक्तिगत रूप में बिरादरी या लोक-समाज की ईकाई हमारे गाँव की प्रगति, उद्धार और सबलीकरण जब होगा तब ही स्थायी सम्पन्नता और सुख को हम भोग पाएंगे और तभी अपना भारत देश आगे बढ़ेगा। नेताओं के चक्कर लगाने के बजाय अपना चक्कर चलाना यदि आ जाए तो काम बन जाये।

स्वार्थी न बने पर अपना स्वार्थ देखें दूरदर्शी बने। कोई भी काम बेगार में बिना पैसे लिये न करें या करायें यह मानव श्रम का अपमान है। अपनी पैदावार और अपनी मेहनत का उचित मूल्य माँगे। अपनी बचत को विकास कार्यों में निवेश करें-पारिवारिक और सामुदायिक दोनों क्षेत्रों में तभी विकास सम्भव है। अपनी आय का एक हिस्सा सबसे पहले अपने विकास, बढ़ोतरी के लिये अलग रखें चाहे किसी का कितना भी उधार आपको देना हो। खबर है कि सरकार ने कानून बनाकर ग्रामीण क्षेत्रों को उधार से मुक्ति दिलवा दी है। आपको अपनी नींव मजबूत करनी है। जरा सोच कर देखें कि किसान के अलावा और कौन है जो धरती से आबादी पैदा करता है। बाकी सब तो वस्तुओं का रूप ही बदलते हैं और अवदाता से आगे बढ़ रहे हैं ऐसा क्यों? अगर सारा किसान वर्ग एकता के बूते पर सामुदायिक रूप से यह निश्चय कर ले कि अपने गाँवों की प्रगति के लिये हम किसी के आश्रित नहीं रहेंगे तो कोई कारण नहीं कि यह न सम्भव हो क्योंकि भोजन जो किसान पैदा करते हैं वह मनुष्य की मूलभूत आवश्यकता है। आप लोग शहर में बनने वाली सैकड़ों वस्तुओं के बिना भी बिल्कुल आराम से रह सकते हैं परन्तु शहर में रहने वाले अन्न के दाने के बिना नहीं रह सकते। फिर आप गरीब और गाँव शहरों के मोहताज क्यों हैं? इसको समझने के लिये आपको स्कूलों की पढ़ाई की जरूरत नहीं है। गाँवों में एकता और सहयोग व आपसी प्रोत्साहन की जरूरत है। यदि हम सूक्ष्म निरीक्षण करें तो मालूम होगा कि पैसा कहाँ से जाकर कहाँ पर इकट्ठा हो रहा है।

जितनी ज्यादा चीजे हम शहरों से खरीदेंगे उतनी ही हम शहरों में विल्डिगें बढ़ती देखेंगे पर फिर भी हमारे भाई-बच्चे लोग जो शहरों में मजदूरी करने गाँवों को छोड़ कर जा रहे हैं।

झोपड़-पट्टी में दिन भर की घोर मेहनत के बाद थककर सोने को मजबूर होते रहेंगे। उनके घर कभी नहीं बन पाएंगे क्योंकि हम शहरी लोग मेहनत की कद्र करना नहीं जानते हैं और लोगों की लाचारी का फायदा उठाते हैं। इसीलिये हम आपसे कहते हैं कि आप लाचार मत बनिये। 1 + 1 = 2 नहीं 11 होते हैं। जब अधिक लोगों का एक ध्येय हो तो गलत प्रभाव या चलन को रोकना आसान होता है। जैसे कि हम पानी के प्रवाह को अपने भले के लिये रोकते हैं। रोके का प्रवाह से अधिक मजबूत होना बहुत जरूरी होता है। हमारे इर्द-गिर्द क्या हो रहा है इसकी जानकारी ज्यादा जरूरी है बजाय स्कूली शिक्षा के।

जितनी ज्यादा हम चाय पिएंगे उतनी ज्यादा लिपटन आदि कम्पनी को बढ़ा कर उनकी कोलकाता में इमारते बनाने में हम सहयोग देते जाएंगे। चीनी का प्रयोग अधिक क्यों करे जबकि बूरा, गुड़ स्वास्थ्य की दृष्टि से अच्छा है और गाँवों में बन सकता है। गन्ने का रस राब शीरा सभी अच्छे है चीनी के केमिकल्स हमारे शरीर में नहीं जाएंगे। राब बनाएंगे तो

गाँव में घड़े बनेंगे और कुम्हारों को काम मिलेगा। सरकारी खादों के कारखाने बन्द हो रहे है क्योंकि वह जमीन को विसैला बना देती है। औरगेनिक (घरेलू खाद) सें पैदा हुई सब्जी, अनाज सभी महंगे बिकते है। बंगाल में अब धान कम व अनन्नास ज्यादा पैदा होते हैं क्योंकि उनकी मांग बढ़ रही है और महंगे भी है।

लाभ का एक और पहलू है कि अपनी उपज को एक साथ बेचने से एक मुश्त पैसा मिलता है पर उतनी ही जल्दी खर्च भी हो जाता है। इस तरह से बाकी समय में साल में पैसा हाथ में नहीं रहता जबकि व्यापार का पहला नियम है कि पैसा जितनी बार हाथ में आए एक नियत समय में उतना ही योजना पूर्व ढंग से उसका निवेश हो सकता है। अर्थशास्त्री मत बनिये पर अपने लाभ के लिये उसके नियमों को समझने में कोई हानि नहीं है।

गुजरात में गाँव के लोग अब हीरों के घिसाई करने में लगे हैं। तभी तो भारत में दुनियाँ के 90% हीरों की घिसाई होती है। हम ऐसे और बहुत से काम इस तरह की घिसाई मशीनों से गाँव में कर सकते हैं जिनसे अतिरिक्त आमदनी हो सकें। राजस्थान में इतने अधिक बढ़िया चिकने पत्थर यो ही पड़े रहते हैं। उन्हें घिसकर पेपर-वेट, छोटे-छोटे जानवर आदि का रूप देकर बेचे जा सकते है। पापड़, बड़ियाँ, अचार आदि के बारे में सबको पता ही है पर ये शहरों में ही ज्यादा बनता है गांवों में क्यों नहीं बन सकता। इसी तरह ब्रेड और बिस्कुटों की बेकरी शहरों में ही है। गाँवों में इन्हें खोलने में कोई अड़चन नहीं है, लोगों को व्यवसाय ही मिलेग। आलू गाँवों में पैदा होता है पर चिप्स शहरों में ही क्यों बनते हैं? नाश्ते में खाने वाले सीरियल भी शहरों में ही क्यों बनते हैं? इन सम्भावनाओं पर विचार करे। अमरीका में ये सब काम गाँवों में या कस्बों भी वहीं के निवासियों द्वारा होता है।

जो भी हानिकारक प्रक्रियाएँ आजकल चल रही है वैसे ही चलती रही तो गाँवों का और पूरे देश का भविष्य खतरे में है। घन्टियाँ बज रही हैं, सुनकर चेत जाइये, अच्छा रहेगा।

एक साल में औसतन एक 300 परिवारों का गाँव निम्नलिखित मदों में पैसा शहर में भेज रहा है उसे रोकिये ताकि गाँव का भविष्य सुधर जाएं

सिगरेट बीड़ी में 5 लाख। चाय कॉफी में 5 लाख। बीमारी दवाई में 10 लाख पढ़ाई पर 20 लाख। मुकदमों में 15 लाख। जेवरात-10 लाख। औजार-10 लाख इसी तरह और भी खर्चे जो आप शहर में करते हैं आपको ज्ञात होगा जैसे कि साबुन, तेल, शेविंग क्रीम टुथपेस्ट आदि तथा सौदर्य प्रसाधन की चीजों में एक दो लाख के बीच लगता होगा। अगर गाँवों में आमदनी व खर्चें का लेखा-जोखा रखा जाये तो आप स्वयं इस व्यर्थ खर्चें पर नियंत्रण और आवश्यक वस्तुओं की स्थानापन चीजों की खोज दोनों सफलता पूर्वक कर सकेंगे।

आप इन सब मांगों को कम खर्चें में बल्कि अधिक गुणवत्ता से पूरा कर सकते हैं और इससे आपके बच्चों व पड़ौसियों का भी फायदा होगा। एक लाख रुपये में एक परिवार इस तरह का कोई व्यवसाय शुरू कर सकता है पर उसमें साहस, दूरदर्शिता, सहयोग और योजनात्मक तरीके से काम करने का निश्चय जरूर होना चाहिये।

अब जबकि कारों का चलन बढ़ गया है तो क्यों न हम उन गाँवों में जो सड़कों के किनारे बसे है मोटल खोलकर मन्त्रियों के ठहरने की व्यवस्था कर धन कमाये। विदेशी व्यवसायी इस काम पर आंख गड़ाए है। आप सोचेंगे पूँजी कहाँ से आएगी। पर ऐसे काम सामूहिक पूँजी इकट्ठी किरके चारपाँच या छ: परिवार शुरु कर सकते हैं और इन्हीं परिवारें के सदस्य इसमें काम करे और लाभ को आपस में बांटे।

गाँव में निजी लाइब्रेरी व बुक बैक बनाइये जिससे गाँव के बच्चों का ज्ञान बढ़े। इसके लिये हर परिवार से चन्दा या वार्षिक अथवा मासिक शुल्क जो न्यूनतम हो लिया जाये। असर ज्ञान व गणित की प्रारम्भिक शिक्षा से पहले बच्चों को अपने गाँव के भूगोल, जलवायु, प्राकृतिक सम्पदा आदि जानकारी बहुत जरूरी है और प्रारम्भिक शिक्षा के बाद उन्हें पैतृक या पारिवारिक व्यवसाय की जानकारी के अतिरिक्त अपनी रूचि के क्षेत्र में स्वतंत्रता अध्ययन करने की सुविधा होनी चाहिये। ये सुविधा सामूहिक रूप से गाँव के सब बच्चों के लिये जुटाना गाँव की ही प्रबंध समिति, पंचायत तथा इस स्थान पर काम कर रहे NGO'S का कर्त्तव्य है। गाँव के नागरिकों को भी इसके लिये मांग करनी चाहिये। ये बच्चे ही भारत के भविष्य की पूँजी है। भगवान ने सभी को प्रतिभा दी है।

पढ़े लिखे नवयुवकों को नौकरी के लिये दर-दर भटकरने की आवश्यकता नहीं है। रोजगार योजना के अन्तर्गत घरेलू उद्योगों को खोलने के लिये मिल सकता है उधार। व्यापार का मुख्य पहलू यह होता है कि ग्राहक को उचित समय पर उचित मूल्य में सेवायें या वस्तु मिल जाये। अत: ऐसे धन्धे में लगना चाहिये जो आपको आय का एक विकल्प दे सके क्योंकि खेती से आय हर समय व हर बार एक सी नहीं होती हैं इसलिये द्वितीय आय का साधन कृषक परिवारों के लिये बहुत जरूरी है।अपने बच्चों को कम उम्र से ही उत्साहित कीजिये कि वे खेती के अलावा भी कोई हुनर या कला सीखे ताकि वह समय पड़ने पर आपके लिये आय का साधन बन सके।

दाल बनाने का संयत्र खरीदे। दाल को छोटे पैकेटों में भरकर इसी तरह मसालों को छोटे पैकेटों में भरकर बेच सकते हैं। पैकेट बनाने की मशीन बहुत सस्ती होती है। अगर आपका माल साफ और अच्छी किस्म को होगा तो आपको उद्योग में लाभ होते देर नहीं लगेगी।सूखे फलों और मेवाओं को भी पैकेट में भरकर बेचना अच्छा काम है।

और हाँ यह बात तो आपको मालूम ही होनी चाहिये कि सोना चांदी पहले जमाने में एक बचत का साधन था जब बैंकों इत्यादि की सुविधा नहीं थी और सोना चांदी को आदमी औरते अपने तन पर रखते थे। यह बचत भी थी और मुश्किल के समय पैसा मिल जाने का साधन भी। पर आज सोचकर देखें कि क्या सोना-चांदी अण्डे देता है? उनकी कीमते भी अब बराबर एक सी रहती है। खरीदने व बेचने में कम-से-कम 25% से लेकर 50% तक नुकसान होता है सो अलग। फिर से बेचकर कुछ पैसा तो दे सकता हे परन्तु आय का साधन नहीं बन सकता तो सोने चांदी के जेवरों पर शादी ब्याह में क्यों व्यर्थ पैसा बहाना है?

अब कई समाजों ने यह निर्णय लिया है कि सोना चांदी नहीं खरीदेंगे क्योंकि यह बचत का अच्छा माध्यम नहीं है। आशा है आप भी अपनी मेहनत की कमाई को व्यर्थ में रोककर घाटे का सौदा नहीं करेंगे। पैसा बचत का व आय का साधन बने न कि घाटे का सौदा। बैंकों में पड़े रहने से भी उसका लाभ इतना नहीं है जितना के उसे कमाई का साधन बनाए तो आपका व आपके परिवार का भविष्य उज्जवल होगा। वरना जैसा आप अब तक कर रहे है वैसा ही करते रहे तो जैसा फल मिल रहा है वही मिलता रहेगा कुछ बदलने वाला नहीं है।

आकाश, जल, पृथ्वी, वायु और अग्नि ये पंचमहाभूत जो शरीर के लिये जरुरी है इनसे ही शरीर बना है। गाँवों में शहरों की अपेक्षा अधिक मात्रा में उपलब्ध है। गाँवों में यदि वायु की गति व दिश को माप कर नियंत्रित किया जाये तो बिजली व पन चक्की बनायी जा सकती है। सूर्य ऊर्जा भी बिजली को बनाने व खारे पानी को साफ करने में प्रयोग की जा सकती है। जो लोग समुद्र के किनारे बसे है लहरों से बिजली बनाने के बारे में विचार करें। अतिरिक्त बिजली केन्द्रीय सरकारों या बिजली संस्थानों को बेच कर आय का साधन बन सकती है। गाँव को इन सब बातों के लिये सरकारी मंजूरी की कोई आवश्यकता नहीं है यदि गाँव वाले यह काम करें (1854 के एक संवैधानिक नियम के आधीन)।

आशा है इस लेख से आपको कुछ प्रेरणा मिलेगी अपने भविष्य को सुधारने के लिये कुछ नये विचार मिले होंगे।

═══════════

लिपिक

हमारे गणतंत्र में करीब पिच्चासी प्रतिशत लिपिक होते है। हर विभाग में, पर हमारी विडम्बना यह है कि यह बिचारे चर्तुथ श्रेणी के अफसर भी कहलाते है पर यह लोग सरकार के हर नियम को जानते हुए भी कोई काम अपने आप नहीं कर सकते है। एक पत्र का भी जवाब नहीं दे सकते है। हर समय आदेशों का इन्तेजार करते रहते है या चपरासी का इन्तजार करते हैं कि फाईल एक में से दूसरी मेज तक कैसे पहुचाई जाये। हाय राम इनमें भी बंटवारा कि कोई अपर कहलाता हैं तो कोई लोअर। चाहे अफसर हो या लिपिक एक ही सत्य है, कि सब जन सेवक जनता के लिये है। मेरे मन में एक बात आई कि लिपिक भी हमारी ही तरह भारत के नागरिक हैं और तंत्र का एक हिस्सा हैं और देश की तरक्की चाहते हैं, पर यह हिस्सा देश की प्रगति में कोई महत्त्वपूर्ण भूमिका नहीं निभा रहा हैं कारण साफ है कि यह तंत्र का हिस्सा तो है पर इनको निर्णय लेने का अधिकार तंत्र में नहीं दिया है क्योंकि तंत्र बनाने वालों ने कभी भी इन पर विश्वास नहीं किया वरन् इनको हीन व जाहिल समझा है तो आप अपने आप समझ सकते है कि जिस पर आप विश्वास ही नहीं करेगें तो आपको बदले में क्या मिलेगा? यह वर्ग उत्पादन का हिस्सा ही नहीं माना जाता है। क्या अच्छा होता कि हमारे नियम ऐसे होते कि कम महत्त्वपूर्ण बातों का निपटारा हमारा लिपिक वर्ग भी कर पाता तो जनता को कम समय में अपने प्रश्नों का उत्तर मिल जाता है। क्योंकि निर्णय में जितनी ज्यादा सीढ़िया होंगी उतना ज्यादा उसमें समय लगेगा, जो आज हमे तंत्र से जवाब लेने में लग जाता है कभी आला अफसर नहीं है तो कभी लिपिक नहीं है और यदि दोनों है तो चपरासी नदारद है जनता की सुनने वाला ही कोई नहीं न इन पर कोई नियंत्रण है न अकुंश निरीह जनता बस पिस रही है।

ऐसा नही है कि बिल्कुल इस दशा में कोई काम हो ही नहीं रहा है आज बैंकों में टेलर पाँच हजार तक के चैक का भुगताना कर सकता है जो एक अच्छी पहल है। पर जरूरत है कि ऐसा हर विभाग मे हो कि यदि नियमानुसार फार्म भरे गये हो तो यह लिपिक वर्ग भी जवाब या आदेश देने के लिए उपयुक्त माना जाएं। जैसे आप देखे कि अभी भी बैंक

का चपरासी यह तो कर सकता है कि किसको कौन–सी चैक बुक दी जाय पर अफसर की घुघी जरूरी है। क्यों भई, चपरासी को भी उपयोगिता का हिस्सा क्यों नहीं बना सकते है?

यहाँ यह कहना असंगत नहीं होगा कि हमारे नियमों में यह पाया जाता है कि इनको अफसर की मर्जी पर बदला जा सकता हे। कारण साफ है कि जब तंत्र के नियम बनाये गये थे तो अफसर अंग्रेंज थे। इन नियमों को अब बदलना ही होगा और यह भी जरुरी नियम बदलने का हक सिर्फ हमारी संसद का हो, तंत्र का काम सिर्फ नियमों के पालन करना हो मतलब नियमानुसार काम किया जाये। एक दूसरे के काम में रूकावट न डाली जाय वरन् हर बात को पूरा करने में एक विभाग दूसरे की मदद करने की चेष्टा करे ताकि आम जनता को एक नियमित समय से जवाब मिले, ताकि वह अपनी समस्याओं का हल समय से कर पायें। जब लिपिक का कोई अधिकार नही है तो इनको जिम्मेदार भी नहीं ठहराया जा सकता है। गलतियों के लिये भी इनको निकाला भी नहीं जा सकता है। क्यों भाई, अफसर क्यों नये रखें जा रहे है? सूचना देने के लिये सूचना के अधिकार हेतु यदि हमारे सब जन सेवको को यह सिखा दिया गया है कि सूचना जनता को हर हालात में देनी ही है तो इन लिपिक सूचना देने का अधिकार क्यों न दे दिया जाएं? तो नये सूचना अधिकारियों की जरूरत कहाँ रह जायेगी। यह सोचने का विषय है जिस पर विशेष ध्यान देना चाहिएं। अंत में एक बात हम सबके मन में आती है कि हमारे हर पत्र का तंत्र को एक पखवाडें में उत्तर अवश्य देना चहिये वह ना में हो या हाँ मे हो या अभी कितने ज्यादा दिन लगेगें निर्णय लेने में।

═══════════

जनतंत्र का आम आदमी

आम आदमी ही जनतंत्र की नींव होता है पर हम उसकी स्थिति पर खास तौर पर भारत में क्या है उसका जायजा लेने की कोशिश करेगें इस लेख में।

आप कही भी चले जाइये पहला सवाल होगा आप हैं कौन? कहाँ से आये हैं? कैसे आयें हैं? कैसे कपड़े कैसे पहने हैं? क्योकि आम आदमी से किसी को भी कोई वास्ता नहीं हैं। पहले सवाल का बहुत ही सरल उत्तर है आम आदमी हूँ तो जवाब मिलेगा ठीक हैं, मुझे आप पर ध्यान देने की कोई जल्दी नहीं है क्योंकि आप आम आदमी हैं इसी बीच टेलीफोन की घन्टी बज गई तो आपकी हो गई छुट्टी, क्योंकि जो व्यक्ति फोन पर है वह आम आदमी नहीं है क्योकि वह फोन पर जो है वह अपकी काया से ज्यादा महत्त्वपूर्ण हैं। अब आप तीसरे सवाल का उत्तर देखें यदि आपको मैं कार या स्कूटर से उतरते नहीं देखा तो आप आम आदमी है। मुझे आप पर ध्यान देने की कोइ जल्दी नहीं है क्योंकि आप आम आदमी हैं। चौथे सवाल का भी कुछ कुछ ऐसा ही जवाब होगा अब तक आप समझ ही गये होगें। भई मेरा काम अगर है जन की सेवा करना तो यह प्रश्न ही कहाँ उठते हैं। सवाल यह होना चाहिये कि मैं आपकी क्या मदद कर सकता हूँ पर यदि मैंने यह मान ही रखा है कि अजनबी मेरे काम या आराम से खलल डालने को ही आ रहा है तो मैं कैसे आगन्तुक की मदद करूगाँ? जब कि सच तो यह है कि आप की कुर्सी ही इस साधारण जन की देन है। क्योंकि जो अपना काम और तरह से निकालना जानता है वह आप तक आयेगा ही क्यों?

माना की आप बहुत महत्त्वपूर्ण हैं पर जो आदमी आप तक काया सहित पहुँचा है उस पर ध्यान देना आपका पहला फर्ज नहीं बनता क्या? टेलीफोन वाला यह भी नहीं देख सकता कि आप क्या कर रहे है तब आप उसे कैसे अपना पहले कैसे महत्त्व दे सकते है। यही पर भारत मात खा जाता हैं और जगहों के मुकाबले और आम आदमी बस उसकी तो पूछिये ही मत क्या हालत होती हैं, ज्यादा क्या लिखू आप सब भुक्त भोगी होगें ही किसी न किसी स्थिति में।

पर अब समय आ ही गया है कि यह लिख दिया जाए कि आम आदमी कौन है-यदि आप अमुक पार्टी के सदस्य नहीं है, फलाना आपका रिश्तेदार नहीं हैं, आप नेता नहीं हैं, जोर से बोल नहीं सकते हैं, किसी की सिफारिश पत्र नहीं है , सफेद पोशाक नहीं पहने है, खादी नही पहनते हैं, किसी खास जाति के नहीं, आप के ईर्द-गिर्द दो चार आदमी नहीं चल रहे हैं, आप स्थानीय भाषा बोल रहे है, अग्रेंजी नहीं बोल रहे है, और आप अपना परिचय मांगने से पहले नहीं दे रहे है, या कोई दो जने आपस में बात कर रहे हैं और उन्हें आप बीच में टोक रहे है, यदि आप अपने आप को महत्त्व को नहीं मानते है, आपको अपना उल्लू सीधा करना नहीं आता है, यदि आपको नियमों का या आपने अधिकारों का आभास नहीं है, विदेशी निवासी भारतीय मूल के सफेद चमड़ी के विदेशी नहीं, आप नोटों की गड्डी नहीं चमका रहे है, या आपने आने के बाद पूरे आफिस के लिये चाय व समोसे का आर्डर नहीं किया वह भी चपरासी को मिला के अपनी तरफ, या इलेक्शन का माहौल नहीं, तो आपने माने हुये आम आदमी है। यदि आपको आम आदमी की श्रेणी से निकलना है तो इनमें से एक न एक मुखोटा पहनना ही होगाा आज के भारतीय सन्दर्भ में यदि आप अपना काम बनाना चाहते हैं वह भी नियमानुसार या आज की तारीख में आम आदमियों की संख्या करीब सत्तर करोड़ होगी तो तंत्र से प्रत्यक्ष रूप से नहीं जुड़े हैं।

आप जानना चाहेंगे कि ऐसा क्या ? यह कोई गुप्त बात नहीं पर ऐसा ही होता आ रहा है और आगे होता रहेगा क्योंकि आम आदमी जो ताकत इलेक्शन के समय रखता है उसे पाँच साल के लिये नेताओं के पास खो चुका होता है और जनसेवक वह सेवक कभी थे ही नही न उन्हें उसकी ट्रेनिग ही दी जाती है कि जनसाधारण की सेवा के लिये ही आपको कुर्सी पर बैठने का अधिकार मिला है। आम जन आपका ग्राहक है और आपने ग्राहक की कैसे सेवा की जाती है अमेरिका में देखे, अमेरिका इसलिए क्योंकि आजकल हम सभी चीजे अमेरिका की देखा-देखी कर रहे हैं, कृपया इंग्लैण्ड से न सीखें वहाँ पर ग्राहक खड़ा रहता और तोलने वाला बैठा रहता है। जब जनसाधारण को, ग्राहक की तरह हर जगह व्यवहार मिलेगा तो हालत बदलते देर नहीं लगेगी अपने देख भारत महान की। यह कोई अनहोनी बात नहीं कर रहा हूँ मै क्योंकि आप खुद देखते होगे कि उस दुकानदार की दुकानदारी कितनी अधिक चली है जो अपने ग्राहक का ध्यान रखते हैं वह छोटे बड़े बूढ़े अमीर गरीब जात बिरादरी इत्यादि सभी को समान समझता हैं अब आप यह भी कह सकते है कि ग्राहक तो पैसे देता है समान या सेवा के लिये तो जन भी तो सरकारी सेवाओं के लिये जन सेवको को पहले से ही उनकी पगार मिलती है उन सेवाओं के लिये, पर भ्रष्टाचार ने उन मूल्यों पर परदा डाल रखा है। उस परदे को हटाना ही जनता की एकता ही कसौटी है जिस पर हम सबको खरा उतरना हैं।

इसके लिये हो सकता है कि हमें जनता को हालतों के बदलाव लाने के लिये इस बात को अपने हाथ में लेना होगा। सवाल उठता है क्यों न इन जनसेवकों का घेराव किया जाए, यदि वह अपने उत्तरदायित्व को सही मानो में नहीं निभाते हैं? और मजबूर किया जायें कि वह अपना दायित्व जनता के प्रति ही रखते हों , नेताओं या अपने फायदे के लिये ही पद का दुरूप्रयोग ना कर रहे हों और कोई तरीका नजर नहीं आता है। यह काम कठिन जरूर है पर असम्भव नहीं है।

अखण्ड भारत चले धीरे इठलाकर क्यों?

हम भारत की तरक्की नहीं चाहते हैं चौकिये, मत यह सच है। क्योंकि भारत की तरक्की हो गई और गरीब भारत से मिट गये तो हमारे घर का चौका-बासन कौन करेगा, कपड़े कौन धोयेगा, घर के नौकर कहाँ से आयेगे, जब हम ऐसे भारत के बारे में सोच ही नहीं रहे हैं तो भारत कैसे ऐसा बनेगा। आईये एक सूची बना लेते हैं, आप भी उसमें संशोधन कर सकते हैं या कुछ और भी जोड़ सकते हैं—

- छोटी सरकार सुखी नागरिक, सरकार का ढ़ाचा बदल डालो, सरकारी तन्त्र का बोझ हल्का करो जनता पर।
- जनता अंग्रेजी समय में सरकार की गुलाम थी पर अब मालिक है इसलिये सरकार को जनतन्त्र कहो।
- सरकार की जवाबदेही जनता के साथ होनी चाहिये क्योंकि नेता सर्वोपरी है।
- सार्वजनिक कर्मचारी हो या नेता, जनता करे इनकी तनखा का, तरक्की का या बरखास्तगी का।
- IAS को समाप्त करो, कमिशनों को बन्द करो, जनमत से फैसला करो।
- गवरनरों, कमिशनरों, जिला, तालुका, अधिकारियों की क्या आवश्यकता है जब जनता से जनियत नेता है।
- हर प्रान्त में एक सदन होना चाहिये दो नहीं, राज्य सभा को भी भंग करो, राष्ट्रपति का चुनाव सीधे हो।

❀ हर पद पर दो बार से ज्यादा चुनाव नहीं, ओरों को भी मौका दो भाई जनता की सेवा करने का।

❀ जजों का भी सअवधि चुनाव हो।

❀ ट्रान्सफर नीति बन्द करो, तीन गलतियाँ माफ पर उसके बाद पदच्युत हर सार्वजनिक कर्मचारी की।

❀ तीन टेक्स हो एक राष्ट्र का, प्रान्त का, तीसरा जिले का, ग्रामसभा चाहे तो ग्राम का भी।

❀ घरों पर टेक्स आज की कीमत पर लगे, तभी मुन्सीपेल्टिया चल पायेगी, आज की जरुरतों को पूरा करेंगी।

❀ जमीनों के कागजात कम्प्यूटर पर हो, बदलाव आसान न हो, तभी मुकदमे कम होगे।

❀ मालगुजारी को बन्द करो, ग्रामसभा ले मालगुजारी और हर गाँव में स्कूल चले उससे।

❀ जैसे तेल का उत्पादन शुल्क लगता है उसी तरह पानी पर भी लगे, क्या मुन्सीपल्टियाँ पानी नहीं बेचती है।

❀ देशी की आन्तरिक या बाहरी सुरक्षा के अलावा हर विभाग अपना खर्चा खुद उठाये।

❀ राष्ट्रपति, प्रधानमन्त्री, मुख्यमन्त्री के अलावा किसी को भी निवास, घर या घरेलू नौकर नहीं दिये जाये।

❀ कुछ विभागों को बन्द कर दिया जाये, पानी बिजली राशन विस्थापित सफाई सप्लाई ट्रेजरी इत्यादि।

❀ जैसे हम विचार व्यक्त करने के लिये स्वतन्त्र हैं,काम करने के लिये भी स्वतन्त्र होना चाहिये।

❀ सार्वजनिक कर्मचारियों को जनता पर राज करने की बजाय, जनता की सेवा का मनोबल बनाना होगा।

❀ पानी का सबको मूल्य देना होगा, पानी से सफाई बन्द करो ताकि कीचड़ कम बनेगी, हवा से करो।

- जब हमें बिजली की चोरी करना आता है, उत्पादन सरकार के हाथ में क्यों, यह व्यवस्था जनता स्वयं करे।
- रेलें भी जनता चलाये क्योंकि जब हम बिना टिकट यात्रा करना सीख गये हैं, तो उनको चलाना भी आयेगा।
- सार्वजनिक नौकरियाँ ठेके पर दी जानी चाहिये, सार्वजनिक कोष में वृद्धि होगी। क्योंकि कुर्सी पर बैठकर सबको पैसा कमाना आ जाता है नेता ही उसका ज्वलन्त उदाहरण है देख लीजिये।
- जो काम सरकार से करवाना चाहते हो तो तीन गुना खर्चा होगा क्योंकि कोई चीज मुफ्त नहीं होती है।
- जब मित्तल जी दुनिया में लोहे के कारखाने चला रहे हैं तो देश में सरकार क्यों चला रही है।
- योग व सफाई पर ज्यादा ध्यान देना होगा यदि बीमारी पर कम खर्चा करना चाहते हो।
- सरकारी प्लानिंग काम नहीं कर रही है क्योंकि जिनके लिये प्लान लाये जाते हैं उनके सुझाव नहीं होते हैं।
- किसी का भी उत्थान मुफ्त नहीं अपने से नीचे वालों का तुम करोगें यदि तुम्हारा हम करेंगे प्रण करवाओ।
- रेलवे को सारे देश में गन्दगी फैलाने से रोका जाये, सफाई भगवान का दूसरा नाम है।
- मनीआर्डर व्यवस्था बन्द करो। देश में नये समाज की नीव न्यायिक, बराबरी व विश्वास पर आधारित हो।
- हर किसी को सपना भारत कैसा हो देखना क्योंकि जो सपने हम अपने पूरे नहीं कर पाते हैं हमारी आने वाली पीढ़ी करेगी।
- प्रोत्साहन व साहस जरूरी है जो आत्मनिर्भर बनायेगा, प्रलोभन, या आरक्षण नहीं जो हमें पंगु बनायेगा ही।

हर समस्या का आध्यात्मिक हल है

हम किसी भी समस्या को हल नहीं कर सकते हैं यदि हम आध्यात्मिक हल नहीं ढूँढ़ रहे है।

- एक सच जीवन का कि भगवान मुझे शांति का निमित्त बना ले।
- शांति जो आप चाहते है वह आपके विचार में छिपी है।
- प्रश्न आप वही करना चाहते जो और लोग कर रहे है?
- अपने दिल की आवाज सुनो, तुम शांति सुन सकते हो।
- आपकी कोई समस्या नहीं है यदि आप सोचते है तो हैं।
- जब-जब रोशनी आती हैं अन्धकर मिट जाता है।
- जब कोई चीज हिलती है तभी कुछ नया होता है।
- जहाँ कही घृणा है प्यार भेजो।
- हमें परमात्मा को तभी याद करना पड़ता है जब तुम उसे अपने से अलग समझते हो। इसीलिए हमारी समस्याये हमारे दिमाग में है।
- शक्ति कम, ज्यादा, मन्द, तेज, सही, या गलत नही होती है।
- मेरा एक हिस्सा है जो कभी नहीं मरता है।
- अपने आप अपने बनाने वाले के बीच संबन्ध को पहचानों। तब तुम पाओगे कि तुम असीम सम्भावनाओं से भरे हुए हो।

❀ सहजता को अपनाओं और चालाकी को छोड़ दो।

❀ असमानताए जरूरी नहीं हैं समानताओं के सहारे आगे बढ़ों।

❀ दूसरों से अच्छा होना ही जरूरी नहीं है उनको भी साथ लेकर बढ़ो।

❀ अन्त में सोचो क्या मैं कल से आज अच्छा हूँ। याद रखो मदर टेरेसा के शब्द, 'चाहें सब जो भी तुम्हारे बारे में सोचे, पर तुम जो ठीक समझते हो वही करो।'

❀ हिन्दु, मुसलमान, सिख, क्रिश्चन बन कर मत जियो पर कृष्ण, मोहम्मद, नानक, यशु बन कर जीयों।

❀ आप वैसे किसी समस्या को हल नहीं कर सकते हैं, एक कम होगी तो दूसरी पैदा हो ही जायेगी। पर दूर तक सोच कर देखें तभी यह बात सच जान पड़ेगी।

====

अनामिका

सनातन धर्म में भगवान की पूजा करते समय अनामिका का महत्त्व क्यों है? इस तथ्य पर ध्यान देंगे इस लेख के माध्यम से। इस बारे में एक बार पडिंत जी से मैं प्रश्न किया तो समुचित उत्तर नहीं मिला उनका उत्तर सीधा था कि ऐसा शास्त्र में विधान है पर उस उत्तर से मन को संतुष्टी नहीं हुई।

एक बार मैं एक्यू प्रैशन की किताब के पन्ने पलट रहा था कि उत्तर समझ में आ गया। उससे पहले एक घटना और याद आती है जो सगाई या कुछ जगह शादी के मौकों पर देखने को मिलती है। वह है, दूल्हा दूल्हन का एक दूसरे को अनामिका में अंगूठी पहनाना। कभी आपने सोचा कि ऐसा क्यों किया जाता है। अनामिका का संबन्ध सीधे मनुष्य के दिल से होता है। सबके सामने पति पत्नी एक दूसरे के दिल को तो नहीं छू सकते है पर अनामिका के सहारे यह काम आसान हो जाता है।

अब यह बात साफ समझ में आ रही है कि क्यों हम भगवान की पूजा करते समय अनामिका का इस्तेमाल करते है। भगवान की पूजा मन से ही नहीं, दिल से भी करनी चाहिये। इसलिये सनातन धर्म में अनामिका का बहुत बड़ा महत्त्व है। यह हमारे ऋषियों की दूर-दर्शिता का परिणाम हैं।

यहाँ पर एक और तथ्य को उजागर कर दे, वह है यदि आप अपने दिल को स्वस्थ रखना चाहते हैं तो अनामिका और छोटी उंगली के दो या तीन सेन्टीमीटर नीचे हथेली के हिस्से को दिन में दो या तीन बार दबा लें दस, या बीस सैकण्ड के लिये। आपका दिन मजबूत रहेगा, क्योंकि इस बहाने आप भगवान के पास रहेगें। भगवान भी तो हमारे दिल में ही रहते हैं इस बहाने यदि हम उसको दिल से याद करते हैं तभी हम अपने दिल को भी ठीक रख सकते हैं।

आप एक और तथ्य की ओर ध्यान दें, अगर आप अपनी अनामिका के अग्र भाग को दूसरे हाथ से दबाये तो आपको दो जगह पर अनुभूति होगी एक तो मष्तिक में और दूसरी दिल में, यही अनामिका की खूबी है। यहाँ पर एक और तथ्य को उजागर करना चाहूँगा वह है सूचनायें मस्तिष्क के अलावा दिल में भी एकत्र होती हैं, एक नई खोज के अनुसार।

दिल

आपने दिल दे दिया, दिल ले लिया, मेरा दिल खो गया इत्यादि जुमले बहुत सुने होगें या हमने आज तक दिल बदल गये पर हमने कहीं पर भी दिल बदलते या दिल को सड़क पर पडे हुए नहीं देखा है। पर हमने दिल फैंक आशिकों को सड़कों पर घूमते हुए पूरे भारत में देखा है। ऐसे आशिक भी बहुत से देखे हैं कि जो कहते फिरते है कि हम तो आधे शादी को तैयार है हमने पूछा वह कैसे तो कहने लगे कि हमारे दिल में जो उतर चुकी है वह तैयार नहीं है पर हम दिल दिमाग दोनों से तैयार बैठे हैं।

पर जब हमने यह सुना कि दक्षिण के एक डाक्टर किस्टीन कीलर ने एक आदमी का दिल बदल दिया और वह आदमी कुछ दिनों तक जिन्दा भी रहा पर कुछ दिनों तक ही जिन्दा रह कुछ दिनों तक, यह बात ध्यान देने वाली है। तो हमारा उन दिल फेक आशिकों से यह कहना है कि आप दिल बदलने के चक्कर मे न पड़े क्योंकि मौता का सामना जल्दी हो जायेगा।

अगर जहाँ पर भी दिल कभी भी बदले गये हो एक एक पत्थर भी लगा दिये जाये तो कैसा रहेगा, तो शायद सारी दुनिया पत्थरों से भर जायेगी जल्दी ही, इसलिए हमने यह अपना इरादा बदल डाला है। पर हम अपनी बीती सुनाते हैं जहाँ हमारा दिल किसी ओर के दिल से बदला था वहाँ पहले से ही एक मील के पत्थर की तरह पत्थर लगा हुआ था अगर यकीन न हो तो आप दिल्ली के चिड़ियाघर में उदविलाव के पिजंड़े के सामने लगे पत्थर को देख सकते है जो आपको हमारी कहानी पर यकीन करने पर मजबूर कर देगा।

एक नया तथ्य दिल के बारे में अभी सामने आया कि आदमी कुछ सूचनाओं को दिल में भी एकत्र करता है तभी आपने कभी-कभी सुना होगा कि अमुक आदमी का दिल जब बदल दिया तो उसकी आदतो में भी बदलाव देखा जाता है। तब तो यह बात साफ हो जाती है कि कुछ लोग शादी के बाद बदल क्यों जाते हैं क्योंकि उनका दिल सही मानो में बदल चुका होता है। आशा है आप सबके साथ भी ऐसा हो यदि आप शादीशुदा हैं यदि नही तो भविष्य में ऐसा हो तभी तो कहते हैं कि तेरी याद दिल से भुलाई नही गई।

अब देखते है कि हमारे शायर गीतकार और हिन्दी फिल्मों में इस दिल का क्या हाल है। खूबसूरती के मामले मे जो सबसे ज्यादा प्रयोग में आने वाला जो मुहावरा है कि दिल आया गधी पर तो परी क्या चीज है। बरसो पाला दिल को पहलू हमने, अपना न हुआ। तुमने नजर भर देखा, और वह तुम्हारा बन गया। दिल की लगी को दिल्लगी न समझे, यह एक आग का दरिया है और डूब कर जाना है। सूरदास जी देखें भगवान से क्या कह रहे हैं कि- हाथ छुड़ाये जात हो निर्बल जान के मोहे, दिल से जब जाओगे सबल जानूगाँ तोये।

ऐ, खुदा उनके गालों पर दे दे ऐसा तिल
जिसको देखते ही फिसल जाये लाखों के दिल।
तेरे दिल का मकान सैंया बड़े आलीशान,
बोलो-बोलो मेरी जान है किराया कितना।

हमने आज तक किसी टूटे दिल को नहीं देखा, पर टूटे दिलों की दास्ताने आपने भी बहुत सुनी होगी।

उनको अपने वज्मे नाज की रौनक बढ़ानी थी
नुमायश में रखे थे टुकड़े मेरे दिल के।
इतना फर्क है इस वज्म और उस वज्म में,
वहाँ चिराग यहाँ दिल जलाये जाते हैं।

भरते हैं मेरे दिल की आह को फोनोग्राफ में कहते आह कीजिये और फीस ली।

दिल से निकली हुई आह भी बड़ी बुरी होती, भगवान आपको इससे दूर रखे।

बहुत निकले मेरे अरमान दिल के लिये फिर भी कम निकले इस लेख के लिये माफी चाहूँगा। आप यदि मुक्त भोगी है तो आपको भी बहुत कुछ पता होगा आप भी जोड़. सकते है उनको इस लेख में।

एकता या शोषण

आप इनमें से किसको चुनेंगे? मैं यहाँ TV सीरियल लेखिका निर्देशिका एकता कपूर की बात नहीं कर रहा हूँ जो परिवार तक में एकता की बात नहीं करती। मैं राष्ट्र में एकता की ओर आपका ध्यान दिलाना चाहता हूँ।

कृपया शिकायतें कम करें और संगठन से एकता बढायें। ब्रिटिश राज के दौरान नेता जी केवल एक वाक्य लिख कर ICS की परीक्षा में प्रथम आ गये थे, वह वाक्य था-विभाजित करों और राज्य करों। इसी मंत्र पर अब भी हमारी राजनीति चल रही है। इसका उल्टा हम कर पायें यानि एकता लाओ और शोषण बन्द करो तभी गाँधी जी का स्वराज्य बन सकेगा। एकता होगी तो जनता को सरकार से ज्यादा सेवायें मिलेंगी और कोई तुम पर राज नहीं कर सकेगा।

यहाँ पर एक बात ध्यान से देखें तो पायेंगे कि IAS, IPS, IFS, IRS इत्यादि की नौकरियां क्यों इतनी लोकप्रिय हैं, क्योंकि इस तबके के लोग जानते हैं कि वे अपनी पद शक्ति के प्रयोग से जनता को विभाजित करके आज भी स्वतंत्र कहलाने वाले भारत में अपना उल्लू सीधा कर सकते हैं, जैसा विदेशी शासक करते थे। आप खुद ही अन्दाजा लगा लीजिये। तीस राज्य बना दिये, जिला DM के अलावा CEO बना दिये, पर क्या जनता की सेवाओं में सुधार हुआ? हाँ सरकारी नौकरियों में बढ़ोतरी जरूर हो गई है। पहले जब भारत आजाद हुआ था सिर्फ एक हजार ICS व IAS अधिकारी थे, आबादी तीस करोड़ थी पर अब आबादी एक सौ दो करोड़ हो गई मगर इन अधिकारियों की संख्या करीब चौदह हजार यानि चौदह गुनी क्यों हो गई जबकि हम सब जानते हैं-छोटी सरकार, सुखी संसार। यह सब इसलिये हुआ क्योंकि जनता बटी हुई है और अधिकारियों में एकता है। ये सब लोग नेताओं के साथ मिलकर जनता को बेवकूफ बना रहे हैं, यह किसी व्यक्ति पर आरोप नहीं है, जिस तंत्र के अन्तर्गत यह सब हो रहा है उससे कुछ और अपेक्षा की भी नहीं जा सकती है। इनके इष्ट तो राज करने के लिये यह तंत्र बना गये थे। इन अफसरों की तनखा, पेन्शन, मेडीकल,

प्रोविडेन्ट फंड, घर, पानी, बिजली आदि मिलाकर दस से बारह लाख रुपये हर साल प्रति अफसर खर्च होते हैं और जो अफसर रिश्वत लेते हैं उससे जनता के सरकारी कोष में कटौती होती है सो अलग। भारतीय प्रेस व यू०एन०ओ० की रिपोर्ट के अनुसार प्रतिवर्ष 21060 रुपये प्रति व्यक्ति प्रतिवर्ष भ्रष्टाचार के सहारे प्रशासनिक वैधानिक व न्यायिक संस्थानों से संलग्न व्यक्तियों की जेबों में चले जाते हैं। जरा सोचिये इस राशि से जनता के भले के लिये कितने काम हो सकते हैं। इस लूट को रोकने के लिये जनता में चेतना व एकता दोनों चाहिये। हमारा तंत्र ही ऐसा है कि इन पदों पर बैठे व्यक्ति चाह कर भी अच्छा काम नहीं कर पाते हैं क्योंकि जो तंत्र जनता को चूसने के लिये 1857 की गदर के बाद खुदगर्जी व बदला लेने की भावना से बनाया गया था वह देश का भला हरगिज नहीं कर सकता। स्वतंत्रता के बाद भी हमने उस तंत्र को न तो बदला है, ना हमारे संविधान में इसको बदलने का कोई प्राविधान ही है। अंग्रेजो को जी हजूरी करने वाले चाटुकार भारतीय अधिकारियों की जरूरत थी न कि जनता के सच्चे सेवकों की। उन्हें जो सरकार से प्रतिबन्द्ध कर्मचारी आम जनता पर हुकूमत बनाये रखने के लिये चाहिये थे वे उन्हें उनकी सेवाओं को पक्का करके व मकान आदि की अतिरिक्त सुविधायें देकर मिले थे परन्तु अब हम स्वतन्त्र हैं और एक की जगह पाँच आदमी काम करने के लिये मिल सकते हैं तो इस परम्परा की क्या जरूरत है। दूसरे किसी सम्पन्न देश में ऐसा नहीं हैं कि सरकारी कर्मचारी को इतनी सुविधायें दी जायें जो वहाँ के नागरिकों को भी नहीं मिलती हैं। अमेरिका में किसी कर्मचारी को बिजली, पानी, मकान, फोन, नौकर, खाना इत्यादि नहीं मिलता है। सिर्फ राष्ट्रपति व उपराष्ट्रपति को बिजली, पानी, मकान, फोन, नौकर, खाना इत्यादि मिलते हैं, यूरोप में भी ऐसा ही है और जितनी जगह इन्होंने कौलोनी बनायी वहाँ पर भी भारत जैसा ही हाल है। क्या ये रिश्वत का ही दूसरा रूप नहीं है कि नेता खुद भी ये सेवायें लेते रहे हैं और जो उनसे रोजमर्रा के काम के लिये जुड़े हैं उन्हें भी वह सब देते हैं? नतीजा, दो करोड़ सरकारी कर्मचारी व नेता 70% खर्चा अपने ऊपर कर लेते हैं और 98% जनता के लिये सिर्फ 30% संसाधन ही बचते हैं, वह भी, जो जनता स्थानीय राजधानियों में रहती है अधिकतर उन्हीं के रखरखाव में, आम जनता जो 70% है जो इन बड़े शहरों में नहीं रहती उसके लिये तो 10% भी नहीं बचता है। हम कम्युनिस्टों की तरह बात नहीं कर रहे हैं कि सबको बराबर मिले पर कम से कम इतना अन्धेर भी न हो कि नीचे वालों को उन्नति तक का अवसर न मिले।

NGO यानि गैर सरकारी संस्थानों के नाम में भी सरकारी शब्द क्यों? क्योंकि सरकार शब्द मान्यता प्राप्त है यह हमारी मानसिक गुलामी का प्रतीक है। इनका सही नाम

सहकारी संस्थान होना चाहिये ताकि सहकारिता को बल मिले न कि सरकारिता के विरोध को। मैं सरकारी तंत्र के समुचित संचालन व रखरखाव पर होने वाले खर्च में कटौती की बात नहीं कर रहा हूँ ही सरकारी कर्मचारियों की तनखा को कम करने की बात कर रहा हूँ वरन फिजूल खर्ची को रोकने की तरफ आपका ध्यान दिलाना चाहता हूँ। बहुत से ऐसे विभाग हैं जिनकी जरूरत नहीं है पर चल रहे हैं, जैसे—विस्थापित राशन सप्लाई, सरकारी बिजली, पानी, सफाई, स्कूल, अस्पताल, प्रान्तीय पुलिस, इन सबके विभाग क्या जरूरी हैं? डी०एम०, कमिशनर, गवर्नर क्या जरूरी हैं? तंत्र में मूलचूल परिवर्तन किये बिना और मौलिक प्रश्न पूछे बिना हम देश को उन्नति के कगार पर नहीं ला सकते हैं। लोगों में आपस में एकता और हमारे तंत्र की कमियों की समझ होगी तभी अच्छे कार्यकर्ता मिलेंगें, जनता बंटी होगी तो उसे राज्य करने वाले ही मिलेंगें और शोषण होगा।

आइये अब देखें हम भारतीय कैसे बंटे हुए हैं। भाषाओं व प्रान्तों के आधार पर, प्रान्तों में जाति के आधार पर, कार्यक्षेत्र में उम्र व योनि के आधार पर व पूरे देश में धर्म के आधार पर मन्दिरों मस्जिदों, चर्चों व गुरुद्वारों में बंटे हुए हैं जबकि भगवान एक हैं, उनकी पूजाविधि में अंतर हो सकता है परन्तु इस बांट व अलगाव का लाभ हमारे तंत्र के नेता व अधिकारी उठाते हैं। इसके अलावा गरीब अमीर का अन्तर तो सर्वव्यापी है ही।

राष्ट्र की एकता के दूरदर्शी लाभ को न समझ पाने के कारण जनता द्वारा एकजुट हो मांग को न करना या अपेक्षा का न होना निराशाजनक परिणामों को जन्म देता है और फिर निराशा की इस खाई से पढ़े-लिखे समर्थ व्यक्तियों तक को हमने यह कहते सुना है कि इस देश में कुछ सुधार नहीं हो सकता है। जो ईमानदार है उनकी आवाज में आवाज मिलाकर हम उसे सबल नहीं बनाते, नतीजा यह है कि हर आदमी अकेला है और डर से अभिभूत है सिर्फ किनारे पर खड़े होकर दर्शक की स्थिति में बेबस जी रहा है।

यह सही है कि जीवट वाले इक्के-दुक्के लोग जो जी जान से प्रयास कर रहे हैं उसके परिणाम-स्वरूप धीरे-धीरे कुछ जगह जो सुधार हो रहा है वह टिमटिमाते दिये की लौ के समान प्रकाश दे रहा है। यह प्रकाश सूर्य की तरह पूरे देश को तभी लाभ दे सकता है जब हमें लगन के साथ, जो हमे गलत लगता है उसे हटाने के लिये जनमत को साथ लेकर अपने को सबल बनाते हुए, तंत्र को अस्पष्टता से स्पष्टता, भारीपन से हल्के की ओर ले जाते हुए सरल बनायें। हमें ऐसा तंत्र चाहिये जिसमें प्रोत्साहन की झलक हो, जो साधारण से साधारण आम आदमी को सरलता से समझ में आ जाये। फिर उस तंत्र को अपना पूर्ण सहयोग देकर सफल बनायें। इस पर हम सब एक मत हो सकते हैं चाहे प्रदर्शनों के जरिये

या आम सभाओं के जरिये जनमत सबल बनाया जा सकता है क्योंकि सारी जनता की जरूरतें व समस्याएँ तो एक ही हैं न? यही एकता का आधार है—रोटी, कपड़ा और मकान, पानी, बिजली सबको चाहिये। TV, रेडियो, फोन, कम्प्यूटर आदि सुविधाओं की अभिलाषा सभी को है और अपनी-अपनी मातृभाषा में हैं पर एकता, राष्ट्रभाषा को प्रतिष्ठित करके उसे सीखने व प्रयोग करने में है। नियम सबके लिये एक होने चाहिये। प्राकृतिक विपदाओं से तकलीफ सबको एक सी होती है। नियम इतने सरल हों कि जहाँ से भी जिसकी भी माँग आए तबाही से उबरने के लिये सबको बराबरी का मान, व्यवहार व मदद मिले, मजदूर हो या नेता, जनता हो या जनता का कर्मचारी। जनता फाके करे और जनता सेवक मक्खन खाये ऐसा तंत्र नहीं चाहिये। देश की सुरक्षा का भार केवल सरकार का ही नहीं वरन प्रत्येक व्यक्ति पर भी होना चाहिये, चाहे कारण आन्तरिक हो या बाहरी, इसमें जनता तंत्र की सहयोगी बने। हर उस नियम का पालन करना होगा जिन्हें जनता का अनुमोदन प्राप्त होगा ये नियम देश, काल, पात्र और धर्म की सीमा से परे होंगे।

जनता को नेता चुनने का अधिकार है पर हमारे संविधान में कसौटी पर खरे न उतरने की दशा में जनता को उसे हटाने का प्राविधान नहीं है। सरकारी कर्मचारियों की नौकरी पक्की है। संविधान के अन्तर्गत चाहे जरूरत हो या नहीं और किसी को अपने काम को निपुणता से न करने पर भी, इन्हें हटाना मुश्किल ही नहीं वरन असम्भव है। न्यायाधीश, पुलिस आदि को भी यही संरक्षण प्राप्त है, स्थानीय जनता को न तो इनकी नियुक्ति ना ही हटाने का अधिकार है। सरकार के निर्णय को मानना ही जनता की नियति है। परिणामस्वरूप आज स्थिति यह है कि ऊपर से थोपे नियमों को लागू करवाना सरकार के बस की बात नहीं, चाहे वह सुप्रीम कोर्ट का आदेश ही क्यों न हो। जनता बाध्य है बोझ ढोने के लिये, अगर पास से रिश्वत देने को धन नहीं है तो गलती से समझौता करो। प्रजातंत्र में ऐसा नहीं होना चाहिये। यदि कोई जनता सेवक अपना काम योग्यतापूर्वक नहीं कर रहा हो तो उसका स्थानांतरण क्यों? किसी और स्थान की जनता ऐसे सेवक का क्या करेगीं? क्यों उसकी अयोग्यता व बेईमानी अनजान जनता पर थोपी जाये? स्थानातंरण बंद करो और एकतापूर्वक स्पष्ट जानकारी की माँग करो। यह सब अब संभव है-RTI 2005 बिल के अन्तर्गत। जनता-सेवकों की तीन गल्तियाँ माफ उसके बाद निलम्बन। हमारी तंत्र प्रणाली के आधार हों—न्याय, प्रोत्साहन, विश्वास, स्पष्टता व सत्ता का विकेन्द्रीकरण। लोगों को बांटने के बजाय सरकार के कामों को बांटा जाये।

1. एक स्वायत्त संस्था नियमों को बनाये व जाँचे- वैधानिक

2. दूसरी स्वायत्त संस्था नियमों को लागू करे- प्रशासनिक
3. तीसरी स्वायत्त संस्था यह व्याख्या करे कि नियमों का पालन सुचारू रूप से हो रहा है या अन्यायपूर्वक हो रहा है- न्यायिक

इन तीनों संस्थानों का चयन जनता के बहुमत के आधार पर हों। इन सबमें आपस में एकता जनता के शोषण के लिये नहीं जनता के हेतु हो व आपस में जवाब देही हो।

4. देश की सुरक्षा के लिये सेना (वायु, थल, जल) केन्द्रीय व स्थानीय सुरक्षा के लिये पुलिस स्थानीय हो जिसे स्थानीय जनता का पूर्ण समर्थन उसके प्रतिनिधियों के जरिये प्राप्त हो।
5. जनतंत्र में जनता-चयनित व्यक्ति मनोनीत सेवकों से अधिक प्रभावशाली हो। अगर तंत्र प्रणाली के नियम दमदार हों तो अधिकारी कोई भी ईमानदार व्यक्ति हो सकता हो, आवश्यकता है अच्छे चयन व प्रशिक्षण की।
6. देश की अर्थव्यवस्था में मुद्रा केन्द्रीय हो।
7. देश की कर व्यवस्था का विकेन्द्रीकरण होना चाहिये। आय पर स्थानीय, प्रान्तीय व केन्द्रीय कर 2%, 5%, 15% होना चाहिये। फिर भी केन्द्र प्रान्तों व स्थानीय संस्थानों को विशेष कार्यों के लिये आर्थिक सहायता दे। गाँव का लगान गाँव पंचायत के पास ही रहना चाहिये।
8. मकानों पर कर समसामायिक मूल्यों पर आधारित हो न कि जब मकान का निर्माण हुआ था। तभी सेवायें भी समसामायिक मूल्यों के आधार पर मिल सकेंगी।
9. पानी, बिजली आदि की जरूरतें, स्थानीय स्तर पर सर्वमान्य स्थानीय कम्पनियों के जरिये, जनता के प्रतिनिधियों के सहयोग से पूरी हो।
10. फोन सेवा स्थानीय हो सकती है पर देश व्यापी आधार होना चाहिये प्रान्तों के आधार पर नहीं, मोबाईल फोन पर रोमिंग का क्या मतलब है? पूरे देश में एक ही दर प्रति कौल हो तो सरलता होगी।
11. सेल्फ हेल्प ग्रुप या सहयोगी स्वयं सेवी वर्ग को बढ़ावा दिया जाये।
12. चाहे हम कितने भी बंटे हों पर ऐसा कुछ न करें जिससे देश का, प्रान्त का, शहर, गाँव या किसी व्यक्ति का अहित हो। हम जीतें हमारा गाँव, शहर, प्रान्त, व देश सभी विजयी हो। विजय विजय विजय ही सबकी हो तभी हम जीतते हैं तो किसी का हारना जरूरी नहीं होता है, इस तरह हम सब आगे बढ़ेंगें।

13. नियम सरल हों ताकि आम जनता उनका अनुसरण कर सके या उनका मूल्यांकन व बदलाव आवश्यक हो तो उस दिशा से कदम उठाने का जनता के पास कोई रास्ता होना चाहिये।

14. एक अच्छे प्रजातंत्र में हर नियम की जांच हो तब ही अनुपयोगी व उन्नति में बाधक नियमों का उन्मूलन हो पायेगा। किसी भी चयनित पद पर नियुक्ति दो बार की अधिकतम अवधि तक सीमित हो।

15. योजनाएँ नीचे से स्थानीय अवयवों की आवश्यकता के आधार पर बनें और स्थानीय संसाधनों पर मुख्य रूप से आधारित हो न कि दिल्ली में बैठे योजना आयोग के अनुमानों पर।

16. अपनी जरूरतों की पूर्ति स्थानीय संसाधनों पर मुख्य रूप से आधारित होनी चाहिये न कि बाहर से आयातित संसाधनों पर, तभी स्थानीय सम्पन्नता संभव होगी। गाँव वाले अपना व्यापार अपने पास के गाँव में करेंगे तभी गाँव सम्पन्न होंगे। यह सत्य है कि आवश्यकताओं की पूर्ति संभव है परन्तु इच्छाओं की पूर्ति पूर्ण रूप से कभी नहीं होती, पर वह गरीबी नहीं है।

एक बात सदा याद रखें कि भारत में हमें प्राकृतिक सम्पदाय बहुलता से प्राप्त है। अत: हम भाग्यवान है लेकिन आलसी व मूर्ख न बनें और जल, वायु, पृथ्वी तथा सूर्य की ऊर्जा का सही इस्तेमाल करें ताकि हम प्रकृति के साथ सम्पन्न रह पायें। एकता के होते शोषण नहीं पनप सकता है, जरा विचार करें तो स्पष्ट हो जायेगा। जन-एकता होगी तो भ्रष्टाचार और अन्याय के विरुद्ध आवाज उठेगी। जाति एकता दूसरों को डराने के लिये नहीं बल्कि अपनी जाति में एक-दूसरे को ऊपर उठाने में सहायक होनी चाहिये। किसी जाति का गौरव यही है कि हम दूसरी जाति की इज्जत करें और उनके साथ सहयोग से रहना सीखें। वास्तव में पूरी मानव जाति ही बस एक जाति है और हमारा गौरव सम्पूर्ण देश की उन्नति में कन्धा मिलाकर सबका हाथ बटाने में है। एकता हमारे समय की माँग है। हमें जातीय एकता का एक-दूसरे को प्रगति पथ पर अग्रसर करने के लिये चाहिये। प्रांतीय व भाषाई एकता की वोटों की राजनीति में भी जरूरत है, सभी भाषायें आपस में बहने है। जब हमारी सरकार अल्पमत की होगी तो विपक्षी अधिक होंगे और कोई भी महत्वूर्ण कार्य करना आसान नहीं होगा ना ही बहुजन हिताय होगा। चुनाव पूर्ण होते ही सबको एक होकर देश-हित में कार्य करना चाहिये। हमारे प्रधानमंत्री किसी एक पार्टी के होकर पूरे देश का प्रतिनिधित्व कैसे कर पायेंगे? सफल शासन के लिये उन्हें जनता व कर्मचारियों की एकता की जरूरत होगी। हमें सहयोग के जरिये उनके हाथ मजबूत करने चाहिये ताकि वे जन-हित व देश-हित में कार्य

सुचारू रूप से कर सकें। निर्णय पर पहुँचने से पहल हम अलग-अलग हो सकते हैं पर निर्णय लेने के लिये हमारी एकता जरूरी है।

एक बात सदा याद रखें कि किसी न किसी योजना, जिसे सरकार व जनता का बहुमतीय समर्थन प्राप्त हो, का हेतु बने। हो सके तो यथा सम्भव सहायता दें वरना रास्ते में रोड़े न अटकायें। आशा है आप इस लेख को पढ़कर मुझसे सहमत होगें कि एकता का बल आज की शोषण जनित निर्बलता, असहायता व दयनीयता से जनता को उबार सकता है। हमें एक होकर देखना यह है कि हमारे देश की योजनाएँ, स्थानीय संसाधनों के अनुरूप व बहुजन हिताय हों और उनसे एक वर्ग के द्वारा दूसरे वर्ग का शोषण न हो, जैसा आजकल की ज्यादातर योजनाओं में प्रत्यक्ष दिखाई देता है। योजनाएँ जब बहुजन हिताय होंगी तो बहुमत उनके साथ होगा और कोई शोषित नहीं होगा।

गुस्सा

हम भारतीय गर्म जलवायु के रहने वाले प्राणी हैं अत: बात करते-करते मन पसन्द रास्ते पर वार्तालाप कौन ले जाने की स्थिति में बहुत जल्दी गुस्सा हो जाते है। इतने ज्यादा तैश में आ जाते हैं कि हमारी समझ जवाब दे जाती है। और बिना किसी निष्कर्ष पर पहुँचे अपने प्रतिपक्षी की अवहेलना करके उससे नाराज हो बैठ जाते हैं। उससे आपसी सम्बन्ध बिगड़ जाते है। विवेक का नाश हो जाता है। गुस्सा आते ही विवेक कहीं चला जाता है। विवेक का नाश होते ही दिशा का ज्ञान नहीं रहता है और किसी भी निष्कर्ष पर पहुँचना असम्भव हो जाता है।

एक बात और गुस्से में ज्यादा काम करना पड़ता है। ज्यादा शक्ति भी खर्च होती हैं तो बची ऊर्जा का ह्रास होता है इस तरह हम अपनी ऊर्जा का सही इस्तेमाल निर्माण कार्य में नहीं कर पाते है वह गुस्से में खर्च हो जाती हैं। इस ऊर्जा को हम निर्माण कार्य या समस्याओं को सुलझाने में लगाये तो हमे अधिक लाभ होगा वह हमारी क्षमता बढ़ेगी। जिन बातों का फैसला हमारे हाथ में नही हैं उन पर विवार करने से क्या लाभ होगा।

हमें गुस्सा तब आता है जब हम अपने को असहाय मान लेते हैं और दूसरों को यह दर्शाना चाहते है कि हम बलवान हैं इसका मूल कारण यह हुआ कि हम अपनी कमजोरी को छिपाना चाहते है। सोचे क्या हम असहाय हैं। जबकि भगवान हमारा सबसे बड़ा सहायक है। तो हम असहाय कैसे हो सकते हैं? यह तो गलत बात है। तो अगर यह महामंत्र हमें याद रहे तो हम कभी भी गुस्सा नहीं करेगे और अपनी समस्त ऊर्जा का उपयोग निर्माण कार्य में लगा कर अपना जीवन उपयोगी बना सकते हैं।

सदा याद रखें कि जो हालात बदल सकते है उसे जरूर बदलें, जो हालात हम नहीं बदल सकते उसके बारे में बिल्कुल परेशान न हों और भगवान हमे यह सद्बुद्धि प्रदान करें कि हमें उन दोनों में समय रहते अन्तर पता चल जाये।

छः विलक्षण महिलायें

हमारी चार माह की दो हजार नौ व दस भारत यात्रा के दौरान हमें छ: महिलाओं से मिलकर इतना अच्छा लगा कि हम उनके बारे में सबको बताने के लिये उतावले हो उठे और हमने सोचा कि क्यों न हम एक लेख ही लिख डालें। उनके नाम हैं: पहली सुमना जी, दूसरी डाक्टर रत्ना भारती, तीसरी डाक्टर उमा तुलीं, चौथी-रितम्भरा जी, पांचवी नन्दिता पाठक, छटी डाक्टर जौली रोहतगी। अब एक एक के बारे में विस्तार से नीचे लिखेंगे।

सुमना जी : यह सत्तर के करीब होंगी व हैदराबाद से करीब सत्तर किलोमीटर दूर एक गाँव में टीचर थीं उसी में बड़ी हुई, और अविवाहित हैं। उन्होंने बुरगुला गाँव में स्कूल खोला है और सरकार से ज्यादा कमरे व फर्नीचर लोगों से दान लेकर इक्कट्ठे कर दिये हैं ताकि बच्चे ठीक से बैठ सकें और अब एक हाल बनवाने में लगी हुई हैं। उनकी ही मेहनत का फल है कि इस गाँव में एक अनाथालय है, एक वृद्ध आश्रम भी है, हाथ करघे भी लगवाये हैं ताकि लोगों को रोजगार भी मिल सकें। एक दम सफाई पूरे गाँव में, कोई गन्दी नालियाँ नहीं बह रही थीं। कारण एक विक्षण महिला के मन की लग्न व पूर्ण समर्पण गाँव के उत्थान के लिये। उनकी कोई संस्था नहीं है अब तक शायद अब बनायें हमारे कहने सुनने के बाद, वे तो अपने आप में एक उत्साहित करने की कला जो उनमें कूट-कूट कर भरी हुई है।

डाक्टर रत्ना भारती : यह भी अविवाहित हैं। उमर करीब चालीस के आस-पास होगी और पूर्णतन्या महिलाओं के उत्थान में लगी हुई हैं। अब तक एक लड़की पाल पोस कर बड़ी करके उसकी शादी कर चुकी हैं, दो बच्चियों को जो अब स्कूल जाती हैं गोद लिया हुआ है। अपना जीवन समाज के उत्थान में समर्पित कर चुकी हैं व अपनी आय जो अस्सी हजार रु० प्रति माह है पूरी की पूरी ही नहीं, वरन अपने भाईयों का अनुदान भी इसमें लगा देती हैं। भाई भी अपनी इच्छा से एक टेस्ट के जरिये अपनी बहन को मदद करते रहते हैं उनकी माँ दोनों बच्चियों की ममतायमी नानी बनकर उनके पालन-पोषण में मदद करती हैं। अपने घर में गाँव की लड़कियों के लिये एक तैरने का तालाब बनवाया है ताकि कुछ

महिलायें कमाई भी करें और गाँव की लड़कियाँ तैरना सीख सकें। गाँव में प्रसुति गृह बनवाया और बीस साल तक उसे चलाया। गाँव में रह कर लोगों को इस बारे में शिक्षित करना कन्या भ्रूण हत्या के खिलाफ लड़ना अपनी खुद की तरक्की को एक तरफ करके उसके बाद भी पूरी तरह से उनका तन मन धन गाँव और की महिलाओं के विकास के लिये न्योछावर है। इसके अलावा गाँव में एक लड़कों के व लड़कियों के हाई स्कूल के संचालन का एक अभिन्न अंग हैं। इतना प्रभाव है कि गाँव के ही नहीं वरना देश विदेश के लोग भी प्रभावित हो कर उनका सहयोग करने से मना नहीं कर पाते हैं। उनका कार्य क्षेत्र केमरी हरियाणा के हिसार जिले में एक अविकसित गाँव है।

डॉ० उमा तुली : अपने भाई की दुर्घटना के बाद एक प्रण किया था अपनी शादी से पहले वह अपनी आय को विकलांगता के लिए खर्च करेंगी यह बात करीब चालीस साल पहले की होगी अब उनके पोतियाँ भी हैं। शादी के समय अपने पति से भी अपना यह निश्चय बता दिया था अब वह ही नहीं बल्कि उनका पूरा परिवार उनके साथ है। लड़का व उसकी पत्नी भी साथ मिलकर बहुत महत्त्वपूर्ण कार्य बड़े सुन्दर ढंग से कर रहे हैं। पूरे देश में सबसे ज्यादा विकलांग लोगों की मदद करने में सबसे आगे हैं। सारे नियम उनके सहायोग से सरकार बनाती है। विश्व विकलांगों का ओलम्पिक भी भारत में आयोजित कर चुकी हैं सन् दो हजार आठ में दिल्ली में। उनकी संस्था का नाम उमर ज्योति चेरिटेबल ट्रस्ट जो दिल्ली के कड़कड़डुमा में है। उसमें विकलांग भी पूर्णतया स्वस्थ बच्चों के साथ कंधे से कंधा लगा कर खेलते पढ़ते हैं और अपने को पूर्णतया स्वस्थ महसूस करते हैं। यहाँ से निकले बच्चे खुद अपने पैरों पर खड़े होकर समाज के कमाने वाले अंग बन जाते है बजाय समाज पर एक भार बने रहने के प्रसन्नता और स्ववलम्ब की अनोखी मिसाल भी वहीं देखने को मिली बच्चें व बड़ों में, दो सरदार भाई जो गूंगे हैं पर अच्छे काठ के कारीगर हैं वहीं पर सीखे अब इससे अपनी जीविका चलाते हैं, काम करते हैं व सिखाते हैं। इस संस्था में बहुत चीजें बनती हैं औरउनकी क्वालिटी इतनी बढ़िया है कि यह नहीं लगता कि इतनी अच्छी चीजें क्या यह विकलांगों ने बनाई हैं जैस- ज्वैलरी, कपड़े, कढ़ाई, लकड़ी का काम, छपाई का काम बेकरी इत्यादि। करीब छः सौ बच्चों के अलावा सौ और लोग काम करते हैं। ग्वालियर में भी एक शाखा बनाने वाली हैं जमीन खरीद ली है पर चार पाँच करोड़ रुपयों की जरूरत है।

संत रितम्भरा जी : यह भी अविवाहित हैं और बहुत ही प्रतिभाशाी महिला है। वक्ता बहुत अच्छी हैं ही ये कन्याओं, महिलाओं के उत्थान व विकास के लिये कटिबद्ध हैं। उनका आश्रम मथुरा व वृन्दावन के बीच में अपने नाम को सार्थक करता वात्सल्य ग्राम के नाम से मशहूर है। वहाँ पर स्कूल है, घर हैं जहाँ पर एक महिला एक घर में ज्यादा से ज्यादा आठ बच्चों के साथ रहती हैं उन्हें एक मुश्त धन दिया जाता है ताकि वह अपना घर चला

सकें उनहें हर चीज खरीदनी पढ़ती है यदि खर्च ज्यादा होता दिखें तो उन्हें भत्ता बढ़ाने के लिये प्रार्थना पत्र देना पड़ा है। इस तरह उनके पास करीब सत्तर बच्चे हैं। उन्होंने एक पालना बाहर लगा रक्खा है जिसमें कोई भी बच्चे को छोड़ कर जा सकता है उसमें एक घन्टी लगी है वह बज जायेगी और कोई कार्यकर्त्ता आरती करके उसका स्वागत करके गोदी में उठा कर अन्दर ले जायेंगे। उसका घर अब वात्सल्यग्राम है और उसका नामकरण होगा जाति नाम परमानन्द होगा जो उनके गुरुजी का नाम है। यहाँ से बच्चे किसी को गोद नहीं दिये जाते हैं वे परमानन्द परिवार के सदस्य उसी दिन से बन जाते हैं और बड़े प्यार भरे व संस्कृति वातावरण में उनका पालन पोषण दीदी की देखरेख में होता है। पर कोई चाहे कि बच्चा गेट से अन्दर ला कर छोड़ दे तो वह नहीं लेते हैं। यह उनका नियम है। इस तरह उनके पास करीब सत्तर बच्चे हैं जो कुछ महीनों से लेकर चौदह साल तक के हैं। पूरे परिसर में सैकड़ों लोग काम करते हैं। यह इस साल अमेरिका की यात्रा पर आ रही हैं और अमेरिका में भी एक केन्द्र खोलने वाली हैं।

नन्दिता पाठक : दीनदयाल अनुसंधान संस्थान के अन्तर्गत उद्यमिता की संचालक हैं। यह जगह चित्रकूट में है इसके प्रधान श्री नानाजी देखमुख थे जिनका अभी दो हजार दस फरवरी में स्वर्ग-गमन हुआ है। यह महिला उच्च कोटि की वक्ता तो हैं ही साथ ही बहुत प्रतिभाशाली कार्यकर्त्ता भी हैं, स्वयं उत्साह से भरपूर हैं और किसी को भी उत्साहित कर सकती हैं। यह विवाहित हैं, दो बच्चियों की माँ है और एक आदर्श पत्नी भी हैं। इनके पति का नाम भारत है जो इस अन्तर्राष्ट्रीय ख्याति प्राप्त संस्था के संचालक हैं। नन्दिता सामाजिक उत्थान के क्षेत्र में युवा वर्ग में बहुचर्चित नेता हैं। उद्यमिता में गाँव के लोगों को रोजगार की जानकारी व प्रशिक्षण दिया जाता है विभिन्न विषयों के बारे में जैसे आम इत्यादि फलों के रस को कैसे डिब्बा बन्द किया जाये जिससे अधिक दिनों तक ताजा रह सकें ताकि गाँव के लोग खुद अपने काम धन्धे शुरू कर सकें और आत्मा निर्भर बन सकें। इनको देश में ही नहीं विदेशों में भी वक्ता के रूप में बुलाया जा चुका है, अमेरिका में आ चुकी हैं। इतनी व्यस्त होने के बावजूद पढ़ाई भी कर रही थीं अभी कुछ साल पहले डाक्टरेट की उपाधि हासिल की है। ये जितनी अच्छी सामाजिक कार्यकर्त्ता हैं उतनी कुशल गृहणी हैं व अतिथि सत्कार में मधुर हैं।

डाक्टर डौली रोहतगी : यह बहुत ही प्रतिभाशाली व कर्मठ महिला हैं जिनकी जिन्दगी सामाज के निम्न वर्ग के लिये अर्पित है। इन्हें हम गत कई वर्षों से जानते हैं यह भी अविवाहित हैं और पिछले तीस सालों से शारीरिक व मानसिक चुनौतियों के साथ पैदा हुए बच्चों को ही अपना परिवार मानकर उनके विकास व उत्थान के लिये बढ़िया काम कर रहीं हैं। इनका कार्यक्षेत्र दिल्ली हरियाणा के बार्डर पर आयानगर है जमरूदपुर में इनकी संस्था

जनमाध्यम है। इनकी संस्था ने अब तक हजारों बच्चों को समाज का एक कमाऊ, अभिन्न अंग बना दिया है जिनकों अपने माता पिता ने भी निकम्मा समझ कर घर से बाहर कर दिया था। कुछ लड़कियाँ एक रसोई बनाकर आप-पास के ऑफिसों में खाना पहुँचाने का काम कर काफी आमदनी कर रही हैं। पर उससे भी अच्छी यह बात लगी सभी कार्यकर्त्ता दिन का भोजन साथ-साथ करते हैं हर कोई अपने अपने घरों से खाना लाते हैं जो भारत के हर प्रान्तों का होता है सब आपस में बाँट कर खाते हैं। जब कभी हम भी बिना बताये पहुँच जाते हैं तो हमें भी बड़े आग्रह के साथ सम्मिलित किया जाता है ये बच्चे जब अपनी पहली कमाई से घर वालों को आईसक्रीम खिलाते हैं उनकी आँखों की चमक देखने लायक होती है। यह लिफाफे, दीपक, पौध बनाने कपड़े सिलने आदि का काम करते हैं। उन्होंने एक और नया काम किया वह यह है कि शहतूत का जैम बनाने का जो हमने भी खरीदा और खाया है। सबसे ज्यादा जरूरत इन बच्चों में आत्मसम्मान जगाने की होती है बहुत अच्छी चित्रकार भी हैं जिनकी प्रदर्शनियाँ भी समय समय पर दिल्ली में लगती रहती हैं। इनसे हमारी कोई रिश्तेदारी नहीं हैं।

खुश रहने के दस सिद्धान्त -वेदों के आधार पर

1. **हर विचार के लिए मस्तिष्क को खुला रखें :**

   किसी भी वस्तु व व्यक्ति से अपने को जुड़ा न माने । यदि जुड़ना है तो परमात्मा से जुड़ें जिससे सभी जुड़े हैं और इस तरह आप सबसे जुड़ेंगे।

2. **वह आप दे नहीं सकते जो आपके पास नहीं है :**

   इस तरह आप क्रोध डर से खाली रहेंगे जब यह आपकी तरफ आये तो उनकी दिशा बदल दें। जैसा आप बीज बोयेगे वैसा ही काटेंगे। जैसा हम चाहते हैं वैसा ही हमें मिलता है उसी तरह की बातों को हम अपनी तरफ आने देते हैं।

3. किसी से भी नाराजगी का कोई कारण नहीं है जिसे आप उचित ठहरा पायें। मैं कारण हूँ और कोई दोषी नहीं हैं।

4. स्थितप्रज्ञ: प्यार दो, बदले में चाहे कोई घृणा आपकी तरफ भेजे। इस तरह से जितने भी प्राणी मान है वह आपकों परेशान नहीं करेंगे।

5. जब तक आपके, मन में कोई सपना हो उसे पूरा करें, उसे लेकर न मरे। जो कुछ मन में आता है उस पर कर्म करो।

6. चुप रहना ही सोने में सुहागा है, यह सबसे बड़ा गुण है। आप कभी भी चुम्बक के दो पोलों को अलग नहीं कर सकते हैं चाहे आप चुम्बक को कितना भी छोटा क्यों न कर ले। इसी तरह बुराई अच्छाई भी दो पालों की तरह है।

7. अपने आप को अपने इतिहास से अलग कर लो। आज में जिओ इतिहास को मिटा डालों।

8. जिस दिमाग से समस्या बनी है उसी से उसे हल नहीं कर सकते हैं। मान लो कि तुम गलत हो और नये सिरे से सोचो।

9. अपने को उसी तरह से देखो जैसे तुम चाहते हो। हर कार्य का पूरक एक विचार है।

10. अपने में जो दिव्य तत्व है उसको पहिचानों।

जल, गाँव, सफाई व बेकारी

इन चार क्षेत्रो में समस्याएं है। भारत में ही नही वरन् हरेक देश में कम या अधिक मात्रा में ये मौजूद हैं और समुचित प्रयास द्वारा इनका समाधान सम्भावनाओं में बदला जा रहा है। अगर भारत में इन चारों को एक साथ रखकर सोचा जाए जाये, सम्भावनाओं की आधारशिला बन सकता है। पर इसके लिए ऐकता विश्वास सरकारी एवं सहभागिता क्षेत्र के प्रोत्साहन की आवश्यकता है। ज्यादातर गाँवो में अशिक्षा, बेरोजगारी, जल की कमी के फलस्वरूप गन्दगी की भीषण समस्या है।

अब समय आ गया है कि इनको सुलझना ही पड़ेगा। हर गाँव में पानी के संसाधनों की गणना हो व वर्तमान हालातो का लेखा-जोखा रखा जाये जिससे उनका पुनर्उद्धार हो सके। इसके लिऐ कुछ गाँवो में पानी की समितियां हैं। जरुरत है कि ये समितियां हरेक गाँव में हो आपूर्ति कर सकें चाहे वह पीने के पानी की हो या सिंचाई आदि की।

जैसे शहरों में पानी की आपूर्ति के लिए जल विभाग है, वैसे ही गाँवो में भी पानी की आपूर्ति की कम्पनियाँ बनाई जायं जिनमें बेरोजगार युवक-युवतियों को नियुक्त किया जाये। यह सब कार्य व्यवसायिक स्तर पर ही हो ताकि गुणवत्ता एवं विश्वसनीयता बनी रह सके। इस तरह गाँवों का पैसा गाँवो में ही रहेगा और गाँव की सम्पन्नता बनी रहेगी। पानी का व्यापार हो रहा है परन्तु व्यापारिक नियमो के विपरीत सामूहिक रूप से नही हो रहा है क्योकि हम सामूहिक तरीके से कार्य करने के आदी नहीं हैं गाँवो में स्थिति यह है कि यहाँ भी पानी की कमी है वहाँ अमीरों को पानी सस्ता व गरीबों को महंगा मिलता है, वर्तमान व्यवस्था के फलस्वरूप जबकि इससे उल्टा होना चाहिऐ। गरीब पिस रहे हैं। उन्हें इस स्थिति से उबारना होगा ताकि वे सही कीमत देकर आवश्यकता के अनुरूप जल का इस्तेमाल कर सकें।

समय की जरुरत है, आम आदमी की आर्थिक स्थिति को सुधारने की, न कि जल के क्रय-विक्रय को रोकने की। भारत एक जल-प्रधान, कृषि प्रधान देश रहा है और जल पिलाना पुण्य का काम माना जाता रहा वह बात तो अब रही नहीं यह भावुकता गाँव वालों पर थोप जल का गाँवों में सही क्रय-विक्रय न होने देना अपराध है जबकि शहरो मे पीने के पानी का खुला व्यापार होता अब सफाई को लें। आज "सफाई" सिर्फ एक वर्ग की रोटी-रोजी

ही नहीं वरन् उनकी बपौती बनकर रह गई है। और यह स्पष्ट हैं। चारो तरफ फैली गन्दगी को देखकर कि यह उनके बस की बात नही रह गयी है। इस क्षेत्र में उचित आर्थिक व बौद्धिक विनियोग के आभाव के कारण हम बहुत ही अच्छी सम्भावनाओं से वंचित रह गये और हम सफाई में पिछड़ते चले गये । इस वर्ग के ठेकेदार काम सही न कर पाने की अपनी असमर्थता को स्वीकार भी नही करते हैं और न ही किसी और को यह काम करने देंगें। यह एक भंयकर समझौता है जिससे सभी का नुकसान भरपूर हो रह है जनसाधारण का स्वास्थ्य गिर रहा है और बीमारियाँ मुंह बाए हमारे समाज को खा रही है जो हमे दिखाई देती हैं पर हम सब हाथ पर हाथ धरे देख रहे हैं और एक दूसरे पर दोषारोपण के लिए उंगलियाँ उठा रहे हैं । सोचते हैं हम क्या करें? पर इसी से तो समस्याओं का हल निकलने वाला नहीं है। आप यदि रोज गन्दगी करेंगे तो रोज सफाई का काम भी करना होगा पर हम सफाई में पिछड़े रहे हैं व गन्दगी करने में आगे बढ रहे हैं । नतीजा हर शहर, हर गाँव, हर कस्बे में गन्दगी के ढेर व कीचड़ बढती जा रही है । कहाँ फेकें इस बढते कूड़े को यह भी अब समझ के बाहर है ।

क्यो, भई ! हमारे यहाँ जब बिजली की कमी हैं और कूड़ा बहुतायत में है और कूड़े से बिजली भी बन सकती है तो क्यों न इसे जलाकर बिजली बनाने वाले प्लांट लगाए जाएं। कुड़े से ईंधन वाली गैसे भी बनती हैं। यह शिल्प विज्ञान हमारे देश में आनंद, गुजरात में मौजूद है तो व्यवहार में क्यों नही आ सकता है?

इस समस्या का हल दो लाभों को देने वाला है। एक तो बिजली की कमी दूर होगी, दूसरा ईधन वाली गैस मिलेगी। रोजगार जो बढ़ेगा सो अलग, पर यह सरकार के करने की बात नहीं है। गैर सरकारी स्तर पर गाँवो में कस्बो में व शहरो में भी इस प्रकार की कम्पनियां बनाई जाएं ताकि बेकारी भी दूर होगी और गन्दगी भी। आवश्यकता है तो प्राथमिकता तय करने की और इस दिशा में प्रोत्साहन की। कौन करे? जिनको जरुरत है काम की वे पहले करें। रोड़े आयेंगे, उन्हे दूर करना होगा पर सफलता मिलते ही कदम आगे बढ़ते जाएंगे। यह प्रक्रिया बार-बार दोहराई जायेगी और हमारा देश स्वस्थ, सुंदर व स्वच्छ बनेगा। इस संबंध में अधिक जानकारी के लिए लेखक से सम्पर्क कर सकते हैं।

कम्पनियाँ शहरों में ही क्यो गाँवों में क्यों नहीं बन रहीं? यह सवाल कभी अपने मन में उठा होगा, उसका जवाब भी मिला होगा पर आगे मन में आयेगा कि हम क्यों करें पहल? हमारे पापा के फलाने रिश्तेदार हमें तो नौकरी दिला ही देंगे। दूसरों से हमें क्या लेना देना। जो बेकार बैठे हैं वो असफल होने पर गिरे भी तो उससे बुरा क्या होगा, जो इस समय हो रहा है। सरकार, जल, बेकारी व सफाई की समस्या हल करने में विफल है। यह निष्कर्ष निकाला जा चुका है। अत: हमें दूसरे विकल्प निकालने होंगे। हमें मदद मिलेगी यदि हम एक-एक कदम इन समस्याओं को हल करने की दिशा में उठाएंगे, क्योंकि कोई रास्ता चाहे कितनी भी दूरी वाला हो, उसकी तरफ एक बार में एक कदम उठाकर ही आगे बढ़ा जा सकता है। यदि हम कदम उठायेंगे ही नहीं तो मंजिल खुद चलकर हमारे पास तो आने से रही। हमें चलने का

काम खुद करना होगा यदि हम मंजिल तक पहुंचना चाहते हैं। अपनी सोच के तरीके को बदलना होगा वरना जो हम अब तक करते आ रहे हैं वही करते रहें तो वही फल मिलेगा जो कि अब तक मिलता रहा है। बेकारी मुंह बाए खड़ी है। जल का अकाल है और गन्दगी हमें चारों तरफ से घेरे जा रही हैं।

भगवान कहते हैं, जो मेरी ओर एक कदम बढ़ाता है, मैं उसकी और चार कदम बढ़ाता हूँ, और सफलता का दूसरा नाम भगवान है। हम आजादी के 58 सालों में भली-भाँति समझ चुके हैं कि सरकार ही हर समस्या का हल नहीं कर सकती। हम सरकार की नितियों का विरोध करने के बजाय उनको अपना सहायक भी बना सकते हैं। विरोध में ज्यादा व सहयोग में कम शक्ति का व्यय होता है।

जिन गाँवों में बिजली नहीं है, राजीव गँधी रोजगार योजना या खादी ग्रामोद्योग के तहत 50 हजार रूपये उधार लेकर वहाँ बैलों से चलने वाले जनरेटर का संयन्त्र लगाकर बिजली की आपूर्ति की जा सकती है। इसलिए आवश्यकता है उद्यमी, कर्मठ, नवीन विचारों वाले साहसी व आशावान युवक-युवतियों के कर्मक्षेत्र में उतरने की। सूर्य-ऊर्जा से चलने वाले पम्पों से भूगर्भ की गहराई से जल निकाला जा सकता है, क्योंकि हमारे देश में सूर्य ऊर्जा की प्रचुरता है। प्रारम्भ से इन सेवाओं का मूल्य लिया जाना चाहिए। क्योंकि निशुल्क वितरण व्यापार के नियमों के विरूद्ध हैं। देखें गुण्ड़ें लोग भी मुफ्त में काम नहीं करते हैं, तो उनके कार्यों को व्याभिचार कहकर हम टाल देते हैं।

गाँवों में लघु उद्योग-धन्धो व उसमें लगने वाले कारीगरों का प्रशिक्षण भी गाँवों में करना होगा। ऐसा हो भी रहा है पर उसको और अधिक क्षेत्रों में अपनाना होगा। गाँवो में पैदा होने वाले अनाज, मसालों, दालों की सफाई, पिसाई व पैकेजिंग की प्रक्रिया, गाँवो में ही होनी चाहिए ताकि गाँवों में उद्योग बढे और गाँवों के नौजवान नौकरी की तलाश में शहरो की तरफ न भागें। मुंगफली, तिल, सरसों आदि का तेल बनाने की प्रक्रिया गाँवो में क्यों नहीं हो सकती, ये चीजे गाँवो वोले अधिक दाम देकर वापिस शहरो से क्या लाते हैं?

इसके अलावा गाँवो मे इस्तेमाल होने वाली कापियाँ, खिलौने आदि गाँवो में बनाये जा सकते हैं। और भी अनेक चीजें सोचिये क्या-क्या और गाँवों में बनाया जा सकता हैं। यही एक तरीका है, गाँवो को समृद्ध बनाने का कि वहाँ लोगों की रोजगार मिले, जिससे वे आत्मनिर्भर बनें।

हस्तक्षेप

भ्रष्टाचार का दूसरा नाम है हस्तक्षेप, भ्रष्टाचार समाप्त करना है तो हस्तक्षेप को पहले बन्द करना होगा। हमारे भारत में हर क्षेत्र में, हर घर में, हर स्कूल में, हर महकमे में, हर स्थिति में, परिस्थिति में यह आपको मुँह फाड़े मिलेगा चाहें आप या न चाहे आपको इसका सामना करना पड़ेगा। ऐसा लगता है कि यह हमारे खून का एक हिस्सा है और हमारा जीवन इसके बिना जीना जरा नहीं, बहुत ही मुश्किल है। हमारी आखें चाहे खुली हो और कान सब सुन रहे हो फिर भी हम यह पूछने के आदी हो गये हैं कि क्या हो रहा है? कारण कुछ भी रहा हो पर यह हस्तक्षेप है दूसरे के काम में और यह आदत हमें छोड़नी होगी। जहाँ पर हमको हस्तक्षेप करना चाहिये कभी नहीं करेगें बल्कि उल्टे वहाँ से पलायन कर जायेगें। सभी बोलो और संगठित हो एक आवाज में बोला कि हम अत्याचारी के साथ नहीं वरन् न्याय के साथ है कमजोर के साथ है। जब किसानों के साथ अन्याय हुआ कोई नहीं बोला तो किसानों ने आत्महत्या शुरु कर दी, औरतों के साथ अन्याय होता तो कोई उनका साथ नहीं देते है तो उन्हें आत्महत्या को सहारा लेना पड़ता है इसी तरह से जब-जब किसी तबके को दूसरे का सहारा नहीं मिलता है अन्याय को, या भ्रष्टाचार को बढावा मिलता है। कांग्रेस को सत्ता से चिपके रहने के लिये दूसरी पर्टियों का साथ लेने के लिए बहुत अधिक मंत्रियों को स्थापित करना होता है, जो संविधान के खिलाफ है पर जरा ध्यान दे इस खबर पर कि अधिकांश राज्य उपमत्रियों के पास एक भी फाईल काम की नहीं पहुँची है। उन लोगों ने मिलकर प्रधानमंत्री से शिकायत भी की है। कारण साफ है कि फाईल उन तक इसलिये नहीं पहुँचती है ताकि बेईमानी का हिस्सा नहीं बाँटना पडेगा, सिर्फ कुर्सी बाँटी है। क्या अच्छा हो कि यह मंत्री भी आत्महत्या करना शुरु कर दें।

अब हस्तक्षेप की दूसरी छटा देखें सरकारी तंत्र को देखे इसके तीन हिस्से होते हैं जो बिल्कुल अलग होते हैं ये भी एक काम करें जनता की जरुरतों को पूरा करें और एक

दूसरे के काम में हस्तक्षेप न करें पर ऐसा कहाँ हो रहा है और उसके चलते सबसे बड़े दो नुकसान हो रहे हैं जो जिसका काम है वह उसे करने नहीं दिया जा रहा हैं कारण हस्तक्षेप और नुक्सान यह कि जबाबदेही नदारत और निर्णय का अभाव या उसमें देरी जो समय की बरबादी के साथ अधिक महंगी पडती है। जब हमें पता है कि अमुक व्यक्ति को अमुक काम के लिये रक्खा है तो उसके काम में बीच में आऊँगा क्यों? उसे स्वंतत्र रूप से कार्य क्यों नहीं करने दिया जाता है बीच में मंत्री या उच्च अधिकारी क्या कोई और काम देते है यह हस्तक्षेप है। इसलिये उसकी जवाबदेही समाप्त हो जाती है कि मेरा यह काम उस वजह से पूरा नहीं हुआ है। यहीं से भ्रष्टाचार शुरु होता है। यहाँ पर यह बात लानी जरुरी है कि तत्काल कोई काम करवाना हो अधिक मूल्य दो और उसका भी समय निर्धारित हो ताकि सामान्य काम पर कोई असर न पड़े और सरकार को फायदा हो नाकि जनसेवकों को भ्रष्टाचार के रूप में।

हमारे संविधान में सबसे बड़ी कमी यह है कि जो जनता के प्रतिनिधि नियमों को बनाने के लिये चुने जाते हैं उन्हें उनका काम सही तरह से नहीं करने दिया जाता है मंत्री मंडल में शामिल करके इस तरह न वह नियम बनाने का या सरकार चलाने का दोनों ही काम पूर्ण रूप से नहीं कर सकते कारण हस्तक्षेप वैधानिक और कार्यपालिका के बीच और दोनों का एक दूसरे पर अंकुश भी नहीं है कि कौन गलती कर रहा है जब नियम बनाने वाले ही नियमों को तोड़ते है, तभी जनता को यह लगता है कि मंत्रीगण जनसेवकों का बचाव कर रहे हैं क्योंकि मंत्रियों के कहने पर पलिका के अधिकारी नियमों का उल्लघंन करते हैं। एक काम मंत्री गलत करवाते हैं तो इस गलत काम और जनसेवक अपने मन से नियमों के विरुद्ध करते हैं कौन किसको रोक सकता है जवाबदेही नदारत, केन्द्रीय हस्तक्षेप नहीं होगा तो जवाबदेही होगी, भ्रष्टाचार कम होगा, क्योंकि ऊपर वाले अधिकारों की कमी जो हो जायेगी। काम तो नीचे के तबके को करना पड़ता है तो निर्णय की जिम्मेदारी भी उनके ऊपरी होनी चाहिये। जब नियमों को उल्लघंन हो, तो जल्दी ही अपराधियों को नियमानुसार दंड भी मिलने लगेगा क्योंकि जवाबदेही नहीं के बराबर है कोई भी निर्धारण आसान होगा। सरकारी संस्थानों की बहुतायात है पर कुछ को छोड़ कर अधिकांश घाटे में है क्योंकि जवाबदेही नहीं के बराबर है कोई भी निर्णय लेने की जल्दी नहीं करता इसी तरह काम पूरे नहीं हो पाते है समय के अन्दर। सरकार का काम मुनाफा कमाना नहीं होना चाहिये पर मुनाफों पर कर वसूल करना सरकार को काम होता है। ताकि वह जनता को सुविधायें व सुरक्षा दे सके जिसकी जनता अधिकारी है। इसी तरह जनता जजो को चुने जो न्याय समय पर नहीं दे तो जनता उनको फिर से नहीं चुनेगी जवाबदेही अपने आप जनता के झोली आ ही जायेगी।

लोकसभा, विधान सभा के सदस्य जो जनता चुनती है उन्हें तंत्र चलाने का कोई अधिकार नहीं होना चाहिये, उसी तरह तंत्र को नियम बनाने को कोई अधिकार नहीं होना

चाहिये, और न्याय पलिका को कानून बनाने का कोई अधिकार नहीं होना चाहिये पर उन्हें ठीक से लागू किया जा रहा है या नहीं, तय करने पर पूरा अधिकार होना चाहिये। इस तरह तब हस्तक्षेप एक दूसरे के क्षेत्र में बन्द हो जायेगा जैसा आज वैधानिक और न्याया-पालिका व प्रशासन में हो रहा है, तो भ्रष्टाचार अपने आप बन्द हो जायेगा। अभी ऐसा लगता है कि मिलीभगत चल रही हो, न्यायपालिका, वैधानिक और प्रशासन के बीच, जो जनता के हित में है या नहीं पता ही नहीं चलता है। जन प्रशासनिक समितियाँ बनाई जायें ताकि जनता का रोजमर्रा के काम काज में सीधा सहयोग हो प्रतिनिधियों से काम नहीं चल रहा है। नियमों को बदला जाय जो जनता नहीं चाहे, विभागों को बन्द किया जाय जो जरुरी नहीं है, सरकार को छोटा किया जाए जनता को लगेगा कि वह प्रशासन का अंग हैं।

=========

स्वस्थ रहिये हाथ पैरों द्वारा

अगर इस 10 मिनट रोज अपने हथेली व उंगलियो के पोरो को दबाये। हर स्थान पर 10 से 15 सैंकिड तक एक हाथ से दूसरे हाथ को दबाये जैसे हमारे हाथ की उँगलियों में पोर होते है तीन ही नीचे समझ ले जो दिखाई नहीं दे रहे हैं और इसी तरह से पैरों के पोरों को भी दबाये तो हम स्वस्थ रह सकते है क्योंकि यह स्थान शरीर के दूरतम स्थानों पर है। यदि इन स्थानों से सम्वेदना मस्तिष्क तक पहुँच सकती है तो हमारा स्नायु तंत्र ठीक काम कर रहा है। यदि यह तंत्र काम कर रहा है तो हमारा पूर्ण शरीर ठीक से काम कर रहा है।

पैरों को पत्थर द्वारा जो रगड़ा जाता है वह भी इस क्रिया का एक अंग है। ऐसा करने का मतलब यह नहीं है कि प्राय: सारी, दवाये लेना बन्द कर दे पर धीरे-धीरे शायद आपको यदि विश्वास होगा तो दवाईयाँ नहीं लेनी पडेगी। आहार भी स्वस्थ रहने का एक बड़ा अंग है जितना पक्का खाना कम खायेगे स्वास्थ्य उतना ही सुधरता जायेगा। एक समय में चबेना पानी में अंकुरित कर खाना चाहिये। इससे ईधन की बचत होगी स्वास्थ्य में दोहरा लाभ होगा पहला स्वयं को दूसरा सारे भूमडल का कार्बन डाई आक्साइड (CO_2) नहीं बनेगी। अगर जी घबरा रहा हो तो दोनों हाथो को एक दूसरे से जोड कर खूब जोरो से मालिश करने से जी घबराना बन्द हो जायेगा। यदि कब्ज की शिकायत हो तो सीधे हाथ के अंगूठे को ठोढी के बीच में रखें और दायें हाथ से बाये की तरफ और पहले नीचे फिर ऊपर कई बार करें तो पखाना आने लगेगा। यदि इस तरह से भी नहीं आये तो एक गिलास पानी पी लें फिर करें। ऐसा प्रात: सन्डास में बैठकर कर सकते हैं कब्ज की शिकायत दूर हो जायेगी। आदमी की बिमारियों की जड़ मनुष्य खुद होता है। आप चौकिये मत यह सच कैसे? हम सोचते हैं कि हमे ऐसा हो गया है तभी यह होता है। रामायण पढिये, आपको इस बात की सत्यता का अंदाज खुद हो जायेगा। उत्तरकाण्ड 115 से 125 तक की चौपाइयाँ। किताबें तो बहुत है पर वह सब आपकी पहुँच से दूर है क्योंकि हमारे यहाँ कितनी लाईब्रेरियाँ है? आप सब खुद जानते है पढ़ने के नाम पर अखबार खरीदकर भी हम पढना चाहते है और अखबार में भी अमेरिका में क्या हो रहा है?, इंग्लैण्ड की रानी कहाँ गई थी, आस्ट्रेलिया में कितने

आदमियों कंन्गारूओं ने घायल किया? आज यह ही हम जानना चाहते हैं अपने स्वास्थ्य के बारे में क्यों जाने? डाक्टर किसलिए होते है। आजकल अखबारों में भी इस विषय में बहुत चर्चा हो रही है। पर हम उन बातों को नजरअन्दाज कर देते है क्योंकि इराक में अमेरिका क्या कर रहा है यह जानना ज्यादा जरूरी है।

कहावत है कि हाथ पैर सलामत है तो सब कुछ ठीक हो सकता है। चाहे और कुछ ठीक हो या ना हो पर आपका स्वास्थ्य ठीक रह सकता है। यदि आप ऊपर बताई बातों को व्यवहार में ले आयेंगे तो कुछ ज्यादा समय बरबाद नहीं होगा सिर्फ 10 मिनट का समय लगेगा 1440 मिनट जो एक दिन में होते है जो 0.1 प्रतिशत से भी कम समय है। इस समय आप बहुत से कामों से निवृत्त हो जायेगे। दवाई खरीदनी नहीं पडेगी डाक्टरों के ऑफिसो में इन्तजार नहीं करना पडेगा। इन्जेक्शन लगवाने के लिए कम्पाउडरों की लेले नहीं करनी पडेगी इत्यादि। बहुत ही ज्यादा समय व धन की बचत होगी और आप डाक्टरों को भगवान बनने से बचा लेगें और दवा कम्पनियाँ जो भारी भरकम होती जा रही है उन्हें बचा लेगें। यदि आपको कोई बीमारी हो ही गई हो तो चार्टो को ध्यान से पढें और उन्हीं जगहों पर दवायें आप देखेगे कि आप बिना दवाई के स्वास्थ्य लाभ कर रहे है। सोचना बहुत जरूरी है कि हम अपने आप संयम के साथ स्वास्थ्य को अपने हाथों में ले रहे हैं किसी बाहरी व्यक्ति के ऊपर आधारित न रहें। अन्त में हमें आपकी व आपके स्वास्थ की परवाह है। डाक्टरों या दवाई कम्पनियो को धनवान बनाने की नहीं है।

पुतली या आत्मा

अभी दिसम्बर 2008 के प्रथम सप्ताह में टी०वी पर एक प्रसारण आया था जिसने यह सोचने को मजबूर कर दिया जो इस लेख का कारण बन गया। आप सोच रहे होगे ऐसा क्या था। मैं आपको और अधिक सन्देह में नहीं रखना चाहूँगा बता ही देता हूँ शायद आप लोगो नें भी सुना होगा एक नवीन अध्ययन के अनुसार यह निष्कर्ष निकाला गया है कि हमारे शरीर का एक हिस्सा है जिसके आकार में कोई परिवर्तन नहीं होता है जन्म से मृत्यु तक आप पूछेगे वह कौन सा भाग है, आप में से कुछ लोग इसका उत्तर समझ गये होगें वह है, हमारे पुतलियों के अन्दर का छिद्र जिसको अंग्रेजी में PUPILL कहते हैं यह IRIS (पुतलियो) के बीच में स्थित होता हैं चाहे हम दुर्भाग्यवश सूरदास ही क्यों न हो? यह छिद्र ही हमें वस्तुओं को देखने में मदद करता है।

अब गीता को ही लें अध्याय दो श्लोक तेईस—

नैनंम छिनदन्ति शस्त्राणि नैनंम दहति पावकः

यह श्लोक हमें दर्शाता है कि आत्मा का हनन ही नहीं हो सकता बल्कि आत्मा के बारे में यह भी कहा जाता है कि यह कभी नहीं मरती है, अमर है, अजर है, ना उसका आकार बदलता है। अब प्रश्न उठता है, क्या आत्मा का निवास जिसे हम लाखों वर्षों से अनुभव कर रहे है शरीर में कहाँ है? कोई कहता है कि हृदय में स्थित है, पर यह माना जाता है कि जब आदमी का मस्तिष्क काम करना बन्द कर देता हैं तो उसको मरा हुआ घोषित कर दिया जाता है।

मैं यह सोचता हूँ कि हमारी आत्मा का निवास हमारी आँखों की पुतलियों में होता है। जिसको अंग्रेजी में पुपिल कहते हैं। क्योंकि इसका ही तो आकार नही बदलता पूरे जीवन में, जन्म से लेकर मृत्यु तक। जब कि हमारे हर अंग का आकार बदल जाता है, रूप बदल जाता हैं, शरीर बदल जाता है, आकार बदल जाता हैं, दिल बदल जाता है, अब आखों की रोशनी को ठीक करने के लिये उनके लैंस को भी बदल देते है पर पुपिल को नहीं बदलते हैं। यहाँ कुछ कहावतों का भी जिक्र करना चाहूँगा कि देखने वालों की नजर नहीं बदलती है।

इसके कई कारण हैं जैसे जब भी कोई मर जाता है तो सबसे पहले उसकी आखों को बन्द करतें है कई बार उसका दिमाग या दिल काम करता रहता है या शरीर का कोई अंग भी हिल सकता हैं पर वह आदमी किसी को देख नहीं सकता हैं। आखों से किसी आदमी की आत्मा का पता चल जाता है। जब-जब आदमी न अपनी आत्मा को मारा है इसकी आखों की चमक भी जाती रहती है। आदि-आदि बहुत-सी कहावतें आपको और मिल जायेगी।

अब नजर कि बात सुनिये किसी शायर ने खूब कहा है कि,—

नजरे ऊँची की तो दुआ बन गई

नजरे तिरछी की तो अदा बन गई

नजरे नीची की तो हया बन गई

नजरे फेर ली तो कजा बन गई

मेरी तरफ से एक लाईन और

नजरे मूद ली तो आत्मा ही शरीर से निकल गई।

एक बात और कहना चाहूँगा कि आत्मा का काम है कि अन्दर देखे और आँखों का का काम है बाहर देखे ओर हम अपनी आत्मा की आवाज हमेशा सुने और यह बात भी सोचने लायक है कि आदमी के मरने के बाद उसकी आखों के छिद्र मर जाते है क्यों? इस पर खोज होनी चाहिये तो यह बात तय हो जायेगी कि आत्मा का निवास आखों में होता है और आत्मा इसी रास्ते से अन्दर व बाहर आती जाती है।

अलगाव

अपनी-अपनी डफली अपना-अपना राग। हम सब अपने आप में किसी से भी अलग हैं यह एक अटूट सत्य है वरन् हम यहाँ नहीं हो जहाँ है। हम अलग-अलग जरुर हैं पर हम सब ही एक कपड़े के ताने-बाने है। हम सब एक सूत के अलग-अलग हिस्से हैं इससे ही समाज बनता है। हम सब एक साथ रह कर भी हमारी रहने की, खाने की और आगे बढ़ने की भावना ही नहीं वरन् हमारा खून शरीर की रचना जरुरतें सभी तो एक सी है पर अगलाव क्यो? जब-जब समाज को बढ़ने की बात आती है कारण स्वार्थ लिप्सा तो जरुरी है जीने के लिये पर अलगाव क्यो? क्या हमारी सामाजिक व्यवस्था इसके लिये जिम्मेदार है? हम भारतीय पिछले पाँच हजार साल से साथ रहना सीख चुके है पर साथ-साथ काम करना नहीं सीख पाये है। जो अलगाव को बढ़ावा देता है। हम भारतीय इतने टुकड़ों मे बटे हुए हैं एक दूजे से ऊँच-नीच करने के आदी हो गये है कि अपने आप हम अपने समाज का आगे ले जाने के दुश्मन बन गये है। समाज तभी आगे बढ़ सकता हैं जब हमारी एक दिशा हो और हम सब एक चाल से चलें हमारी भाषायें अलग हो सकती हैं पर उनमें समता का भाव हो हमारी चाल/सोच में फर्क हो सकता है। पर भावना में मतभेद होना जरुरी नहीं है क्योंकि हम सब भारत को आगे ले जाना चाहते हैं देश तभी आगे जायेगा जब हमारी सोच में बुनयादी मत होगा कि हम देश की तरक्की में बाधक नहीं बनेंगे। पर इसके लिये हमें हर एक साथ लेकर बढ़ने की भावना होगी। हम जो भी जगह छोड कर आगे बढ़े वह जगह किसी हमसे पीछे वाले से भर जाय तभी हमारा भारत तरक्की कर पायेगा इसके लिये हमे अपने पीछे वालो से सहयोग करना होगा।

ऐसी ही स्थिति हमारी राजनीति पार्टियों की भी है जो अलगाव में ही अपना अस्तित्व देश आगे जाये पीछे, गरीब-गरीब बने रहें पर उन्हें अपनी स्थिति को मजबूत करने में ही लगे रहना है। जनता जिसकी वह सेवा करने की बात करते है वह गौड़ हो जाती हैं, या पीछे थकेल दी जाती हैं।

अलग-अलग घरों में रहिये, अलग-अलग धर्मों से चलिये पर प्रार्थना यह कीजिये कि हम में से एक का घर हो अपना, पर अलगाव में ना रहिये उससे कोई लाभ नहीं है। जिस भी समाज में हम रहते हैं हम सब एक दूसरे के सहारे जीते हैं अलगाव में जीने वाले हो सकता है किसी भावना के टापू पर रह रहे हों जो भारत का हिस्सा हो पर अलगाव में रहना किसी के लिये भी सम्भव नही हैं हमारी आप से प्रार्थना है कि अपने का भिन्न माने, पर अलगाव में न रहें जो देश का उद्धार नहीं कर सकता है। अलगाव में बहुत अधिक परिश्रम करना होता है पर साथ चलने में देश आगे बढ़ता है, एकता में बल है और देश की तरक्की भी नियत है।

जवाब देही

सजग, सतर्क, सावधान, जनशक्ति ही एक मजबूत जनतंत्र का आधार है। जनता को अपने अधिकारों की अवहेलना न करके, उनका उपयोग करना होगा। जनतंत्र में ही क्यों हर जगह जवाबदेही एक बहुत ही आवश्यक अवयव है, यदि किसी भी संस्था को सुचारू रूप से चलाना है। भारतीय प्रशासन के बारे में यह कहाँ तक सही उतरती है इसे देखें पर हम यहाँ सिर्फ जनतंत्र की बात करेंगे। यह बात अवश्य ध्यान में रक्खें कि संविधान जरूरी है पर जनता सर्वोपरि है। अब तक हम एक सौ बार से ज्यादा संविधान को बदल चुके हैं। तब जनता सर्वोपरी है तो प्रशासन की जवाबदेही भी जनता के प्रति होनी आवश्यक है क्योंकि संविधान कोई जीता-जागता प्राणी नहीं है। जवाबदेही की अनुपस्थिति ही भ्रष्टाचार का मुख्य कारण है, वर्तमान नियमानुसार रिश्वत लेने व देने वाले दोनो मुजरिम कैसे हो सकते है? **रिश्वत लेने वाला ही अपराधी होना चहिये क्योंकि वह अपने कर्त्तव्य को करने के लिये वेतन के अलावा कुछ चाह रखता है।**

राष्ट्रपति-राज्यपाल है हर काम उसके नाम में होता है पर किसी भी काम में क्या, किसी छोटे से काम को वह अपनी मर्जी से नहीं कर सकते, तो जनात जवाबतलवी कैसे करेगी। उसका चुनाव भी जनता सीधे नहीं करती है तो जनता के प्रति उसकी जवाबदेही कैसे होगी। इनको शपथ भी संविधान के प्रति वफादारी की दिलाई जाती है, जबकि शपथ जनता की भलाई के लिये दिलाई जानी चाहिये। अहम सवाल होना चाहिये, **हमें राष्ट्रपति व राज्यपालों की क्या जरूरत है जनतंत्र में?**

प्रधानमंत्री—उसकी जवाबदेही पार्टी के प्रति होती है संविधान के प्रति होती है। जनता तक पहुँचने पर जवाबदेही गायब ही हो जाती है। इसका चुनाव भी सीधे जनता नहीं करती है तो जनता के प्रति उसकी जवाबदेही कैसे होगी इनको शपथ भी संविधान के प्रति दिलाई जाती है, जबकि शपथ जनता की भलाई के लिये दिलाई जानी चाहिये। प्रधानमंत्री प्रजातंत्र का चालक होता है उसे बहुमतों वाली पार्टी का होना चाहिए न कि सदस्यों वाली

पार्टी का नेता मात्र हो, इससे पार्टीबाजी को बल मिला है और जनता के अधिकारों का हनन हुआ है। बाटो खाओं मजा उडाओं, नियमों को ताक पर रख दो और जनता को उल्लू बनाओं क्योंकि वोट तो फिर पाँच साल बाद लेने जाना है। काम को सुचारू रूप से चलाने के लिये **प्रधानमंत्री सलाहकार रख सकता है, तो जनता उसको यह अधिकार भी दे कि वह सचिवों को भी चुन सकें, जब सचिव वह चुनेगा तो मत्रिंयों की क्या आवश्यकता है दोहरापन दूर होगा।**

मंत्री—उनकी जबावदेही सिर्फ प्रधानमंत्री तक ही रह जाती है जनता तक न वह पहुँचते हैं न आम जनता उन तक पहुँच पाती है। इनका चुनाव भी जनता सीधे नहीं करती है तो जनता के प्रति उसकी जवाबदेही कैसे होगी। इनको शपथ भी संविधान के प्रति वफादारी की दिलाई जाती है, जबकि शपथ जनता की भलाई के लिये दिलाई जानी चाहिये। इनकी जरूरत भी नहीं है क्योंकि जब सचिव, उपसचिव सभी होते हैं वही काम करते हैं, यदि है भी तो **इनका सांसद या विधान सभा का प्रतिनिधि होना जरूरी नहीं है क्योंकि जनता ने उन्हें यह कार्य नहीं सौपा है।**

सांसद—एक बार चुन लीजिये फिर उनकी जवाबदेही जनता के साथ नहीं के बराबर है यदि वह रिश्तेदार, पार्टी, गुट, जात, बिरादरी, में न आती हो। यदि उनकी पार्टी पावर में है तो ठीक वरना सौदेबाजी ही उनका काम रह जाता है, प्रश्न पूछने के भी दाम हैं। आप उन्हें चुनें यह अधिकार तो आपको है पर उन्हें हटाने का जनता के पास कोई तरीका नहीं है। यह तो एक तरफा बात हुई, पर इसे बातचीत नहीं कहा जा सकता है यह तो हुक्मराना तरीका हुआ, यह तरीका कितना सफल है आप सब जानते हैं। इनको शपथ भी संविधान के प्रति वफादारी की दिलाई जाती है, जबकि शपथ जनता की भलाई के लिये दिलाई जानी चाहिये। राज्य सभा व विधान परिषद जिन-जिन राज्यों में है उन्हें बन्द कर देना चाहिये।

नौकरशाही—उनकी जबावदेही बस सरकार तक है, सरकार कौन है? इस बात को आगे चलकर देखेंगे, पर सरकार जनता की तो नहीं है वैसे यह ब्रिटिश सरकार की परछाई है जो जनता पर राज्य करने के लिये थौप दिया था, जनता को प्रोत्साहन के लिये नहीं। जब कर्मचारी तंत्र के लिये काम नहीं कर रहे होते हैं तो मंत्रियों की चापलूसी करते हैं ताकि अच्छी जगह काम पर लगे रहें, हांलाकि संविधान से उनकी नौकरी पक्की है। जनता तो उनके काम और मंजिल तक पहुँचने में अडचन ही डालती है। न तो जनता ने उन्हें चुना है न ही हटा सकती है। तो जवाबदेही जनता के लिये क्यों होगी? हाँ यह बात और है कि उनके

काम से यदि जनता का कोई काम हो जाय अनजाने में, तो उन्हें कोई आपत्ति नहीं यदि उनकी जेबें भी भरती रहे। इनको हटाने की प्रक्रिया सरल होनी चाहिए जो जनता के अधिकारों के अन्तर्गत आनी चाहिये। किसी भी कर्मी की तीन से अधिक शिकायतें सही पाई गई तो उसे नौकरी से निकाल दिया जाना चाहिये। एक और सवाल मन में आ रहा है कि हमको सारे I.A.S, P.C.S, I.R.S, I.F.S की क्या जरूरत है यदि नियम सरल व लागू करने लायक हो तो जनता मानेगी। जनता का प्रशासन को एक साथ काम करने की जरूरत है, एक दूसरे के विरोधी पालों में काम करने की जरूरत है। जब प्रशासन काम नहीं कर रहा तो नया तरीका तो निकालने ही पड़ेगा, यह कहना ठीक नहीं है काम नहीं कर रहा पर बहुजन हिताय नहीं है। संविधान भी बदल दें तो नौकरशाही इतनी हुक्म उदूली पर उतारू है उस पर उसको लागू नहीं होने देती क्योंकि उससे उनके कार्य क्षेत्र में कमी जो आ जायेगी उन्हें अपनी ताकत में कमी लगने लगती है। इसका सबसे बड़ा उदाहरण-पंचायत सम्बन्धी संविधान प्रविधान पैंतीस कार्य डी.एम. से सीधे पंचायत के सरपंच के अधिकार में जाने है। यह तंत्र बहुत बड़ा व महँगा हो गया है उस पर अंकुश लगाना ही होगा जनता को। और ऐसा लगता है अन्धा बाटे रेवडी खुद अपनो को ही दे। नेता अपनी तनखा व कर्मचारी की बार-बार ज्यादा करते जाते हैं और सुविधायें भी, जनतंत्र में भी जनता से कोई राय नहीं ली जाती हैं क्यों न जनमत के वोटों से उसका निर्णय हो? पूरे देश में मिटिगें होनी चाहिये प्रतिनिधियों के ऊपर यह काम अब नहीं छोडा जा सकता, क्योंकि यह तरीका अब तक कारगार साबित नहीं हुआ है।

पुलिस—अब इसकी रचना ही सरकार ने इसलिए की थी कि जाहिल प्रजा को काबू में रक्खा जाये, नियम देख लीजिये जो सन् 1859 में बने थे उनमें सुधार जो किये जो रहे हैं पर बहुत ही धीमी चाल से, पर फिर भी यह नहीं भूलें कि जनता न तो पुलिस को रखती है न उन्हें हटा सकती है भई, पुलिस स्थानीय शासन के अन्तर्गत क्यों नहीं? क्योंकि स्थानीय शासन जनता के पास है और उसे आसानी से स्थानीय जरूरतों के हिसाब से बदला जा सकता है। अभी भी पुलिस प्रान्तीय सरकार का एक अंग हैं, और जब उन्हें नेताओं, अधिकारियों, जजों आदि की सुरक्षा तबादलों, से फुर्सत मिलेगी तभी तो जनता तक पहुँचेंगे। निहत्ती जनता पर गोलियाँ सिर्फ कुछ ही देशों में चलाई जाती है, भारत उन महान देशों में से एक है। जनता जवाबदेही कैसे करे? इसका कोई आसान तरीका जनता के पास होना चाहिये जैसे यदि किसी पुलिस कर्मी की तीन से अधिक शिकायतें सही पाई गई तो उसे नौकरी से निकाल दिया जाये। यह प्रावाधान भी सरल होना चाहियें। **तबादला पुलिस का नहीं होना चाहिये वरना जनता और पुलिस के बीच तारतम्य नहीं पनप पाता है।**

न्यायपालिका—यह भी सरकार का एक हिस्सा है जबकि इसे स्वायत्त होना चाहिये। न्यायपालिका को भी संविधान से छूट मिली हुई है कि तुम जनता को जितना चाहे तंग करो तुम्हारा स्थानान्तरण हो जायेगा पर नौकरी पक्की रहेगी, तो यह भी सरकार का हिस्सा थी। न्यायपालिका जनता के प्रति वफादारी क्यों दिखायेगी। जवाबदेही का सवाल ही नहीं उठता है जनता के प्रति। जनता को तो इसे चुनने का अधिकार भी नहीं है न ही हटाने का। ऐसा क्यों न हो जाये कि **इनका चुनाव भी जनात करे चार या पाँच साल के लिये और इनका कार्य सही न होने की स्थिति में उन्हें हटाया भी जा सके। यह प्रविधान भी सरल होना** चाहये। न्याय अन्धा होता है। वह ऊँच-नीच, छोटा-बड़ा, गरीब-अमीर नहीं देखता है। न्यायधीश भी स्थानीय होने चाहिये ताकि जनता व न्यायापलिका एक दूसरे को समझ पाये और एक दूसरे के काम में मदद करें और जो समस्याये उनके सामने हैं उन्हें दूर कर पायें । यह समझे कि जनता का मकसद पुलिस विरोघ नहीं है और जनता का सेवक अपराधी भी नहीं है

जनता—जैसा ऊपर लिखा भी है कि जनता को सजग, सतर्क, जागरूक होना बहुत जरूरी है गणतंत्र में, वरना काम सुचारू रूप से नहीं चलेगा। अधिकारों की ही बात नहीं वरन कर्तव्यों की बात भी समझनी होगी जनता को, यह देखना बहुत जरूरी है कि संविधान के अनुरूप व्यवस्था तंत्र काम कर रहा है या नहीं, ऐसा करना होगा ताकि अव्यवस्था को रोका भी जाय और बदला भी जा सके, इसके लिये अपने सेवकों को मिली सुविधाओं को भी एक हद में रखना होगा। साथ में यह भी कि जिन नियमों को हमने मान भी लिया उन पर चले वरना बदले, इन नियमों को जिन पर जनता चलना चाहे। अब जनता देखे कि साठ सालों में हमें बिजली पानी सुरक्षा यह तंत्र के अधिकार क्षेत्र से बाहर हो और बहुमत जनमत से चले। जब जनता एक-एक करके अपनी पानी बिजली की सुरक्षा अपने-अपने ढ़ंग से कर पाती है तो सामूहिक रूप से भी कर पायेगी यह विश्वास तंत्र को करना होगा। पिछले साठ सालों में कितनी गलतियाँ कर चुके हैं पर कहते हैं कि आप अपनी गलतियों से सीखते हैं पर हमारे तंत्र ने क्या सीखा है अब तक? क्यों न तंत्र पानी बिजली सुरक्षा का सारा भार जनता के अलग-अलग आयोगों को सौंप दें। जो सारे काम खुद करे कितना रेट होगा? कितनी बिजली बनाई जायेगी? कितना पानी कहाँ से आयेगा? कैसे बटेगा? आदि। क्योंकि तंत्र तो अभी तक नहीं कर पाया हैं क्यों न ओरों को कराने का मौका दे वे शायद कर पाये ठीक प्रकार से। क्योंकि सारे होशियार लोकतंत्र या नेता नहीं होते हैं और हमारे यहाँ जनता के सुझावों पर कोई ध्यान नहीं देता।

याद रखे कि जितनी अधिक एजेंसी किसी काम में हाथ डालेगी उतनी ही अधिक देर लगेगी उस काम को पूरा करने में। हमारे देश में आयोग तो बहुत बने लेकिन उन्हें काम करने की स्वतंत्रता दी गई पर उनकी सलाहों को कार्य रूप में नहीं बदला गया, अपवाद है वेतन आयोगों को छोड़कर क्योंकि उससे वेतन भोगियों का फायदा जो है जनता प्रतिनिधि इतने कम है काम इतने ज्यादा है कि हर काम उनके ऊपर नहीं छोड़ जा सकता हैं **जहाँ तक जनता सेवकों के कार्यों पर अकुंश का सवाल है जनता की समितीयाँ बनाई जायें हर स्तर, पर जो पार्टी पर आधारित न हो वरन सिर्फ सामान्य जनता से चुनी जाये जिनका कार्यकाल सिर्फ दो साल का हो, जो यह देखे कि विभागों में काम नियमानुसार हो रहा है या नहीं। सामान्य कार्य में किसी प्रकार का बाह्य हस्तक्षेप तो नहीं हैं, और विभागों के कर्मचारी कुशल हैं।**

हम सब चोर हैं

इधर कुछ दिनों से ऐसी घटनायें घटी कि मन सोचने को मजबूर हो गया उनमें से कुछ महत्त्वपूर्ण यह है कि आजादी के बासठ साल, (कृष्ण जन्माष्टमी) और भारत के लोग समाज को वापिस क्यो नहीं देते हैं। हर समय भगवान व समाज से लेने की ही सोचते रहते हैं।

कारण जानते हैं बहुत सरल व सीधा है हम सब चोर है आपका पहला उत्तर होगा हम तो नहीं है आप ऐसा कैसे कह सकते हैं, यह अभी खुलासा हो जाता है दूध का दूध और पानी का पानी। चोर कौन होता है और क्या करता है, इन बातों पर जरा ध्यान दें। चोर दूसरों की जमा पूंजी पर हाथ साफ करने के बाद उस पूंजी पर अपना पूरा हक समझने लगता है, और यह मानने लगाता है कि यह पूंजी अब उसकी अपनी है यदि वह बीच में पकड़ा नहीं जाता तब तक, उसे कभी भी समाज से लेने के अलावा कुछ नहीं सूझता है। अगर हम भी यही सोच रखते हैं कि हमें समाज से लेना ही लेना है तो हम क्या हुए आप ही सोच कर देखें। जो लोग समाज को देते हैं पर कम संख्या में है वह बहुत अच्छा कर रहे हैं। वह लेख की परिधि से अलग है पर हम उनके लिये भगवान से प्रार्थना करेंगे कि वह स्वस्थ, खुश व सम्पन्न बने रहें ताकि भविष्य में भी समाज उनसे लाभान्वित होता रहे।

अब आगे चले हम सभी कर देने से कतराते है चाहे वह मुत्यु के हो, आयकर हो, गृह कर हो, बिक्री कर हो या कोई और तरह का कर हो। यह हमारी नियति है, हम तंत्र से पानी, बिजली, सफाई, सुरक्षा सभी चाहते हैं पर कर नहीं देगे तो यह सुविधायें कैसे मिलेगी। जनसेवक ही हमको सीख देते हैं कि क्यों भरते हो पूरा कर, हम कम करने का तरीका बता देते हैं और हम एक दम उनका सुझाव मान लेते हैं, तो हुये न चोर। हम जनता की जमीनों पर अपना कब्जा करना हक समझते है, रेलवे की सम्पत्ति व जमीन को हड़पने में भी सबसे आगे रहते है। बिजली की चोरी इतनी अधिक होती है करीब 40% तक कौन करता है हम जानते हैं पर चुपचाप रहते हैं तो चोरी के आधे जिम्मेदार तो हम भी हुये न हम सबको ही बिजली के लिये अधिक पैसा देना पड़ता हैं तंत्र के नेता भी सस्ती लोकप्रियता के कारण मुफ्त

बिजली गरीबों के लिये देने का वायदा कर देते हैं चुनाव जीतने के लिये, क्यों भाई यह वोट खरीदने का तरीका नहीं है क्या? इस दिशा में 'चुनाव आयोग' क्या कर रहा है। बिजली कम्पनियाँ जो एक यूनिट भी बिजली नहीं बनाती वितरण करके ही सैकड़ों करोड़ों का लाभ कमा लेते हैं। यह चोरी नहीं है जनता के पैसों की। गलत मीटर को लगा और उल्लू जनता का बनाया जाता है फिर रेट भी तंत्र से मिलकर मीटर बढ़वा लेते हैं कि हाय घाटा हो रहा है जनता जो पीस रही है उसकी कौन सुने? यह चोरी ही नहीं सीना जोरी भी है। तंत्र भी चोरों के साथ है। या चोरो का ही तंत्र है पता है हमें वही तंत्र मिलता है जैसे हम है आप रिश्वत देते या लेते पकड़ भी लिये जाते हो तो सजा नहीं होगी, रिश्वत देकर छूट जायेंगे यह भी चोरी है समाज के साथ।

यहाँ पर एक कहानी याद आ गई उसको आपने भी सुनना होगा कि एक लड़का अपने बाप के साथ चोरी करने गया तो बाप ने उससे कहा में नीचे के गाँव के घरों में चोरी करूँगा तुम उस टीले पर बैठकर चारों ओर देखते रहना कोई देख तो नहीं रहा है, बाप जैसे ही चोरी करने पहुँचा लड़का चिल्लाया बापू बापू आपने ऊपर देखेने को नहीं कहा पर वहाँ से भगवान तो देख रहे है। इसी तरह जब हम चोरी करते हैं तो वह तो हमारे अन्दर बैठा है सब कुछ देख रहा है उस दिन से बाप की आखें खुल गई और उसने चोरी करना बन्द कर दिया पर हमने? इसी तरह से हम जब चोरी को होते देखते हैं पर कोई आवाज नहीं उठता तो हम सब क्या हुए चोर? कहावत है चोर, चोर मौसेरे भाई। चोर, चोर कभी भी की चुगली नहीं करता। इसी तरह जब हम गलत काम को देख कर भी अनदेख कर देते है तो हम भी उस गलत काम के आधे जिम्मेदार होते हैं। तो हम सब क्या हुए चोर? हम सब कामचोर जनसेवकों के द्वारा की गई चोरी, उससे बनाये गये बंगलों या गहनों, कारों के बारे में जानते हुए भी उसकी शिकायत नहीं करते, तो हम सभी उनके इस कार्य में सहायक हुए न, हम भी चोर हुये। यह शिकायतें अबैध नहीं है या चुगली नहीं है। यह हमारा जनता का पैसा है उसके बारे में बात करना हमारा धर्म है वरना हम सभी चोर हैं, अगर आपको चोर कहलाने मे शर्म आती है तो एकजुट होकर आवाज उठाइये किसी भी चोरी के विरोध में। यह मेरी आपसे प्रार्थना है यही इस लेख को लिखने का मतलब है ना में खुद चोर बनता न आपको बनाता चोर, न यह लेख आप पढ़ते न मैं यह लेख लिखता सोचें गौर फरमायें।

अब आये, और देखें क्या अधिकांश हिन्दु समाज जो भारत में बहुल्यता में है समाज को वापिस नहीं देने की वजह भी चोरी नहीं है। हम त्रिमूर्ति के बारे में सब जानते हैं ब्रह्मा, विष्णु, महेश पर उनमें से हम विष्णु व महेश की पूजा करते हैं ब्रह्मा की नहीं उनके मन्दिर ही ज्यादा भारत मे नहीं मिलगे सिर्फ दो जगह हम जानते है एक पुष्कर राजस्थान में दूसरा खड़ ब्रह्मा गुजरात में। कारण विष्णु भगवान की द्रव्य के लिये लक्ष्मी पति होने के

कारण और भोले बाबा के कोप से बचने के कारण, पर ब्रह्मा जी तो संरचना कर चुके उनसे अब क्या काम लेना देना प्रादुर्भाव तो हो चुका दुबारा थोड़े ही करवाना है। अब जो विष्णु भगवान ने जो समाज का धन हमें दिया था परिवार पालन के लिये वह वानप्रस्थ में समाज को वापिस करना होता है पर हमसे अधिकांश घर के बाल बच्चों को ही देने में अच्छा मानते है तो जो धन पहले हमारा नहीं था पर उसे हम अपना मान कर अपनों को ही देते हैं समाज को नहीं । हुई ना यह चोरी। पर यदि हम भारत से बाहर चले हुये बंजारों लोगो को देखे वह भी अपनी पूंजी मरने के बाद जला देना अच्छा समझते हैं या दान देना समाज के अन्य लोगो को और वह हमें ही अपना पूर्वज मानते हैं। हमारे घरों मे अब यह चलन हो गया है कि मरने वाले कपड़े भी घर वालो में बाँट देते है। कारण इतने यत्नों से धन कमाया था समाज को कैसे वापिस दे, क्या आपने समाज से ही कमाया था? क्योंकि हमें अपने बच्चों पर भरोसा ही नहीं है न भगवान पर जिसने हमें दिया वह हमारे बच्चों को भी जरूर देगा। इस समीकरण में समाज घाटे में रह जाता है। धन सही जगह पर वापिस नहीं देगे तो हम चोर नहीं तो और क्या हैं। चोर भी तो धन को असली मालिक तक नहीं पहुचाता है। जब तक पुलिस चोर को मजबूर नहीं कर दे। हम सभी यही कर रहे हैं। यह बात पहले भी होती थी और आज भी चालू है। अपना काम पूरा हो जाय तो समाज को वापिस देने की परम्परा रही है हमारी भी षष्ठी होती थी घर की अधिकांश चीजें दान में दी जाती थीं यह परिपाटी अब लगभग लुप्त हो गई है।

अन्त में यदि आप चोर नाम से बचना चाहते है और सत् चित् आनन्द में रहना चाहते हैं या नित्यानन्द चाहते हैं तो हम आपको अपना अपनाया नुस्खा बता सकते हैं जो हम पिछले चौदह सालों से कर रहे समाज को दे रहे जिन्हें जरूरत है अमेरीका में भारत में भी और हमसे पूछे तो यही उत्तर मिलेगा कि हम इससे ज्यादा खुश कभी भी नहीं थे। अपने पुत्र पुत्रियों की चिन्ता न करें पर योग्य पात्र का चुनाव करके उनकी सहायता करो आपका रोगों से छुटकारा व खुशी होगी हम उसका वर्णन शब्दों में नहीं कर सकता इस छोटे से लेख में। याद रखे तू एक पैसा देगा तो तुझे भगवान दस गुना देगा और आप जब दूसरों की परवाह करते तो भगवान आपकी हर क्षण हर जरूरत पूरी करता है।

अब एक बात चोर की देखें न चोर समाज की परवाह करता, न समाज चोरों की, पर चोरों का समाज मान या सम्मान नहीं पा सकता है। समाज में उनका कोई स्थान नहीं होता। आज भारतीय समाज में हम सब यही महसूस नहीं कर रहे हैं यदि हम जनसेवक, जननेता, अभिनेता, धन नेता नहीं है, तो समाज हमारा सम्मान नहीं के बराबर करेगा। पर यह सब भी जन बहुमत ने इन सबको सिर पर चढ़ा रखा है। क्योंकि यह माना जाता है कि यह

सब समाज के सेवक बन कर आये थे मालिक हो गये हमारे चलते। इसलिये अगर हम भी समाज को समान वापिस करेंगे तो समाज हमें सम्मान देगा यह माना हुआ नियम है।

हाँ एक बहुत ही महत्त्वपूर्ण बात रह गई वह जब हम वानप्रस्थ अवस्था में होते हैं तो हमारी पारिवारिक जरूरतें बहुत कम हो जाती हैं क्योंकि हम परिवार को पालने की स्थिति से बाहर होते हैं तो हम समाज को ही देने की स्थिति में होने की वजह से खुश रह सकते हैं। इतने धन की आवश्यकता नहीं होती है अपने जीवन के उतराव के चरण में वह धन हम समाज के उन लोगों के साथ बाँट सकते हैं और हम बहुत से ऐसे लोगों का जानते हैं जो ऐसा कर रहे हैं। आप भी कर के देखें खुशी के साथ स्वास्थ्य लाभ भी मिलेगा। आपके समय की भी बहुत जरूरत है समाज को यदि आपके पास वह है तो उसका भी उपयोग समाज के उस वर्ग की सहायता कर सकते हैं जिनके पास वह सब साधन नहीं है। पेड़ को देखें तो वह इतना देते हैं जो अपने पास कुछ भी नहीं रखते हैं। पहाड़ को देखें तो पता चलता है कि जब हम उस पर चढ़ रहे होते हैं ज्यादा ऊर्जा की जरूरत होती है उतरने में कम ऊर्जा और समय लगता है। यदि आप चोर के ठप्पे से निजात चाहते हैं तो हम आपसे प्रार्थना करेंगे कि आप समाज को वापिस करने की स्थिति में वापिस करना शुरु कर दें।

अपनी जरुरतों के लिये कंजूस बनें और समाज को देने के लिये उदारता अपनायें आपको खुशी व स्वास्थ्य लाभ मिलेगा और भगवान के भी आप प्यारे बनेंगे।

'समाज शिल्पी'

'सजाजसेवी बहुउद्देशीय शिल्पी दम्पत्ति'' यह एक नयी परिकल्पना है जो चित्रकुट में साकार हो रही है, श्री नानाजी देशमुख (सांसद) के तत्त्वावधान में। नानाजी दीन दयाल शोध संस्थान के निर्देशक हैं, इस समय 88 वर्ष के युवा हैं।इस योजना का मुख्य उद्देश्य यह है कि भारत के गांवों की शिक्षा व स्वावलम्बन की ओर ले जाया जाय। इस समय यह योजना 80 गांवों में चल रही है जिसको कुछ सालों में 500 गांवों में लागू किया जायेगा जो चित्रकूट के आपपास के 80 किलोमीटर के घेरे में आते हैं। चित्रकूट वह स्थान है जो मर्यादा पुरुषोत्तम श्री राम की कर्मभूमि रही है। रामायण के अनुसार उन्होंने वहाँ वनवास के 18 वर्षों में से 12 वर्ष व्यतीत किये थे।

हमें यह सौभाग्य मिला कि हम नानाजी के साथ चार दिन चित्रकूट की 'सियाराम कुटीर' में रहे। उनसे रोज सुबह-शाम विचार विनिमय का अवसर मिला। इससे पहले दिल्ली में हम उनसे कुछ क्षणों के लिये मिले थे इस योजना की मुख्य बात यह है कि समाज शिल्पी दम्पत्ति ने नये समाज का सृजन करे जैसे शिल्पीकार अपने विचार के अनुरूप मूर्ति को बनाता है। उसी तरह शिल्पी समाज का सृजन करेगे पर कौन करेगा यह सृजन? वही कर सकता है जो इतनी शक्ति रखता हैं। कौन इतनी शक्ति रखता है राम सीता के समान समाज में नवयुवक व नवयुवतियाँ और उनके दाम्पत्य जीवन से जो शक्ति पैदा होती है उन वह है गृहस्थ आश्रम। जो हमें शास्त्रों के अनुसार सबसे अच्छा आश्रम है जो खुद अपने परिवार की अपने पूर्वजों की आने वाली पीढ़ी की, व समाज का भी भरण-पोषण करता है। नाना जी ने इन नवदम्पत्तियों को समाज शिल्पी का नाम देकर उन्हें समाज के सृजन की प्रेरणा देकर उनसे एक वचन लिया कि वह एक गांव में पाँच साल रहकर उसे उन्नति के मार्ग पर ले जाएगें। पारिश्रमिक कम होगा मात्र 3,000/ रुपये प्रतिमास ताकि वह गांव में गांव वालो जैसे रह सके पर इसमें इन शिल्पीयों को ग्रेजुएट होना जरूरी है। हमें ऐसे समाज शिल्पी दो दम्पत्तियों से मिलने का मौका मिला। एक उत्तरप्रदेश और दूसरा मध्यप्रदेश में था। ऐसे 32

जोड़े कार्यलिप्त है और एक बैंच बीस समाज शिल्पीयों का अब तक और तैयार हो गया होगा चित्रकूट में।

नानाजी द्वारा निर्धारित नियमों के अनुसार प्रसिद्ध दो ऐसे समाज शिल्पी युगल 'अनिल, शालिनी शुक्ला' एवं अशोक, शैला मिश्रा' से हमने उत्तर प्रदेश के लुडहरा एवं बैहारा गांवों में साक्षात्कार किया। ये चारों ग्रेजुएट हैं जो गांव की प्रगति के लिये आदर्श, व्यवहारिक विचारों का प्रचार कर रहे हैं, जैसे गांव में पुस्तकालय खोलना, सामूहिक सफाई करवाना सांस्कृतिक चर्चाए प्रतियोगिताएं करवाना, समस्याओं को सुलझाने में स्वावलम्बन आपके सीमित साधनों का उपयोग करते हुए।

सेवा भारती की कृत्तियाँ

हमें यह लेख लिखते हुए गर्व महसूस हो रहा है कि हम इतने आग्यवान हैं कि हमें सेवा भारती के कर्मठ कार्यकर्त्ताओं से मिलने का मौका मिला और हमने उनकी कृतियों को बहुत पास से देखा।

इन समर्पित सेवकों की लगन के फलस्वरूप पूर्ण हुई कुछ योजनाओं को देखकर जो हमारे उद्‌गार निकले वो हम यहाँ प्रस्तुत कर रहे हैं। प्राप्तकर्त्ताओं से हुई बातचीत भी प्रक्तुत करेंगे।

व्यक्तिगत रूप से इन योजनाओं को देखकर अनुमान हुआ कि इतने कम साधनों से उतनी बड़ी-बड़ी योजनाओं जैसे पूरे गांव का निर्माण, स्कूलों का दूरदराज स्थानों में निर्माण इतने कम समय में तथा सीमित साधनों से कैसे सम्भव हुआ। यह अपने आप में एक मिसाल है जो अन्य संस्थाओं के लिये भी अनुकरणीय है। सुरेन्द्रनगर जिला, बटाडी तालुका में वीसनगर गांव में 155 घरों की आबादी जो 1002 है। वहाँ लोगों से बातचीत हुई, पता लगा कि घरों के अलावा ऐवा भारती ने पंचायत घर, कम्यूनिटी हाल डिस्पेन्सरी शमशान घर और बस अड्डे का भी निर्माण कराया है। वहाँ के निवासी बहुत खुश थे सेवा भारती के काम से ''जो मकान हमें लिये है उनका मानक बहुत अच्छा है। जो सेवा भारती के मुख्य कार्यकर्त्ता हर सप्ताह आते थे और प्रगति का स्वयं निरीक्षण करते थे।''

जिला वसाकंठा के जीवापार गांव (नया नाम केशव नगर) जहाँ 122 घर आधुनिक सुविधाओं से पूर्ण बनाए गये है। हाइवे से पूरे गांव का दृश्य बड़ा ही भव्य लगता है। ''अगर

सेवा भारती इन घरों को नहीं बनाती तो हम अगले जन्म में भी ऐसे घरों में नहीं रह सकते थे।'' यहाँ कुछ लोगों को यह गलत फहमी थी कि सेवा भारती के कार्यकर्ताओं ने काम को बीच में छोड़ दिया। हमें इसका कोई प्रमाण नहीं दिखा तो हमारे जिज्ञासा प्रकट करने पर पता चला कि उनकी गायों के लिये हीन शेड नहीं बना था इसलिये अधिकांश लोग घरों में रहने के लिये नहीं आ पाये थे। हमारा सुझाव था कि ये छोटे-छोटे काम तो आप स्वयं करें।

राघनपुर के सरस्वती विद्या मन्दिर जहाँ निर्माण कार्य चालू या सेवा भारती के कार्यकर्त्ता स्थानीय लोगों के साथ मिलकर काम करे रहे थे।

━━━━━━

"शिक्षा के नये विषय"

बहुत विचार करने के बाद मैं इस निष्कर्ष पर पहुँचा हूँ कि जनसंख्या, भ्रष्टाचार व गन्दगी हमारे स्कूलों के पाठ्यक्रम में विषय बनाए जाएँ। आपको वह कारण जानने की इच्छा प्रबल हो रही होगी कि ऐसा क्या हो गया है जिसकी वजह से ऐसा अनोखा प्रस्ताव रखा जा रहा है। आप इस बात से तो सहमत होगें कि ये तीनों-यानि भ्रष्टाचार, जनसंख्या व गन्दगी निश्चित रूप से भारत की तीन सबसे बड़ी समस्याएँ हैं। हर जगह पर इनकी चर्चा होती है लेकिन समाधान नहीं मिल पा रहा है। अब आप उत्तेजित होगें कि "क्या बात करते हैं आप, यह कोई कारण नहीं कि समाधान न मिले तो समस्या को ही ओढ़ लो।" पर मैं इसे दूसरे दृष्टिकोण से पेश करना चाहता हूँ। जब अधिकतर रोजमर्रा बोलना झूठ ही है और भ्रष्टाचार करना व गन्दगी फैलाना है तो स्कूलों में सच बोलना, ईमानदारी और सफाई क्यों सिखाई जाये। क्या ऐसा करके बच्चों को हम गुमराह नहीं कर रहे हैं? एक पहलू है कि यदि सबको भ्रष्टचार के बारे में समुचित ज्ञान गुरु से होगा तो हर कोई जीवन में कामयाब होने के लायक तो होगा।

अब देखिये न, कितनी बेरोजगारी है। कारण जानना चाहते हैं? भ्रष्टाचार। सरकार के खजाने में पैसा पहुँचता ही नहीं और सरकार जब अपने कर्मचारियों को ही तनखा नहीं दे पा रही है तो और अधिक आदमियों को कैसे काम पर रख सकती है? परन्तु यदि आप जानते हैं कि नौकरी कैसे ली जाए—एक लाख में इस तरह की नौकरी दो लाख में उस तरह की नौकरी आपको मिल जाएगी। मुझे तो यह बात सुनने-सुनाने से पता चली है, आप ही तरह। पर यह पढ़ाई का विषय होता तो सबको समय से पता लग जाता और सभी पक्षों को नौकरियाँ ढूँढने में आसानी होती। सभी लोग सम्पन्न होते। इसीलिये हम भ्रष्टाचार को पढ़ाई का विषय बनाना चाहते हैं ताकि इस पर रिसर्च हो सके और काम आसान हो जाय। शायद समस्याओं के समाधान में ही नये व्यवसाय निकल आयें।

कई लोग भारत की समस्याओं का मुख्य कारण जनसंख्या को बनाते हैं, लेकिन भारत की आबादी के बारे संकलित आँकड़ों के बावजूद आमतौर पर आप मुझे एक भी

आदमी, औरत या बच्चा ऐसा दिखा दे जो यह सवाल पूछे जाने पर कि "वह कौन है, जवाब दे कि मैं भारतीय हूँ।" फलाने प्रान्त का हूँ या फिर मैं अमीर हूँ, गरीब हूँ, किसान हूँ, डाक्टर हूँ इंजीनियरों की जनसंख्या, हिन्दुओं की जनसंख्या, बंगालियों की जनसंख्या, गरीबों की जनसंख्या आदि-आदि।

पिछड़ी जाति को न भूले कि एक आदमी उनकी जनसंख्या में से ऊपर गया है तो दूसरों के उत्थान के बारे में क्यों नहीं सोच रहा? यह भी अपने आप में एक अध्याय या रिसर्च (खोज) का विषय होना चाहिये। जनसंख्या के विषय में कुछ लोगों का यह मत है कि उनको अपनी जाति, धर्म अपने समाज व परिवार के लोगों की संख्या को लम्बा चौड़ा बनाना है। वरना उनके धर्म, जो अपनी दौड़ में तेजी से पिछड़ते जा रहे हैं, समाप्त हो जाएंगे। उन सभी से मेरी प्रार्थना है कि यदि हमें सचमुच अपने परिवार को सम्पन्न व सुखी बनाना है तो वह मानव-मूल्यों और मानवीय धर्म का पालन करें व पूरे देश को सम्पन्न बनाने की कोशिश करें अत: मानव धर्म पढ़ाई का विषय होना चाहिये।

जनंसख्या और भ्रष्टाचार कम कैसे हों? क्योंकि जब हमारे भाई के बच्चा होता है तथा वह ऊपर की आमदनी करता है तो यह खुशी का विषय है और दूसरी उसकी जरूरतें हैं। परन्तु कुम्हार लल्लू के लड़का होता है तो वह जनसंख्या बढ़ा रहा है और फलाने लालू ने रिश्वत ली तो वह चोर है। हमें अपना मापदण्ड एक रखना होगा। घोटाले हो रहे हैं एक से एक बड़े, लेकिन उन पर रिसर्च हो नहीं रही है। कभी किसी महारथी का भण्डा फूटता है तो अखबारों को व जनता को अपना ज्ञान बढ़ाने वे लोगों को बाँटने का मौका हाथ लगता है। उनका इतिहास कहाँ से शुरू करूँ? बहुत पुरानी बात है कि 60 लाख का स्टेट बैंकों का घोटाला—वह तो बहुत छोटी बात हो गई पर यह बात और है कि जो भी इससे जुड़ा हुआ था मिनिस्टरों की कुर्सी तक पहुँच गया। पता होता तो और भी लोग लाइन में लग लेते है घोटालों की। हमने सुना था कि राजस्थान में चारे की कमी के कारण गाय, बैल (पशु) बड़ी संख्या में मर जाते हैं पर इन्हें क्या पता चारे का घोटाला कैसे किया जाता है। यदि उन्हें इसका ज्ञान होता तो क्यों मरते बेचारे ये पशु बेमौत? और बिना पढ़ा-लिखा आदमी भी तो सींग और पूँछ विहीन पशु के ही समान है। लल्लू जी का दामन पकड़ लेते तो चारा मिल ही जाता बोफर्स काण्ड, नेता काण्ड मंत्री या एम० एल० ए० काण्ड की सबसे सस्ती सेवा डाक विभाग भी आमदनी के घोटाला जरियों को सहारा लेते हैं आप भी इसमें कुछ विभाग यहाँ तक की भारत सरकार अत: मैं सब विभागों के नाम लिखने से बच रहा हूँ। कर्मचारियों की जेबें गर्म करने से इन विभागों से आप पूरा काम करा सकते हैं। यह हर होशियार व्यक्ति को पता है। परन्तु यह व्यवहारिक ज्ञान स्कूलों में नहीं मिलता इसलिये बेचारे बच्चे स्नातक होने

पर भी अपने को असमर्थ पाते हैं जीविका चलाने में और निराश हो वे खुदखुशी कर लेते हैं। इसलिये आप मुझसे सहमत हो ही जाइये और इस सम्बन्ध में एक ठोस कदम उठा डालिये।

कुछ तथ्यों पर मैं आपका ध्यान ले जाना चाहूँगा जो कि निम्नलिखित हैं—

1. भारत की जनसंख्या संसार में द्वितीय स्थान पर है। (सं० रा० सं० के आंकड़ों के अनुसार)
2. भ्रष्टाचार में भारत का स्थान नीचे से सातवाँ है। (स० रा० सं०)
3. भारत के नगर गंदगी के ढेर बनते जा रहे हैं। (श्री जगमोहन जी, मंत्री भारत सरकार पर्यटन विभाग)
4. हम हर रोज कम से कम 60 बार झूठ बोलते हैं मगर स्कूल में लिखा है झूठ मत बोलो (एक रिसर्च पर आधारित)।
5. भारत में संसार के सबसे अधिक शिक्षित (डिग्री होल्डर) है पर फिर भी बेरोजगारी की समस्या ज्वलन्त है।
6. भारत दूध के उत्पादन में प्रथम है और हम गाय की पूजा करते हैं पर दूध भैंस का पीते हैं। तभी भैंस की तरह अडियल भी हैं।
7. भारत ने शून्य को ईजाद किया था पर आज इस पर किसी को विश्वास नहीं।
8. भारत में बहुत प्राचीन समय में ही शल्य क्रिया द्वारा जानवर का अंग मनुष्य में लगाया गया। (शिव द्वारा गणेश) सर्जरी का श्री गणेश।
9. भारत में पहला विश्वविद्यालय बना तक्षशिला में।

यदि हम भारत को पुन: पहले स्थान पर ले जाना चाहते हैं तो हम बच्चों से शुरू करें। एक कहावत है कि "बच्चे कच्चे घड़े होते है" उन्हें जिस आकार में चाहे ढाला जा सकता है। अत: अगर बच्चे देश का भविष्य हैं तो उन्हें इस तरह से शिक्षित करना होगा कि वे देश को आगे ले जा सकें। भारत प्रजातंत्रीय राष्ट्र है पर इसके वासी समदर्शी नहीं है। हर आदमी यही चाहता है कि उसके बच्चे खूब पढ़े और बड़े होकर ज्यादा से ज्यादा धन कमायें, चाहे जैसे भी हो। क्यों भई, हम यह क्यों नहीं चाहते हैं कि हमारे पड़ोसियों के व रिश्तेदारों के बच्चे भी अधिक पढ़े व अधिक धन कमायें, स्पर्धा है तभी तो, घर में एक शब्द इंगलिश का बोला नहीं जाता पर बच्चों को अंग्रेजी स्कूलों में पढ़ाया जाता है। बच्चों में मौलिकता एवं अपनी भावनाओं और अनुभवों को स्पष्ट रूप से कहने का आत्मविश्वास आ कैसे सकता है इन हालातों के चलते? किसी कवि ने सही ही लिखा है "बच्चों में क्या बू बाए माँ-बाप की, क्योंकि डाक्टर जनवा गये तालीम है सरकार की।" अपने परिवेश से दूर

हटाना ही आज की शिक्षा का उद्देश्य है। दिल्ली पब्लिक स्कूल अब गाँव-गाँव में खुल गये, तालीम है पाठ्यक्रम में स्थानीय परिवेश के अनुसार बदलाव के बिना परिणाम यही होगा कि अच्छे होशियार बच्चे चुनकर दिल्ली, जयपुर, अहमदाबाद, बगलौर, कलकत्ता या मुंबई ले जाए जाएगें, क्योंकि उनकी प्रतिभा कोई उपयोग गांवों मे नहीं समझा जाएगा, न समझाया जायेगा।

सामाजिक विषयों में हमारी वर्तमान शिक्षा प्रणाली की जो स्थिति है उसके अनुसार जो हम सिखाने की कोशिश करते हैं बच्चे उसका उल्टा सीख रहे हैं। जैसे किताबों में लिखा है कि (Cleanliness is next to Gpd;omess) सफाई भगवान का दूसरा रूप है और "गरीबों दुखियों की सेवा ही भगवान की सेवा है।" पर आप जानते हैं कि इसका कितना आचरण हो रहा है हमारे देश में? इस पर विचार नहीं पैदा हुआ कि हम कुछ नया कर सकते हैं, बजाय सरकार के भरोसे बैठे रहेने के, नौकरी के लिये, तो कितनी कारगार है ऐसी पढ़ाई जिस पर हम इतना खर्च कर रहे हैं? शायद अमेरिका की मदद कर रहे हैं। इसका ज्वलंत उदाहरण है—कम्प्यूटर कोर्स, जिन पर लोगों ने हजारों-लाखों खर्च किये पर उसका देश में कितना उपयोग है, भगवान ही जाने। मैं तो इतना जानता हूँ कि गाँवों या छोटे शहरों की तो जाने दीजिये, बड़े शहरों में भी अभी अंइटरनेट की विश्वसनीय पूरी सेवा नहीं है जिससे इस सुविधा का लाभ रोजमर्रा के कार्यकलापों को पूरा करने में उठाया जा सके।

अब गन्दगी के विषय में भी एक दो सवाल जवाब हो जाए जब गन्दगी करना ही हमारा जन्मसिद्ध अधिकार है और सफाई कराना सरकार का कर्तव्य तो मै एक बात पूछता हूँ कि क्या आपने कभी कोई भी काम जो सरकार कर रही है ठीक या पूरा होते देखा है पिछले 55 सालों में? यदि नहीं तो उसके सहारे क्यों बैठे हैं? इतनी गन्दगी बढ़ा लीजिये कि जब आप सड़क पर चले तो पैरों लते इतना कूड़ा तो हो जो गर्मी या सर्दी में बिना जूते चप्पल वालों या कार के टायरों के लिए गड्ढे का मजा दे दे। आपने बरसात के बारे में बहुत कुछ सुना-पढ़ा देखा भी होगा पर सब्जियों के छिलकों की और कूड़े की वर्षा को हमने व आपने भी देखा या भुगता होगा। इसकी तो हमारे यहाँ इतनी स्वतंत्रता है कि जब जहाँ जी चाहे थूक दीजिये या कुड़ा डाल दीजिये। वह गायों लिये चारा भी बन जाता है और भारत की हर गाय आप सबकों तहें दिल से धन्यवाद देती हैं।

आप सोचते होगें कि इसमें हम क्या कर सकते हैं और क्या हम अपनी सरकार से इतनी अपेक्षा नहीं कर सकते? पर याद रहे कोई काम मुफ्त या अपने आप ही नहीं हो जाता है और सरकार से करवाएंगें तो महंगा ही पड़ेगा, शायद तीन गुना। कूड़े से बिजली भी बनाई जा सकती है पर हम क्यों करें इस दिशा में पहल? तभी तो मैं कहता हूँ गन्दगी भी पढ़ाई का एक विषय बन जाये तो यह भी बदल जाए, साफ हो जाए यदि इस पर रिसर्च होने लगे।

इससे हमारा स्वास्थ तो सुधरेगा ही और नए-नए व्यवसाय न नौकरियों की सम्भावनाएँ बढ़ेगी, जैसे कूड़े के कम्पेक्टर बनाना उनकों यथास्थान पहुँचाना ताकि उनसे गैस व बिजली बन सके। ऐसा किसने बताया कि सफाई सिर्फ पानी से की जाए जबकि हवा से भी सक्शन या ब्लोअर द्वारा हो सकती है। पानी की देश में वैसे भी किल्लत है। हाँ कुछ गुर की बात बताता हूँ—देहरादून में कूड़े के बारे में एक सफल प्रयास व्यवसाय के रूप में हुआ है। कूड़ा-इकट्ठा करने वाले रद्दी व लोहा-लंगड़ बेचकर पैसा बना रहे हैं, और बायोडिग्रेडेवल कूड़े की खाद बनाई जा रही है। एक सेठ मुंबई का कूड़ा ले जाकर उसकी खाद बना कर बेचता है और उससे पैसा कमाता है। भई वही क्यों सेठ बने? गैस बिजली बनाने का भी प्रयास हमारे देश में हो रहा है। "SPRERI" वल्लभ भाई विद्यानगर, गुजरात में। जानकारी के लिये वहाँ डा० एस० मोहता से सम्बन्ध स्थापित कर सकते हैं। मैं तो बहुत घूमा हूँ और सबसे बात करने की मेरी पुरानी आदत है पर आम जनता को सब सम्भावाएँ कैसे पता चलेगी यदि हम इसे पढ़ाई का विषय नहीं बनाएंगे? और क्यों? कब? कैसे? कहाँ? यह तो उस विषय के अध्ययन के रूप में रखना ही पड़ेगा।

अन्त में आपसे मैं यही कहना चाहूँगा कि यदि आप मुझसे सहमत नहीं है तो मुझे बहुत खुशी है कि आप एक अच्छे व्यक्ति है जो सफाई, स्वस्थ व सभ्य समाज, व सुव्यवस्थित तंत्र और छोटे परिवार में विश्वास रखते हैं। मैंने आपका जो समय बरबाद किया उसके लिये क्षमा चाहता हूँ। आशा है, आप भारत की उन्नति के लिये प्रार्थना करेंगें मुझे भी अपना मत छोड़कर आपके साथ प्रार्थना करनी ही होगी कि भगवान मेरे भारत के नागरिकों को एक स्वतंत्र, स्वच्छ समाज व सम्पन्न तथा कार्यकुशल सरकारी तंत्र दे जो हर व्यक्ति को एक माननीय सम्भावना प्रदान कर सके।

शिक्षा के नये आयाम

भारत यात्रा के दौरान हमेशा की तरह अजीबो गरीब किस्से सामने आते है। यह इतनी बड़ी बात थी कि इसके बारे में लिखे बगैर रहा ही नहीं गया, नवम्बर के महीने में भारत के अखबारों में निकाली थी मुख्य पृष्ठ पर मैंने सोचा मैं भी कुछ लाईनें इस विषय में लिख ही डॉलू अपने विचार।

शिक्षा के क्षेत्र में हमेशा ही शिक्षकों कीकमी होती ही है करीब-करीब हर गाँव या शहर में उनकी भर्तियाँ भी खूब होती हैं। शहर के लोग नौकरियाँ तो ले लेते हैं गाँवों में पढ़ने के लिये पर महीने में दस से बीस दिन घर ही रहते, स्कूल जाते ही नहीं हैं। यह कोई नई बात नहीं है और यह लोग गाँव में जाकर रहने में कतराते हैं। हम कुछ अपने सगे रिस्तेदारों को जानते हैं जो ऐसा कर रहे हैं। पर यह सब बहुत छोटी बात लगी कि वह लोग शुक्रवार को वापिस घर चले जाते हैं और सोमवार के वापिस स्कूल पँहुच जाते हैं। या घर से चालिस मील दूर रोज कार से जाते हैं। दो घन्टे एक तरफ जाने में लगते हैं।

पर जरा इस बात पर ध्यान दें कि शिक्षक खुद पचास हजार रुपये देकर अपने आप को निलम्बित कराये कोई छोटी सी कमी के ऊपर, दो साल के लिये तनखा लेते रहें पर पढ़ाया नहीं अपना कोई और धन्धा करके पैसा कमाते रहें फिर नौकरी पर वापस आ जाते हैं जब दो साल के बाद पता चले कि उन्होंने कोई गलती की नहीं तो पूरे दो साल की तनखा भी ले ली जो कम से कम पाँच लाख या उससे ज्यादा होती है अब, पढ़ाया भी नहीं चार पाँच लाख रुपये भी सरकार से मिल गये और जब निलम्बित थे ट्यूशन की और तरह से जो पैसा कमाया वह अलग, अगर ऐसे पाँच सौ भी शिक्षक हुये तो सरकार का या जनता को पच्चीस करोड़ रुपया लगा, पर बदले में कोई फायदा पढ़ने वाले बच्चों को नहीं मिला। पढाई के क्षेत्र में इतने बड़े पैसे का दुरुपयोग अलग जहाँ पहले ही धन की कमी है।

अध्यापकगण इतने नीचे जायेगें कि चाहे अपने दामन में दाग भले ही लग जाय, सरकार का नुकसान हो, बच्चे चाहे न पढ़े पर हमें पैसा मिल जाय, पर हमारी नौकरी सलामत रहे और उनका पैसा बैकों में बढ़ता रहें। ऐसे अध्यापक, जिनके कन्धों पर बच्चों के चरित्र निर्माण व पढ़ने की जिम्मेदारी है कैसे कर पायेंगे आप खुद ही अन्दाज लगा सकते हैं।

वैसे तो बहुत सी बातें भारत में हो रही हैं तो आपकों यह सब कुछ अजीब न लगें पर शिक्षा के क्षेत्र में यह शायद नया आयाम है। कोई अचम्भा नहीं और महकों में भी ऐसा सब चल रहा है यह भारत में हमारी सरकार है हम जैसे है वैसी ही हमारी सरकार हमें मिलेगी।

═══════════

अमरीका में हिन्दी

अमरीका में करीब सौ से ज्यादा विश्वविद्यालयों यूनीवर्सिटियों में हिन्दी पढाई जाती है। जार्ज बुश के समय में इसे एक ऐसा बढ़ावा मिला जो पहले कभी नहीं मिला था। कई करोड़ डालरों का "हिन्दी पढ़ी" योजना के अर्न्तगत। कारण साफ है कि भारत एक उन्नतशील देश है और विश्व बाजार में इसकी स्थिति तीसरे या चौथे स्थान पर है। अगर किसी के साथ आपकों व्यापार करना हो तो उसकी भाषा में बोलेगें तो व्यापार अच्छा चलेगा इसलिये इस योजना पर ध्यान दिया जा रहा है कि हिन्दी सीखो।

इसके अलावा पाँच या छः हिन्दी पत्रिकायें हैं जो मासिक या त्रैमासिक हैं इसमें विश्व हिन्दी जगत व हिन्दी साहित्य मुख्य है। इसके अलावा इस पर इन्टरनेट पर भी कुछ पत्रिकायें हैं। सौ या ड़ेढ सौ से अधिक लेखक व लेखिकायें हैं जो नियमित रूप से हिन्दी में लेखन कार्य करते हैं उमेश रश्मि को मिला कर।

अमरीका के करीब सौ से ज्यादा मन्दिरों में हिन्दी पढ़ाई जाती है विभिन्न प्रान्तों में। और बहुत से सामाजिक कार्यकर्त्ता भी बच्चों को हिन्दी पढ़ाने में लगे हुए हैं उन सबके नाम यहाँ लिख कर आपका समय बर्बाद नहीं करुँगा

अमरीका में एक कविता ब्लाग भी चलता है जो रोज करीब दो सौ लोगों के पास जाता है उसका संचालन न्यूयार्क से भार्गव जी करते हैं। बहुत से लोग उस पर रोज अपनी प्रतिक्रिया लिखते हैं विचार विमर्श भी हिन्दी में करते हैं।

कम्प्यूटर पर हिन्दी लिखना बहुत आसान हो गया है गुगल या याहू रोमन में टाईप करें फिर लाग आन करते जाये हिन्दी में टाईप होता जायेगा और आपको वह शब्द ठीक नहीं लगे तो आप उसे ठीक कर सकते हैं। इस तरह आप हिन्दी में पत्र व्यवहार भी कर सकते हैं। बहुत से लोग अमरीका में अपने संम्बधियों सें हिन्दी में पत्र व्यवहार इन्टरनेट के जरिये करते हैं।

हर साल भारत में कुछ कवियों के ग्रुप आते हैं जो करीब बीस से ज्यादा अमरीका व कनाडा के शहरों में जाकर कम से कम पाँच घन्टो के प्रोग्राम करते हैं। हर साल दो हिन्दी

के सम्मेलन होते हैं जो दो से तीन दिन तक चलते हैं। सैकड़ों लोग इनमें हर स्थानों पर भाग लेते हैं।

कुछ लोगों को मानना है कि हिन्दी का ह्रास हो रहा है, मै ऐसा नहीं मानता हूँ जरा देखिये बालीवुड के जरिये लोग हिन्दी के प्रति आकर्षित हो रहें हैं सबसे नई बात कि हिन्दी गानों की धुनों पर नृत्य हो रहा है। अमरीका व कनाडा के जाड़ों के आलम्पिक खेलों में भी। मैं समझता हूँ कि हिन्दी एक सम्पूर्ण व सम्पन्न भाषा है जो किसी सहारे पर निर्भर नहीं हैं और उसका भविष्य उज्जवल है और हम उसकी मंगल कामना करते हैं। एक नये सर्वेक्षण के अनुसार— हिन्दी पढ़ने से मन शान्त रहता है।

अपनी-अपनी डपली अपना-अपना राग। हम सब अपने आप में किसी से भी अलग हैं यह एक अटूट सत्य है वरना हम यहाँ नहीं होते जहाँ हम हैं हम अलग-अलग जरूर हैं पर हम सब एक ही कपड़े के ताने बाने हैं। हम सब एक सूत के अलग-अलग हिस्से हैं, सब से ही समाज बनता है। हम सब एक साथ रहकर भी अलगाव की भावना से ओत प्रोत रहते हैं कारण समझ से परे है। हम अमित्र है फिर भी हमारी रहने की, खाने की और आगे बढ़ने की भावना एक सी है। हमारा खून शरीर की रचना जरूरते सभी तो एक सी है पर अगलाव क्यो? समाज को आगे बढ़ने में हमारी सामाजिक व्यवस्था इसके लिए जिम्मेदार है? हम भारतीय पिछले पाँच हजार साल से साथ रहना सीख चुके है पर साथ-साथ काम करना नहीं सीख पाये हैं जो अगलाव को बढ़ावा देता है। हम भारतीय इतने टुकड़ों में बटे हुये हैं। एक दूजे से ऊँच-नीच करने के आदी हो गये हैं कि अपने आप हम अपने समाज को आगे ले जाने के दुश्मन बन गये है। समाज तब ही आगे बढ़ सकता है जब हमारी एक दिशा हो और हम सब एक चाल से चलें। हमारी भाषायें अलग हो सकती है पर उनमें समता का भाव हो हमारे को आगे ले जा सकता है। देश भी आगे आयेगा हमारी सोच में फर्क हो सकता है पर भावना में मतभेद होना जरूरी नहीं है क्योंकि हम सब भारत को आगे ले जाना चाहते हैं देश तभी आगे जायेगा जब हमारी सोच में यह बुनियादी मत होगा कि हम देश की तरक्की में बाधक नहीं बनेंगे। पर इसके लिए हमें हर एक को साथ लेकर आगे बढ़ने की भावना होगी। हम जो भी जगह छोड़ कर आगे बढ़ें वह जगह किसी हमसे पीछे वाले से भर जाय तभी हमारा भारत तरक्की कर पायेगा इसके लिये हमें अपना पीछे वालों से सहयोग करना होगा।

ऐसी ही स्थिति हमारी राजनीतिक पार्टियों की भी है जो अलगाव में ही अपना अस्तित्व देखते हैं देश आगे जाय या पीछे, गरीब-गरीब बने रहें पर अपनी स्थिति को मजबूत करने में ही लगे रहते हैं। जनता जिसकी वह सेवा करने का वादा करते हैं वह गौड हो जाती हैं, या पीछे धकेल दिया जाता है।

अलग-अलग घरों मे रहिये, अलग-अलग धर्मों से चलिये पर प्रार्थना यह कीजिये कि हमेशा हर एक का घर अपना-अपना हो पर अलगाव में न रहियें उससे कोई लाभ नहीं है। जिस भी समाज में हम रहते हैं हम सब एक दूसरे के सहारे जीते हैं अलगाव में जीने वाले हो सकता है किसी भावना के टापू पर रह रहे हो जो भारत का हिस्सा हो पर अलगाव में रहना किसी के लिये भी सम्भव नहीं हैं। हमारी आप से यही प्रार्थना है कि अनेकों भिन्न-भिन्न माने पर अलगाव में न रहें जो देश का उद्धार नहीं कर सकता है। अलगाव में बहुत अधिक परिश्रम करना होता है पर साथ चलने में देश आगे बढ़ता है एकता में बल है और देश की तरक्की भी निश्चित है।

====

हमारी भारत यात्रा

हमारे बच्चे चाहते थे कि हम उनके साथ भारत की यात्रा करें। हमने हाँ कर दी। हमारी इस यात्रा में पाँच मंतव्य थे। पहला ऐतिहासिक जगहों को देखना, दूसरा तीर्थयात्रा, तीसरा दीवाली, दशहरा, रक्षाबन्धन आदि त्यौहार परिवारजनों के साथ मनाना, चौथा रिश्तेदारों मित्रों आदि से मिलना और पाँचवाँ कुछ सामाजिक सेवा कार्य।

हमने मेरठ को अपना गढ़ बनाया क्योंकि वहाँ हमारे अम्मा, पापाजी, भाई-भाभी, भतीजे-भतीजी रहते हैं। कुल मिलाकर हमने 14 छोटी बड़ी यात्राएँ वहाँ से शुरु करके वहीं समाप्त कीं। इन सब यात्राओं के बड़े ही सुखद व अनोखे अनुभव हुए और हमने 6 महीनों में 120 जगहों का भ्रमण किया। जो स्थान हमने देखे उनमें प्रमुख थे मुम्बई, गोवा, जयपुर, आगरा, मेरठ, दिल्ली, देहरादन, मसूरी, ऋषिकेश, बनारस, इलाहाबाद, शिमला, रोहतांग पास, कुल्लू, मनाली, जम्मू, वैष्णोदेवी, चामुण्डा, ज्वालाजी, अजमेर, पुष्कर, इन्दौर, उज्जैन, बड़ौदा, खजुराहो, झाँसी, ग्वालियर, अम्बाला, अमृतसर, बग्गा बार्डर, माउंट आबू, कोटा, बूँदी, सूरत, अहमदाबाद, मद्रास, कन्याकुमारी, रामेश्वरम, मदुराई त्रिचनापल्ली, त्रिवेन्द्रम, कालीकट, अरनाकुलम, कलकत्ता, विजयवाड़ा, कमारपुकुर, वरिसिंग, पुरूलिया, दासपुर, पटना, राँची, नालन्दा, पावापुरी, विरायतन, सारनाथ, फैजाबाद, बंगलौर, मैसूर, हैदराबाद, नागपुर, भोपाल, उदयपुर, जोधपुर, भरतपुर, बर्ड सैंक्चुअरी, करीमनगर।

हमारी किसी भी यात्रा का एक साधन दूसरे से नहीं मिलता था। कभी हम प्राइवेट कार से सफर करते, कभी किराये की कार से, कभी ट्रेन से तो कभी बस से। अपने टिकिट भी खुद खरीद कर सीट बुक करते थे। अब भारत के बड़े-बड़े शहरों में यह सुविधा है कि कम्प्यूटर पर कहीं का भी रिजर्वेशन कहीं भी करवा सकते हैं। आम लोगों के बीच रेल में सफर करने का भारत में अलग ही मजा है।

ज्यादातर जगहों पर हमारे दोस्त, रिश्तेदार, सहकर्मी रहते थे। हमने कुल मिलाकर 10 जगहों पर होटल आदि का इस्तेमाल किया रहने के लिए। यू०पी० टूरिज्म और हिमाचल टूरिस्ट लॉज बहुत अच्छे हैं, जहाँ खाना ताजा और साफ-सुधरे तरीके से मिल जाता था।

लेकिन हम अपने साथ भूने हुये चने और मूँगफली हमेशा ही रखते थे। फलों के साथ ज्यादा प्यार करते थे। बाजार की खाने-पीने की चीजों का इस्तेमाल करने से पहले हमने इस बात का हमेशा ही ध्यान रखा कि वे ताजी हों। फिर चाहे वह सड़क किनारे ढ़ाबों में ही क्यों न बना हो। ढ़ाबों में मिलने वाली तन्दूरी रोटी हमें बहुत भायी। यह पूरे भारत में सड़क किनारे के होटल ढ़ाबों में आसानी से मिल जाती है।

हमारी रोमांचक यात्राओं में से एक थी गंगोत्री से गोमुख तक की यात्रा। यह दूरी 20 किलोमीटर की है। हम शाम 3 बजे गंगोत्री से पैदल रवाना हुए। लोगों ने कहा घोड़ा ले लो। हम नहीं माने, सोचा टार्च हमारे पास है, पर थी नहीं। 3 घंटे बाद अंधेरा हो गया । हम पहाड़ों के बीच में थे, अक्टूबर का महीना था, जाना था दक्षिण चले गये उत्तर, रास्ता भटक गये। रास्ते में नदी थी पार नहीं कर सकते थे। पुल था पर दिखा नहीं हम 14,000 फीट की ऊँचाई पर थे। हमारी उम्र 50 से ऊपर थी। क्या करें? पत्थरों पर ही सो जाने की सोची और सौ गये। साढ़े 6 बजे से साढ़े 8 बजे तक सोये होगे। बाद में आँख खुली तो वर्षा हो रही थी सोचा कि अब क्या किया जाए, बरसाती हम पहने हुए थे। शिव नाम का स्मरण करने लगे। हमारा जाप चल ही रहा था कि रोशनियाँ नदी के इस पार से एक उस से दिखाई दी। हमने चिल्लाना शुरू किया कि हम यहाँ हैं.. वे लोग एक टीम सियरा क्लब के सदस्य थे जो माउंट भगीरथी पर चढ़ने जा रहे थे। हमें देखकर पूछा कि आप यहाँ इस समय कैसे? हमने कहा कि रास्ता मिल नहीं रहा था तो यहाँ लेटे हैं। उन्होंने हमारी उम्र पूछी और हमने बताई तो कहने लगे आपको पता है कि आप कितनी ऊँचाई पर हैं, कुछ गुणा-भाग करके कहा कि उम्र व ऊँचाई के हिसाब से ऑक्सीजन की आपको कमी हो सकती है। हमें तो नहीं लग रहीं थी। फिर कहा कि जंगली जानवर आपको मार कर खा सकते थे। हमने सोचा यह भी नहीं हुआ। फिर वो कहने लगे पता है कि एक आस्ट्रेलियन दम्पत्ति एक माह से लापता है। पैसे के लालच में आपको आस-पास के लोग मार कर खाई में फेंक सकते हैं। हमे खतरे का आभास कराके वे भले लोग पूछने लगे कि आप हमारे साथ चलेंगे? हम तो बहुत खुश हो गये और उनके साथ चले पड़े। दो लोग हमारे पीछे और तीन हमारे आगे टार्च दिखाते चले। इस तरह रात के 11 बजे तक करीब 6 किलोमीटर चलकर भोजवास पहुँचे। इसी तरह जब हम 19,000 फीट की ऊँचाई पर गोमुख पहुँचे तो वहाँ की सुन्दरता देखकर धन्य हो गये।

हम लोगों न जम्मू में 4 फीट ऊँचे स्फटिक के शिवलिंग और इससे भी बड़े शिवलिंग खुजराहों में 18 फुट ऊँचे और 40 फीट की गोलाई के देखे। हिमालय के पहाड़ों पर हम लोगों ने करीब 110 किलोमीटर की पैदल यात्रा की।

कलकत्ता में मदर टेरेसा का आश्रम देखा और निर्मला शिशु सदन जहाँ नन्हे अनाथ शिशुओं का बड़े सुन्दर ढ़ग से लालन-पालन होता हैं। यहाँ से बच्चे गोद भी दिये जाते है।

इसी तरह देहरादून में चैशायर होम में अंजग बच्चों को घर की तरह रखा जाता हैं। कार्यकर्त्ताओं का प्रेम व लगन काबिले तारीफ है। बनारस में आदिवासी बच्चियों के रहने की जगह देखी जहाँ से उनको पढ़ने स्कूलों में भेजा जाता है। रामकृष्ण परमहंस का जन्म स्थान देखा तथा ईश्वरचंद्र विद्यासागर की जन्म स्थली देखी । वह स्कूल देखा जहाँ वे पढ़ते थे। पुरूलिया में आदिवासीयों के घर देखे। गाँव देखे जो भारत में सफाई की एक मिसाल है । अयोध्या में राम जन्मभूमि देखी जो सिपाहियों से घिरी हुई थी मथुरा में कृष्ण जन्म स्थली और काशी विश्वनाथ बनारस में देखें। उज्जैन में महाकालेश्र में भीड़ बहुत थी पर उपेक्षा के चिन्ह सब तीर्थस्थानों व ऐतिहासिक स्थलों की तरह यहाँ भी पाये।

═══════

आओ चलें गाँव की ओर

हमारी इच्छा थी कि हम शताब्दी का पहला कुम्भ मेला जो इलाहाबाद में आयोजित था उसमें भाग लें और उसे देखा भी जाय। हमने एक और निश्चय भी कर लिया था कि अब हम समय को बेच कर पैसा कमाने की आवश्यकता नहीं है वरन् दोनों मिलकर समय व स्वस्थ्य के रहते समाज सेवा करनी है । हिन्दु धर्म के कारण से आयु अनुसार वानप्रस्थ की ओर प्रोरित हो चुका है। यहाँ अमेरिका में हम अपना अधिकांश समय सेवा में ही लगाते है हमने सोचा क्यों न अपने समय का कुछ अंश भारत के उत्थान में योगदान में लगाया जाय।

हमने अपने कुछ मित्रों व सहयोगियों से मिलकर भारत में क्रियाशील NGO (Non Government Organizations) के पते लिये और उनसे पत्राचार प्रारम्भ कर दिया समय रहते, और देखते देखते चार महीनों की यात्रा की रूप-रेखा बन कर तैयार हो गई जो भारत के सात प्रदेशों व एक सौ बीस गाँवों व शहरो को छूती हुई निकल रहीं थी। ये सात राज्य थे उतर प्रदेश, हरियाण, राजस्थान, गुजरात, बंगाल, उड़ीसा और झारखन्ड। इन गाँवों व सब शहरों के नाम यहाँ लिखना आप सबसे साथ अन्याय होगा। मैं तो आपको यही बताऊँगा कि हमें ज्यो हासिल हुआ इस सफर में।

हमें गाँवों की समस्याओं को समझने में आसानी हुई और उन लोगों के साथ बैठकर उनकी समस्याओं को उनके ही साधनों व प्रयत्नों से सुलझाने में बड़ा ही आनन्द आया और साथ ही यह भी समझ में आया कि भारत एक गरीब देश नही है वरन् वितरण प्रणाली के दोषों की वजह से जकड़ी समस्याये हैं। तथ्यो कों नहीं जानना ही समस्या है, जागरूकता या ठीक से नहीं सोच पाना भी एक कमी है इन कारणों से निराशा का वातावरण पैदा हो गया है। क्योंकि लोगों को नये ढ़ंग से सोचना व समस्याओं को सुलझाना नहीं आता है वे वही करते रहते है जो सदा करते चले आये हैं और फल भी वही मिलेगा जो अब तक मिलता आ रहा है।

नये समय की जरूरत है कि समस्याओं को नया अंजाम व नई दिशा दी जाय ताकि उन्हें समाधान भी मिले देश भी आगे बढ़े। जैसा हम पहले भी लिख चुके हैं कि भारत एक सम्पन्न देश है किन्तु वितरण व्यवस्था दोषपूर्ण है जानकारी चाहे नियमों को ही या अपने अधिकारों की यह सिर्फ मध्यवर्ग तक ही सीमित है, यह निम्न वर्ग तक नहीं पहुँच सकी है न सरकार ना ही गैर सरकारी संस्थायें इस दिशा में अधिक कार्य कर रही हैं सरकार सोचती है कि अखबारों में निकाल दिया टी.वी में खबर छपवा दी तो समस्या का हल हो गई, हमारा काम पूरा हो गया। इस सन्दर्भ में एक मजेदार घटना आपको बताता हूँ एक बहन जो बहुत पढ़ी लिखी व सम्भ्रान्त परिवार से थी हमसे कहने लगी भाई साहब आप बेकार ही गाँव-गाँव जा रहे है राजस्थान में, कल ही टी.वी पर सरकार के एक मंत्री ने घोषणा की है कि ट्रेन से पानी हर जगह पहुँचा दिया जायेगा। हमने उनसे एक सवाल किया क्या उस गाँव में भी पानी पहुँच देगी जो आठ सौ फुट की ऊँचाई पर है? तब उनको शायद पानी की समस्या क्या है समझ में आ गई। गाँवों में पानी सिर्फ पीने के लिये ही नहीं बल्कि खेतों की सिचाई के लिये भी चाहिये, जो कि गाँव की जीविका का मुख्य साधन है। यह समस्या सिर्फ नारों से नहीं हल की जा सकती है। एक चीनी नेता ने भारत के बारे में कहा कि भारतीय जनता की सबसे बड़ी गलती यह कि वह समझती है कि सिर्फ नारो से प्रोपगन्डा को ही सत्य मान लेती है और स्वय सत्य की खोज नहीं करती है। तथ्यों की गिनती में नारों या सम्भावनाओं को सम्मलित नहीं करना चाहिये। पानी बिजली और गैस या ईधन को गाँवों तक ले जाने के लिये हमें ठोस कदम उठाने होंगे।

आज की पुकार यह होनी चाहिये कि हम शहरों में रहने वाले, गाँवों में रहने वालों की देखभाल करें। जैसे गाँव हमारे लिये सब्जी फल अनाज साग दूध की माँग को पूरा करते हैं, हमें भी अपना कर्ज उतारना होगा गाँव तक विज्ञान व सूचनायें पहुँचाकर यह चेतना सभी का जन्मसिद्ध अधिकार है और इसे गाँव तक पहुचाना हम सब का मूल-भूत कर्त्तव्य है। इस सम्बन्ध में मैं यह कहना चाहूँगा कि हम सब जो पचास की उम्र पार कर चुके है उन्हें अपने परिवार में ही सिमटी जिन्दगी का दायरा बढाकर समाज तक फैलाना चाहिये। इससे उन्हें व्यक्तिगत खुशी मिलेगी और जिनमें एक प्रयोजन का अनुभव होगा। इसका मतलब यह भी नहीं कि अपने परिवार की ओर ध्यान ही न दो वरन् कुछ समय समाज में भी लगाओ जिससे तुम्हें सब कुछ मिला है और कुटम्बियों को अपने ऊपर निर्भर ना होने दें।

अगर हममें से प्रत्येक सिर्फ एक परिवार से जो गाँव में रहता हैं सम्पर्क बना ले और एक क्षण के लिये यह भूलकर कि वह हमारे फायदा उठायेंगे सच्चे मन से उनकी समस्याओं को सुने और उनका मार्गदर्शन करे तो हम अपने भारत की दशा में सुधार ला सकते हैं। सरकार को तो हम देख ही रहे हैं पिछले 53 साल में वह सब नहीं सकी जो उसे करना

चाहिये। सरकार की असफलता और भ्रष्टाचार की भर्त्सना में समय न बर्वाद करके हमें यह काम अपने हाथ में लेना होगा। ठीक उसी प्रकार जैसे हम अपने परिवार को ऊँचा उठाने का प्रयत्न करते है।

हम सच मायने में हिन्दु होने का गर्व होगा यदि हम हिन्दु धर्म जो मानव धर्म है उसके नियमों पर चलेंगे। हम अपने आप स्वयं के अनुभवों से यह कह सकते है कि पूरे संसार में इससे ज्यादा सुख की अनुभूति कभी नहीं होती है जितनी परउपकार में होती है जैसे कि गोस्वामी तुलसीदास जी ने रामचरित मानस मे कहा है कि–परहित बसे जिनके मन माही, तिन नहीं कछु जग दुलर्भ नाही।

भारत के गाँव

हमें यह बताते हुए बड़ी खुशी हो रही है कि हम नवम्बर 2000 से मार्च 2009 तक भारत में रहे और करीब 120 गाँवों में गये। इस यात्रा के दौरान हमें स्वयं अधिक आभास इस बात का मिला कि जानकारी का आदान-प्रदान मुक्त रूप से न होना सबसे बड़ी समस्या है। नियमों की जानकारी जिसके पास है और जिसके लिए है उन लोगों के आपसी सम्पर्क इस दिशा में नहीं के बराबर हैं।

गरीब आदमी इसलिए भी गरीब रहता है कि सरकारी तन्त्र से उसे दूध (काम) निकालना आता नहीं है। हजारों लोगों से बातचीत के बाद यही निष्कर्ष निकला कि गाँव के लोग बुद्धु नहीं है बल्कि उनके पास चालू ज्ञान की कमी है। जब भी हमने उन्हें सूचना देने के लिए कुछ बताया, वे सीखने को, जानने को उत्सुक व हमारे सुझावों पर काम करने के लिये उतारू होने लगे। हम लोगों का सौभाग्य था कि हम अपने उन सरल, सभ्य, सहृदय गाँवों में बसने वाले देशवासियों के साथ उनके घरों में रहे एवं अपरिचित होते हुए भी प्यार से उन्होंने अपना सर्वस्व आतिथ्य के रूप में जो कुछ हमें दिया वह हमने सिर आँखों पर धारण करके स्वीकार किया। हाँ, हमारी एक-दो मांगें थीं, कि हम खाना गर्म खाएंगे, मच्छरदानी में सोयेंगे, पानी उबला हुआ ही पियेंगे, जिससे स्वस्थ रह सकें।

हमने अपनी शादी की 30वीं सालगिराह करीब 25 लाख लोगों के साथ इलाहाबाद में कुम्भ के मेले में मनाई। वहाँ और बहुत-सी स्मरणीय बातों के साथ दो विशेष चीजें देखीं और महसूस किया कि ये हमारे देश के गाँवों के लिए बहुत उपयोगी होगी। एक है हल संयंत्र जो बैलों में लग जाता है इस पर बैठकर महिलाएँ तथा बच्चे भी आसानी से हल जोत सकते हैं। ट्रैक्टर से अधिक उपयोगी व सहज है। दूसरा बैलों से चलने वाला बिजली बनाने का यन्त्र। इससे इतनी बिजली बनाई जा सकती है कि एक बैल द्वारा 40 वॉट के 20 बल्ब जलाए जा सकते हैं। हमारे मन में यह बात घर कर गई कि जहाँ भी हम जायेंगे गाँवों में इन आविष्कारों के बारे में अवश्य बतायेंगे। हल संयत्र की कीमत करीब 18000 रु० थी और बिलजी संयंत्र की कीमत 50,000 रु०। इससे बैलों की उपयोगिता को वैज्ञानिक उपकरणों से

जोड़कर अपने गोधन का समुचित विकास सम्भव है। कृषक परिवार का जीवन सरल, स्वतन्त्र व सम्पन्न बनाने में इन वैज्ञानिक आविष्कारों की बड़ी महत्त्वपूर्ण भूमिका हो सकती है। इसी तरह जब भी हम अखबार पढ़ पाते थे तो उसमें हम उपयोगी खबरें कैंची से काट कर अपने पास रख लेते थे और हमारे पर एक और बात करने कहने की हो जाती थी। हो सकता है कि कुछ बातों को और लोग नहीं जानते हो लेकिन जब हम उनका ध्यान उस ओर दिलाते थे तो गाँव के लोग बहुत ध्यान से सुनते थे।

हम लोगों को सिक्किम में एक युवा कैम्प में भाग लेने का अवसर मिला। वहाँ 1029 युवा जो भारत के 22 प्रान्तों से आये हुए थे, उनके साथ विचार-विनियम हुआ। उनकी शक्ति व उत्साह देखकर बहुत ही हर्ष हुआ। इसके संचालक श्री सुब्बाराव जी हैं जो पिछले 50 सालों से भारत में समाज सेवा कर रहे हैं। विवाह नहीं किया है। 78 साल के हो गये हैं पर युवकों जैसा उत्साह व बच्चों का सरल-निर्मल मन है। कर्नाटक, बंगलौर के रहने वाले है। गाँधी जी, विनोबा भावे व श्री जयप्रकाश नारायण के साथ कार्य कर चुके हैं और चम्बल घाटी में डाकुओं का आत्मसमर्पण भी करवाया था। पर इन्होंने सरकार में कभी कोई पद ग्रहण नहीं किया। अब भी भारत की आशा युवा शक्ति को ही यथाशक्ति प्रोत्साहित करते रहते हैं। इलाहाबाद में कुम्भ के मेले में भी इन्होंने युवा कैम्प आयोजित किया था। इलाहाबाद कुम्भ में जाने का सबसे बड़ा लाभ यह हुआ हमें कि अब पूरे भारत में जगह-जगल जाकर विद्वान, महन्तों व पण्डितों के दर्शन करने की आवश्यकता नहीं पड़ेगी क्योंकि वे सब कुम्भ मेले में मौजूद थे। पर मेरे भारत के उत्थान के लिऐ जो प्रयत्नशील हैं उनसे मिलने के लिए मेरा मन सदा लालायित रहता है।

गाँवों की तरक्की के लिए कुछ गैर सरकारी संस्थाएँ बहुत अच्छा कार्य कर रहीं है। फलस्वरूप गाँवों की स्थिति में बहुत सुधार भी हुआ है। इन्हीं संस्थाओं के काम को हम देखने गाँवों में गये थे क्योंकि पिछले 15 सालों से इनसे जुड़े हुए थे और अब अनुकूल समय होने पर देखना चाहते थे कि हमारी मदद की उन्हें अभी भी क्यों इतनी आवश्यकता है। जो हमें अनुभव हुए वह लिखना चाहते हैं, ताकि ज्यादा से ज्यादा लोग इससे अवगत हो सकें।

हमने गुजरात, राजस्थान, हरियाणा, उत्तर प्रदेश, झारखण्ड, दिल्ली, बंगाल, उड़ीसा, सिक्किम प्रान्तों के गाँव देखें। हमने हर जगह इस बात को महसूस ही नहीं किया वरन जोर दिया कि आय का साधन कृषि के अलावा हर ग्रामीण परिवार के लिए एक और विकल्प होना चाहिए। गाँव के लोग ज्यादातर महाजनों के चंगुल से छूट गये हैं पर अब आवश्यकता है कि लोग नई-नई कम्पनी जो चिट फन्ड चलाती है और नाम कुबेर रखती हैं उनसे भी बचे रहें जो इन महाजनों का स्थान लेना चाहती है। अत: उधार सिर्फ आर्थिक

उत्थान के लिए लें यानि अपनी जीविका में वृद्धि करने हेतु, आराम व सुख-सुविधा के साधन खरीदने के लिये नहीं।

हमने गुजरात को भूकम्प से पहले व बाद में देखा। पहले पानी की कमी कृषि के लिए मुख्य समस्या थी, बाद में तो विनाश और अब नव निर्माण और लगा कि जरूरत इतनी ज्यादा है क्योंकि भारत में तो 635,000 गाँव हैं और हमने तो केवल 120 ही देखे हैं। यह पता नहीं हमारा सौभाग्य था कि दुर्भाग्य, हमने उत्तर प्रदेश, मध्य प्रदेश व बिहार के टुकड़े होते हुए देखा जो तीन से छ: प्रदेश हो गये उत्तरांचल, झारखण्ड व छत्तीसगढ़। हम यह उम्मीद करते हुए इस लेख को लिख रहें है कि आप लोगों को जब भी मौका मिले एक न एक गाँव में जाकर गाँव वालों की समस्याओं को सुनें और उनके साथ बैठकर अपने ज्ञान व उनकी आवश्यकताओं में कुछ तालमेल मिलाकर उनके हल तक पहुँचने में ग्रामवासियों की मदद व हौसला आफजाई करें तो उनका तथा मेरे भारत का भी लाभ होगा तथा दोनों का भविष्य उज्ज्वल होने के साथ-साथ आपको भी बहुत खुशी मिलेगी। हमारी जो धारणा बनी है वह निम्न है—

1. भारत एक गरीब देश है वरन् वितरण प्रणाली पुरानी एवं दूषित है जिसे अंग्रेजी शासन ने भारत का शोषण करने को बनाया था न कि प्रजा के हित के लिए।

2. सूचनाओं का आदान-प्रदान कमी युक्त है।

3. सरकारी तन्त्र बहुत बड़ा व जटिल हो गया है और इतनी जड़ता से भरा हुआ है कि सरकार के हर प्रयत्न के बावजूद तरक्की इसी वजह से रुकी हुई है कि योजनाएँ जिनके लाभ के लिए बनती हैं उन तक पहुँच ही नहीं पाती हैं।

4. ज्यादातर भारतीय जनता ईमानदार है (72 करोड़) पर 21 करोड़ बेईमान संगठित हैं और ऐसा लगता है कि सभी बेईमान हैं—अखबार भी, दूरदर्शन भी, व्यवसाय भी पर ऐसा नहीं है वरन् संगठन के आगे हार मान लेते हैं।

5. जो अच्छे काम सरलता से किये जा सकते हैं और हो रहे हैं विभिन्न गाँवों में, उनका प्रसारण व उन्हें दोहराने की प्रक्रिया बहुत धीमी है।

6. गैर सरकारी तन्त्र भी सरकार की संरचना, कार्यविधि व वितरण प्रणाली से गाँवों को उनके लाभ हेतु अवगत नहीं कराते हैं। आवश्यकता पारदर्शिता की है।

7. हमें याद रखना है कि हम गाँवों को दिल्ली, बम्बई या कलकत्ता बनाने नहीं जा रहे हैं वरन् उनको स्वावलम्बी बनाना ही ध्येय है।

8. गाँव वालों के तरीकों को हमें सीखना होगा ताकि सुधार उन्हीं के तरीकों से लाया जा सके।
9. सफाई की कमी हर गाँव में है, हर शहर में हैं। अत: पूरे देश में गन्दगी अपने आप होगी।

कुछ बातें जो हमने अखबारों में पढ़ी गाँवों के लिए उपयोगी थीं पर गाँव के लोगों को नहीं मालूम थी, हो सकता है आपको न भी ज्ञान हों। यदि सम्भव हो तो निम्न सूचनाएँ वितरित करें—

1. 65 साल से ऊपर, अन्धों व विधवाओं को सरकार की ओर से 200 रु० प्रतिमाह का प्रतिदान निर्धारित है। इनको 10 किलो चावल या गेहूँ का आटा प्रतिमाह देने का भी प्रावधान सरकार द्वारा निर्धारित किया गया है।
2. न्यूनतम आय से नीचे के लोगों को सरकार घर बनाने के लिए 23,000 रु० तक की मदद कर रही है। (इन्दिरा आवास योजना)
3. जो महिलाएँ संगठित होकर आर्थिक स्वतन्त्रता के लिए आरम्भ में अपने संगठन के लिए सरकार से मदद ले सकती हैं।
4. महिलायें स्वयं हल संयंत्र द्वारा आसानी से खेती कर सकती हैं। सम्पर्क के लिये : भारतीय गोवंश संवर्धन प्रतिष्ठान, एफ-120, लाडो सराय, नई दिल्ली-110030। कीमत: 17500 रु० (सरकारी अनुदान 8000 रु० सहित 9500 रु० बैठेगी)। कहीं-कहीं जहाँ राज्य सरकारें लागू करेंगी।
5. बैलों से चलने वाले बिजली के जैनरेटर गाँवों में इस्तेमाल के लिए उपलब्ध हैं। सम्पर्क करें : सुरभि संस्थान बनारस (उ० प्र०)।
6. हर लोकसभा सदस्य को प्रतिवर्ष करोड़ों रु० अपने क्षेत्र के गाँवों के उत्थान के लिए मिलते हैं। लेकिन सही जरूरतमंद लोगों को इसकी जानकारी न होने से यह राशि मिलीभगत में ज्यादा और सुधार कार्यों में कम खर्च होती है। लेकिन अगर आम आदमी को इसका ज्ञान होगा तो निवेदन-पत्रों द्वारा माँग प्रेषित करके सुधार लाया जा सकता है।

यहाँ बैठे हम क्या कर सकते हैं कुछ विचार हम आपस में बाँटेंगे, एक मत होने से संगठन बढ़ता है और एकता में बल है।

1. हमें उन गाँवों में जहाँ हमारी पहुँच हो यह बताना चाहिए कि सरकार की संरचना व कार्य प्रणाली क्या है और कैसे हमारे लिए एक सहारा बन सकती है। चार्ट

बनाकर दिखाएँ तो उन्हें समझने में आसानी होगी। सरकारी कर्मचारियों का भय मिटाएँ, पुलिस का भय मिटाएँ उन्हें अधिकारियों से मित्रतावत पत्र व्यवहार के लिए उत्साहित करें। यह विश्वास दिलाएँ कि सरकारी अधिकारी उनके अधिकारों की रक्षा करने के लिए जनता के द्वारा चुने गये हैं तथा जनता की पहुँच के भीतर हैं। गाँव वालों को उनके स्वयं के कर्तव्य व नागरिक जिम्मेदारी से भी अवगत कराएँ। उनका आत्मविश्वास जगाएँ जिससे वे शिकायतों को तब तक धैर्यपूर्वक सरकारी कर्मचारी या सम्बन्ध अधिकारी व उच्चाधिकारी को प्रेषित करते रहें जब तक वे हल न हो जाएँ लिखित में करें और प्रमाण रखें।

2. समस्याएँ आशावादी होने पर ही हो जाएँगी, निराशावादी खेमें से उन्हें बचाएँ। गल्तियों को न उभारें बल्कि उनसे भविष्य में कैसे बचा जाए यह सोचें और कैसे नये तरीके से सोचा जाए ताकि सुधार सामूहिक रूप से लाया जा सके।
3. उनकी समस्याओं को ध्यान से सुनें, समय लगाएँ। हो सकता है मिलकर बातचीत करने से ऐसा हल निकले जो आसानी से कार्यान्वित किया जा सकता हो। आवश्यकता है लगन, समय, कार्यप्रणाली, ज्ञान व नियमों की।
4. बजट के क्या फायदे हैं तथा हिसाब-किताब रखने से धन का सदुपयोग हो सकता है यह समझाएँ। सुनियोजित ढ़ंग से धन का संचय न होने की निराशा से भी धन का अपव्यय होता है।
5. सामूहिक प्रार्थना का बल व महत्व अपने लिए, अपने पड़ौसी के लिए व अपने देश के लिए बहुत है। सबकी तरक्की के लिए भगवान से प्रार्थना करें।
6. गैर सरकारी स्वयंसेवक संस्थाएँ जिन गाँवों में न हों वहाँ बनाएँ तथा जो आपके इलाके में कार्यरत हों उनकी सहायता लें व उनसे विचार-विमर्श करें।
7. गाँव के स्कूलों में पढ़ाई के अलावा बच्चों को व्यवहारिक ज्ञान के लिए आस-पास की जगहों में बाहर ले जाना चाहिए ताकि उन्हें वह ज्ञान भी हो सके जो कक्षा में बैठकर हासिल नहीं किया जा सकता और वे अपने परिवेश व पर्यावरण की छोटी-छोटी समस्याओं को हल करने में महत्वपूर्ण भूमिका निभा सकते हैं।
8. गाँव के बच्चों को शहर व शहर के स्कूली छात्रों को गाँवों के स्कूल जरूर दिखलाएँ जाएँ ताकि असमान स्थिति का हर एक को भान हो।

9. स्कूलों में दण्ड के बजाय प्रोत्साहन को बढ़ावा दिया जाये तो विद्यार्थियों की उन्नति अवश्य होगी।

10. गाँव व शहर के बीच की दूरी मिटाने के लिए उनके अवयवों को एक-दूसरे से सम्पर्क तो अवश्य बढ़ाना होगा जो अभी नहीं के बराबर है। गाँव से लोग शहर तो चले जाते हैं पर शहर से वापिस मुड़कर गाँव की ओर नहीं जाते हैं। सिर्फ शहर की चीजें ही गाँव में ले जाते हैं। इससे गाँवों में हीनभावना का पदार्पण हुआ है।

सफाई व स्वास्थ्य में सुधार के लिए हमने निम्न सुझाव अपनी यात्रा के दौरान गाँव वालों को दिये एवं कुछ संस्थाओं के नाम व पते सबके लाभ हेतु—

1. कम से कम साबुन, टूथपेस्टों आदि का इस्तेमाल करें। इनकी जगह नीम, नमक, दूध, बेसन, सन्तरे के छिलके का चूरा आदि ज्यादा कारगर हैं जिनसे जल का प्रदूषण कम होता है और अपव्यय को रोककर बचत का उपयोग आवश्यक मदों में किया जा सकता है।

2. अंग्रेजी दवाईयों का इस्तेमाल सिर्फ आवश्यकता पड़ने पर, बिना डॉक्टर की सलाह से न किया जाए। योग का ज्ञान व अभ्यास शरीर को निरोग व स्वस्थ रखने के लिए जरूरी है। हम देख रहे हैं, विदेशों में इसका चलन बढ़ रहा है। जबकि हमारे गाँवों में दवाईयों का दुरूपयोग बढ़ रहा है जो कि बहुत दुर्भाग्यपूर्ण है। कुछ गाँवों को योग सिखाते देखकर हमें बड़ी प्रसन्नता हुई।

3. सिद्ध योग के ज्ञान का सहारा बीमारियों के इलाज के लिये लिया जा सकता है। सम्पर्क के लिए : 1. सिद्ध साइंस, 50/7, मुन्डवा नगर, बदगांवेशरी रोड, पुणे 4211014 फोन नं० 020-6681900।

4. क्रिया योग संस्थान, झाँसी, इलाहाबाद उ० प्र० 053-2667243 स्वामी सत्यम से सम्पर्क करें अपने गाँव में बुलाने के लिऐ, सबके स्वास्थ्य लाभ हेतु।

5. इन्टरनेशनल एसोसिएशन फॉर साइंटिफिक स्प्रिचुएलिटि मेरठ, उ० प्र० में 0121-525787 पर श्री अखलेश जी से सम्पर्क करें, अपने गाँवों ये यह विज्ञान ले जाने के लिए।

6. उपरोक्त तीनों संस्थाएँ विज्ञान सहित रहन-सहन, व्यवहार व खान-पान, ध्यान द्वारा बिना दवाईयों के बीमारियों से राहत दिलाती है। इनके संसर्ग में आकर लोग बीमारी के साथ-साथ गरीब-दरिद्रता से भी निजात पाएँगें व आध्यात्मिकता धार्मिकता का स्थान ले लेगीं। इन बातों की गाँवों में बहुत आवश्यकता है। कुछ गाँवों में लोग गैर सरकारी स्वयंसेवक संस्थाओं के प्रयत्नों के फलस्वरूप नैसर्गिक

औषधि, सौन्दर्य तथा सफाई प्रसाधनों का उपयोग करते हैं और बच्चों को योग भी सिखाया जा रहा है जो कि बहुत उत्साहवर्धक शुरुआत है। लेकिन इस दिशा में बहुत अधिक काम करने की आवश्यकता है। हम अब इन विषयों पर पुस्तकें ले जाकर गाँवों में दें तो यह गाँवों को आत्मनिर्भर व सुदृढ़ बनाने की दिशा में बहुत अच्छी योजना होगी।

7. गोबर गैस सयंत्र का निर्माण व देखरेख की जानकारी देना गाँवों में बहुत लाभकारी रहेगा।

8. जहाँ भी पानी का नल या हैण्ड पम्प हो वहाँ पास में एक और गड्ढा गहरा खोदकर उसे पत्थरों से भरा जाए ताकि बिखरा हुआ पानी छनकर फिर से वापिस जमीन में चला जाए। इससे आस-पास कीचड़, गन्दगी व पानी का अपव्यय भी कम होगा।

9. सूर्य ऊर्जा का लाभ लें। निम्न उद्योगों से गाँवों में संयंत्र लगाने में मदद मिलेगी : इंडियन रिन्यूएबल एनर्जी, नई दिल्ली-110003, सम्पर्क : अभिलाख सिंह फोन 011-4682113 सरकार अनुदान देती है। 50 प्रतिशत फिर कीमत का 45 प्रतिशत लोन देती है सिर्फ 10 प्रतिशत प्रतिवर्ष की दर पर। मान लीजिए 5 लाख का संयंत्र है तो गाँव वालों को सिर्फ 25000 रु० की ही आवश्यकता होगी।

10. भारत के इंजीनियर श्री कृष्णमूर्ति, जो मिशिगन (यू०एस०ए० की यूनिवर्सिटी में पढ़ाते हैं, ने एक सूर्य ऊर्जा चलित साईकिल का निर्माण किया है। यह खोज भारत जैसे देश के गांवों तथा शहरों में रिक्शा चालकों के लिए बहुत उपयोगी हो सकती है। धूप का सदुपयोग तथा उससे राहत भी, क्योंकि रिक्शा के छत पर लगे सूर्य सेल की पावर से रिक्शा या साईकिल चलेगी। जानकरी के लिए मुझे सम्पर्क कर सकते हैं 247-471-5786 Email ruenterprise@aol.com, R.Narayan(022)4074350 Mumbai

11. हमने गांवों में पानी को साफ करने वाला सिरेमिक का बना एक यंत्र भी दिखाया जो सिर्फ 45 रू० में दिल्ली से खरीदा था। यह यंत्र हर शहर में मिलता है। बहुत सरलता से इन्हें मिट्टी के घड़ों तक में लगाया जा सकता है। लोग इन्हें आसानी से खरीद सकते है वरना बहुत गरीब गांवों में प्रतिशयत सहित बांटे जा सकते हैं।

12. स्कूलों में समाज सेवा पर बल देना होगा और आपने आसपास के वातावरण के बारे में जानकारी देनी क्योंकि अब हमें अंग्रेजी शासक की तरह दिल्ली, बम्बई, मद्रास, कलकत्ता के लिए सस्ते लिपिक नहीं वरन् गांवों के उत्थान के लिए

होनहार नागरिकों को निर्माण करना है ताकि वे अपनी समस्याओं के प्रति जागरूक रहकर उन्हें सुलझा सकें।

13. खान-पान में स्वस्थ-सुधार हेतु व ईधन की बचत के लिए परिवर्तन लाना होगा। कम से कम एक बार का खाना दिन में बिना पका जैसे अंकुरित दालें, चना, अनाज, फल, सलाद, सब्जी, टमाटर, प्याज, नमक आदि में स्वादिष्ट बनाकर खाए तो ईधन (वृक्षों) की बचत के साथ-साथ स्वास्थ्य भी समस्त पौष्टिक तत्वों को पाकर सुधरेगा। हरी सब्जी गांवों में बहुत मात्रा में मिलती है परन्तु कई गांवों में लोग जानकारी की कमी से इनका सेवन नहीं के बराबर करते हैं। अत: उन्हें पर्याप्त विटामिन नहीं मिल पाते हैं। सब्जी के नाम पर आलू का सेवन बहुत किया जाता है।

14. मल्टीनेशनल्स व शहर आबादी को गांवों के पानी की चोरी से रोका जाए। बोतल का पानी जो शहरों के लोग पीते है तथा कोकाकोला आदि की बोतलों को साफ करने के लिए कोकाकोला, पेप्सीकोला कम्पनियाँ गांवों में प्लांट लगाकर शक्तिशाली पम्पों से गहरे पानी को गांवों से चुरा रहीं हैं। इससे कृषि की फसलों पर बुरा प्रभाव पड़ता है। लोगों को अवगत करा कर इस चोरी को रोका जाना चाहिए, यह लूट है, खुली छूट है, इसके खिलाफ लड़े। सम्पर्क के लिए रामधीरजजी, नयी आजादी उद्घोष, गाँधी भवन, प्रथम लाइन, इलाहाबाद, उ०प्र०-299002,(0532)641872।

15. पढ़ाई के दूसरे अधिक प्रभावशाली तरीके क्या हो सकते हैं जानने के लिए सम्पर्क करें: सिद्ध सोसाइटी फोर इंटेग्रेड डवलपमेन्ट ऑफ हिमालय, पूरनपुर लण्डौट, मंसूरी (उत्तरांचल) 24871, फोन: (0935) 639304। यहाँ पर स्कूल के बच्चों को उनके आस-पास के पेड़-पौधों की जानकारी तथा उनके गाँव में कौन से त्यौहार, मेले कब और क्यों मनाये जाते हैं। उनके आस-पास का भूगोल कैसा है। उसकी रक्षा कैसे करनी चाहिए। पेड़ को कैसे बचाये जाएं वरना क्या होगा आदि व्यवहारिक बातों का प्रशिक्षण दिया जाता है। शिक्षान्तर, उदयपुर, राजस्थान की एक संस्था भी इसी तरह का काम कर रही है। हमें इस शिक्षा को हर गांव में उपलब्ध कराना चाहिए।

16. गांवों में तरह-तरह की जड़ी बुटियां पाई जाती हैं जिसमें काफी तरह की बीमारियों से राहत मिलती है। ये दवाईयों से बहुत सस्ती तथा अधिक लाभकारी होती है। ऐसे सभी पौधों के बारे में ग्राम सभी द्वारा लिखित जानकारी रखी जाए।

इस दिशा में राजस्थान की एक स्वयंसेवक संस्था कार्यशील है। 'जागरण जन विकास समिति' बेदला, उदयपुर में है । फोन : (0294) 441322, 441527 चेतना, संगठन विकास उनका नारा है। ये रोगों के उपचार हेतु हर माह शिविर लगाते है। इन संस्थाओं के काम को स्वयं देखें, उनसे मिले। इससे अधिक जानकारी के लिए आप हमसे सम्पर्क कर सकते हैं या खुद 'वानी' VANI बौलन्टियर एक्शन नेटवर्क इंडिया को लिख सकते हैं वी- 52, शिवालिक, नई दिल्ली-110017, फोन: (011) 26677369, 26671679 फैक्स (011) 6670674। ई-मेल vani@ vsnl.com (Umbrella of NGO thought sharing bank)

17. एक संस्था गांव के किशोर व युवाओं को औद्योगिक प्रशिक्षण मुफ्त देती है। सम्पर्क के लिए : श्री जी०एस०त्रिपाठी, शुभकर इंस्टीट्यूट ऑफ एप्रोप्रिएट टेक्नालोजी, चिनहट मल्हौर, लखनऊ (उ०प्र०) फोन : (0522)213506 तथा ग्रामीण विषयों पर वैज्ञानिक दृष्टि से विचारशील एक संस्था सेन्टर फौर साइंस कल्चर मूलपुर इटावा में डा० राम चौधरी ने शुरू की हैं इसी अन्य स्थानों पर भी ग्रामीणों के लाभ हेतु अच्छी संस्थाएं खोली जानी चाहिए।

भ्रान्ति

मनुष्य जीवन ही भ्रान्तियों का भन्डार है। कहाँ से शुरू करूँ समझ में नहीं आता है। पर फिर भी एक भ्रान्ति ऐसी है जिसका हर मनुष्य शिकार है। मैं खुद भी हूँ, उसे कहने का मन कर रह है, परन्तु जो भी इस भ्रान्ति का शिकार नहीं है वह मनुष्य महामानव की श्रेणी मे आ सकता है।

मैं जीवन की जिस भ्रान्ति की बात कर रहा हूँ वह है यह कि मैं अपने बच्चों को पाल रहा हूँ और मुझे पालना पड़ेगा चाहे वह व्यस्क हो जाए और मुझे उनके लिये मकान बनाकर छोड़ना पड़ेगा और इतना धन भी ताकि उन्हें कोई तकलीफ अपने जीवन में है, जैसे कि हमे उनके जीवन की जरुरतों का अन्दाज है और हाँ हम यह कहावत भी जानते है कि-पूत सपूत तो क्यो संचय, पूत कपूत तो क्यों धन संचय?

यह भ्रान्ति सिर्फ मानव में ही पाई जाती है और पूरे पशु समाज में नहीं पाई जाती है, आप स्वंय देख लीजिये कोई भी व्यस्क जानवर अपने माँ बाप के साथ नहीं राजी उसे अपने माँ बाप की सुरक्षा की जरूरत होती है। वैसे मनुष्य सबसे दिमाग वाला जानवर है मगर फिर भी ....

इस भ्रान्ति का मुख्य कारण है-डर कि अरे यह हो गया तो क्या होगा.... अगर वह हो गया तो क्या होगा। जब हम इस अगर की आढ़ लेते है तो यह भूल जाते है कि न तो हमने यह दुनिया बनाई थी न ही हम इसे चला रहे है वरन् हम तो एक कड़ी है इस दुनिया की जंजीर में और हमे केवल अपना पार्ट अदा करना है, इस जीवन के लगातार चलने वाले नाटक मे। उसे अधिक करने की कोशिश मे बड़े निरीह बनकर हास्यापद लगने लगते है और व्यर्थ ही सिरदर्द तथा अनेको बीमारियाँ मोल ले लेते हैं।

इस कड़ी की दूसरी गलत धारण यह है कि बच्चे वह नहीं कर पायेगे जो हम कर पाए है न ही उनमे उतनी अक्ल है जितनी हममें है और भगवान में विश्वास एक कागजी कार्यवाही है जब हमे लाभ होता है तो यह कहना नही भूलते कि भगवान हम पर कितना मेहरबान है क्यों भाई, वह तुम्हें तुम्हारे बच्चों से ज्यादा चाहता है? क्या वह भगवान से

ज्यादा दूर है? या अपने उन्हें बिना भगवान की कृपा के अपने पुरूषार्थ से पैदा किया है। यदि हाँ, तो सुधार की कहाँ जरूरत पड़ेगी। न धन संचय करके उनके लिये धन छोड़ने की आवश्यकता थी।

इन सब बातों से एक ओर दृष्टिकोण सामने आता है कि हमने जो धन संचय किया था यह सोचकर कि हमारे बच्चें जब असफल होगे तो उन्हें हमारे संचित धन की आवश्यकता पड़ेगी या उनके बच्चों को। उस धन संचय की स्पर्धा में हम एक दूसरे को पीछे छोडने लगते है और ज्यादा से ज्यादा धन संचय करते चले जाते है जब तक जितना कर सकते है क्योंकि वह ''अगर'', जाने कितना बड़ा होगा, सामने आ जाय तो क्या होगा? हम यह भी नही सोचते कि हम अपनी कठिनाईयों का सामना कर पाये तो हमारे बच्चें क्यों नहीं कर पायेगें।

क्या यह जरूरी है कि जो गल्तियाँ हमने अपने जीवन में की थी उसे हमारे बच्चे नहीं करें? इस बात का जवाब एक दिन हमारे बेटे से हमे मिला, ''वह बोला मैं आपकी भावनाओं का आदर करता हूँ कि मैं अपने हिस्से की गल्तियों को करूगाँ और उनसे ज्यादा सीखूगाँ न कि आपकी गल्तियों से।' मेरे विचार मे तो यह शायद समय की जरूरत है कि हमारे बच्चे हमें संघर्ष करते हुये देखे ताकि उन्हें भी विपत्तियों में संघर्ष करना आ जाये वरन् जीवन बहुत बे मजा हो जाएगा। सबसे महत्त्वपूर्ण बात यह है कि जैसा हम अपने बच्चों के बारे में सोचेगे वैसाही होगा। अत: हमें उनके बारे में नकारात्मक सोच को त्यागना होगा तथा अच्छा सोचने से अच्छा होगा। यह बात सत्य है कि हमारे बच्चे हमारे अधूरे सपने पूरे करते है। तो अच्छा यही रहेगा कि उन्हें जीवन से झूझना आ जाये हमे देखकर अन्यथा वह एक उपयोगी हथियार से वंचित रह जायेगे।

अब सवाल यह उठता है कि इतनी मेहनत करके इकट्ठा किये हुये धन का क्या किया जाये। एक सुझाव है कि हम उसे अपने से कम भाग्यान मनुष्यों के जीवन को सुधारने, सुखद व उपयोगी बनाने में लगाये तो आप देखेगे कि आप को कितना सुख मिलेगा। मन को शांति मिलेगी और दूसरे भी हमारे जैसे ही भाग्यवान बन जाएंगे। और एक बात है कि आपने जो धन जीवन के दो चरणों में संचित किया अब समय आ गया हैं कि हम उसका वितरण करना सीख जाये और लोग जिनकी हम मदद करते है हमें यह मौका देते है। वह ही हमे प्रेम सहित आशीर्वाद, दुआओं से हमारे जीवन को भर देगें, और आपका जीवन बहुत सरस बन जायेगा और दुनिया हमारे बच्चों के लिये कितनी सुहावनी बन जाएगी।

भारत, समस्यायें और हम

भारत की सबसे बड़ी समस्या यह है कि जैसे भारत में लोगों के दो नाम होते हैं वैसे ही इसके भी दो नाम है। एक घर वाला नाम है भारत, दूसरा बाहर वालों का दिया गया नाम है-इण्डिया।

सच मानिये मैं यहाँ पर समस्याओं को गिनवाकर तारों की संख्या छोटी लगने लगे, ऐसा नहीं करना चाहता हूँ, न ही लेख का यह मन्तव्य है कि आप समस्याओं के बोझ तले निरुउत्साहित हो जाये या पढ़कर बोर हो जाये।

अगर हमारे ज्यातिषशास्त्र के ज्ञाता भारत के बारे में भविष्यवाणी करे भी तो कौन-सी राशि से गणना करे? निसन्देह ऐसी भविष्यवाणी सत्य भी हो सकती है, और गलत भी क्योंकि आधीयों का सम्बन्ध भारत से होगा व शेष आधी इण्डिया से जुड़ी हुई है। क्यों न संविधान में संशोधन करके भारत नाम को चुन लिया जाये जो कि धर्म व जाति निरपेक्ष तथा अर्थपूर्ण भी है जिसका मतलब भरण करने वाला और ऐतिहासिक भी। फिर भगवान के लिये भी भारत का भाग्य लिखना आसान हो जायेगा।

मैं स्वयं भारत से जुड़ा हुआ हूँ और समस्याएँ भारत से जुड़ी हुई हैं इसलिये मैं अपने को समस्याओं से जुड़ा हुआ मानता हूँ। जब मेरा और भारत में सम्बन्ध स्थापित हो ही गया है तो जैसे लोग अपने सम्बन्धियों के बारे में चिन्तित रहते हैं और उनकी तरक्की के बारे में सोचते हैं, कुछ-कुछ उसी तरह मेरा भी फर्ज हो जाता है कि मैं भारत की उन्नति की चाह है तो हम उन्नतिशील विचार भारत को दे जिससे वह उन्नति दल में देगा। भारत की सबसे बड़ी समस्याओं की जड़ भारत की जनसंख्या है। ऐसा लोग मानते हैं मैं नहीं मानता हूँ जितने जन है उतने ही मस्तिष्क और उससे दुगुने हाथ है, इन समस्याओं को सुलझाने के लिये व दुगुने पैर है एक जगह से दूसरी जगह ले जाने के लिये और भारत को आगे ले जाने के लिये न कि उनसे घबराकर भागने के लिये। जरुरत यह है कि इस देश के हर जन को इतनी

सामर्थ्य प्रदान की जाये कि वह इन समस्याओं से जूझने के लिये तैयार रहे। तब यह सब समस्याएँ ही भाग खड़ी होगी।

अगर मान लिया जाये कि एक परिवार में छः या सात सदस्य रहते हैं तो भारत में कुल परिवारों की संख्या पन्द्रह करोड़ ही तो है जो कि समस्याओं बनेगें या सुलझाएगें। तो हमें कभी भी सौ करोड़ की गिनती तक जाकर घबराहट का भागी नहीं बनना पड़ेगा। अब अगर हर परिवार का हर एक सदस्य एक समस्या पर ध्यान दें तो निश्चित रूप से एक समस्या पर एक से ज्यादा लोग होगें। उस तरह जनसंख्या बोझ की जगह एक-दूसरे का सहारा बन जायेगी।

इसी तरह अगर हम गाँवों में गरीबी, बाढ़ या सूखे की समस्या के समाधान का विशेषज्ञ सहकारी संस्था को मानते हैं तो यह हमारी भूल होगी। जैसे कि डॉक्टरों के ज्यादा हानि से आम आदमी का स्वास्थ्य सुधरेगा ही, यह सच्चाई नहीं है। अतः हमें समस्याओं का मिलकर समाधान ढूढ़ना है। स्वास्थ्य को बिगाड़ने वाले तत्त्वों से समाज से दूर करके स्वास्थ्य सम्बन्धी सही शिक्षा का प्रचार व प्रसार करना होगा, तभी जन साधारण स्वास्थ्य हो पायेगा।

इस सन्दर्भ में आपका ध्यान मैं एक ज्वलन्त उदाहरण पर जरुर दिलाना चाहूँगा। हमारे देश की गन्दगी में हमारे रेलवे प्रणाली का बहुत बड़ा हाथ है जो संसार की सबसे बड़ी जनसंख्या को इधर से उधर ले जाती है प्रतिदिन। पर उनको पूरे देश में गन्दगी फैलाने की छूट पता नहीं किसने दे दी। हमारे ही देश में बेचारे चाट बेचने वाले को, जो अपने ग्राहकों से आग्रह करना पड़ता है कि झूठे पत्ते इधर-उधर न फैले तो टोकरी में फैंके और आस-पास की जगह को साफ रखें नहीं तो पुलिस उनका चालान करती है। पर उतना नफा कमाने वाली रेलवे में बैठिये चाहे जहाँ पैशाब करिये या पखाना उस समय चाहे रेल नदी के ऊपर से जा रही हो या रेलवे के प्लेटफार्म पर हो, शहर या गाँव के बीच में से जा रही हो, पटरी के किनारे मल मूत्र को फैलाने की, जो बीमारी व बदबू फैलाते हैं इसकी खुली छूट है। हवा का, पानी का, प्रदूषण फैलाना भारतीय रेल का क्या जन्मसिद्ध अधिकार मानती है और हमारे देश के प्रबुद्ध नागरिक इस विषय में चुप्पी साधे बैठे हैं। आवाहन है देश के स्वास्थ्य विभाग के कर्मठ कार्यरत कर्मचारियों को कि वह इस समस्या की ओर ध्यान दे और भरपूर प्रयास कर रेलवे को न्याय के कटघरे में खड़ा कर दें और जनता व रेल कर्मचारियों के स्वास्थ्य की रक्षा करें, और रेलवे को अपने हिस्से की गन्दगी समेटने को मजबूर करें। सिनेमाघर, होटल वाले पेशाब घर बनवाते हैं, यहाँ तक सड़क के किनारे वाले ढ़ाबे वाले तक, इससे सड़क के

किनारे खड़े होकर पैशाब व पखाना करने वालो की संख्या में बहुत हद तक कमी आई है। तो रेलवे भी यह काम जरुर कर सकती है चाहे सरचार्ज ही क्यों न लगाना पड़े।

कोई भी समस्या इतनी विकट नहीं है न इतनी विस्तृत कि हल न की जा सके। आप बाहर के देशों में जाये तो वहाँ रेल या बस से यात्रा की हो तो आपको पता लगेगा कि सिर्फ भारत का पड़ोसी देशों में ही सड़क या रेलवे लाइन के किनारे गन्दगी मिलेगी कही और नहीं, बसों व रेल के डिब्बों में फाईवर के टैंकर लगे रहते हैं रेल व बसों किसमें भी पेशाब या पखाना करने का प्रबन्ध होता है। आप भारत के किसी ऐतिहासिक, धार्मिक, महत्त्वपूर्ण स्थान पर चले जाईये तो सफाई कर्मचारी हर समय पाखाना या पेशाब की सफाई से झूझते ही मिलेंगे। क्योंकि हम लोग अपने आप को इस काम के लिये उपयुक्त स्थान के विचार बिना ही शुरु कर देते हैं। स्टेशन चाहे बस का हो या रेल की दुर्गन्ध से भरे मिलेंगे और यदि आप बीमार नहीं है तो होते देर लगेगी।

आप देखें की इस समस्या का हल क्या है। हर रेल के डिब्बे में पानी का टैंक होता है उसी तरह गन्दे मल मूत्र को इकट्ठा करें का भी साधन होना चाहिये। जहाँ पर पानी भरे वही उसे निकलने की सुविधा भी हो। बसों में जो दो घण्टे से अधिक की यात्रा करें उनमें भी शौचालय बनाने चाहिये, ऐसी बसों व रेल डिब्बों का विदेशों में बहुत चलन है हम उनसे सीख सकते है क्या हम इतना छोटा काम खुद नहीं कर सकते हैं। सोचिये कितने लोगों को नया रोजगार मिलेगा इन सबको करने के लिये। नये-नये तरीकों से सफाई की जा सकती है यह पानी पर न आधारित होकर हवा से भी यह काम हो सकता है। अगर सिर्फ रेलवे विभाग ही पानी की जगह हवा से सफाई करने लग जाये तो कितने नये उद्योग शुरु होंगे और पानी की बचत होगी वह अलग और कीचड़ भी नहीं बनेगी। रेल व सफाई कर्मचारियों के स्वास्थ्य में लाभ होगा। जब यह लेख मैंने लिखा था उसी साल भारत स्वीडन से नये रेल के डिब्बे मँगवा रहा था हमने रेल विभाग के मन्त्री को रेलवे बोर्ड के चेयरमैन को स्वयं पत्र लिखा था पर कोई जवाब नहीं आया हमें जवाब की जरुरत नहीं थी पर यह काम हो पाता तो हमें खुशी होती पर हम अब भी आशावान है कि कभी तो हमारी रेल व बस सेवाओं में सुधार होगा। हमारे यह भी अनुरोध है इस लेख को पढ़ने वालो से यदि आपकी पहुँच रेलवे में किसी भी स्तर पर या हमारी इस इच्छा का प्रचार जरुर करें। अगर एक डिब्बे की कीमत अगर दस लाख रुपये हैं तो हम दस हजार रुपये संडास में एक और टैंक लगाने में समर्थ है। इसी तरह हम बसों में भी संडास बनाये तो जनता को सुविधा होगी और हमारे जन मानस का स्वास्थ्य

की रक्षा हो पायेगी और सफाई भी अधिक होगी। यह एक बहुत महत्त्वपूर्ण कदम होगा और निवेश भी जनता के स्वास्थ के लिये।

समस्या के लिये जागरुक होकर उन पर आलोचना करना एक महत्त्वपूर्ण बात है पर उन पर विचारशील होकर उनका समाधान सोचना एक और बड़ा काम होगा और हम यह करने में समर्थ है। आपके मन में कभी तो कोई समाधान आता होगा तो मेरा आपसे यह अनुरोध है कि संबंधित अधिकारी गण को जरुर एक पत्र डाल दें, अपने मित्रों को, रिश्तेदारों को, अपने नये-नये विचारों से अवगत कराईये कुछ मिलकर करने की प्रेरणा दीजिये। यदि यह सब करना आपका बस का नहीं तो आप भगवान से प्रार्थना तो कर सकते हैं मेरे अपने भारत के भविष्य में उन्नति के लिये। तो कृपया भारत को आप जैसा देखना चाहते हैं वैसा सपना ही देखा करे, कहते हैं कभी तो सपने भी सच हो जाते हैं। विश्वास कीजिये सब कुछ सम्भव है, असम्भव कुछ नहीं होता है यदि हमारी चाहत में बल है।

================

मानस के रोग

इस शीर्षक में 'मानस' तीन अर्थों में प्रयुक्त हुआ है। 1. मुनष्य, 2. मन और 3. रामचरित मानस। इतना अधिक रामचरित मानस के बारे में लिखा व पढ़ा जा चुका है कि यह विषय परिचित व बहुत अपना लगता है। किन्तु एक पक्ष इसका ऐसा है जहाँ तक लगता है कि कोई जाना नहीं चाहता है। यह भी हो सकता है कि शायद पारायण करते-करते इतना समय हो जाता है कि 24 घंटे के अंदर रामायण को सम्पूर्ण करने में ही ध्यान लगा रहता है। हां, सुन्दरकाण्ड विशेष आकर्षण रखता है, उसे सब पढ़ना चाहते है। तो यह सही कहा गया है कि बिना चिन्तन करे सिर्फ रामायण का पारायण करे कही भी नहीं पहुँचा जा सकता है और पाठ के पूरा होने पर भोग व पार्टी के इतने बड़े अभियानों के निरन्तर हर वर्ष पूर्ण भक्ति और निर्देशानुसार सत्यपूर्वक करते रहने पर हमारा प्राप्य क्या है?

क्या रामायण के इस आश्वासन ''कलिमल समन मनोमल हरनी'' व ''संस्कृति रोग संजीवन मूरी (यानि, यह कलियुग के पापों को नाश करने वाली और मन के मल को दूर करने वाली व संसार के रोगों के लिए संजीवनी है।) का वास्तविक लाभ अपने जीवन में हमने अनुभव किया है? कहीं हमने इसे साथ ही दी गई चेंतावनी ''श्रोता वक्ता ज्ञान विधि कथा राम की गूढ। किमि समझै व जीव जड़ कलिमल ग्रसित विमूढ़'' (यानि, यह राम की कथा बड़ी गूढ़ अर्थात् रहस्यपूर्ण है, इसके कहने सुनने वाले ज्ञान के समुद्र होने चाहिए। यह मूर्ख जीव जो कलियुग के पापों में फंसा हुआ है इसे कैसे समझेगा?) को नजरअंदाज तो नहीं कर दिया? यह हाल मेरा अपना भी है। यह जब सिर्फ पारायण ही नहीं करूँ मनन और चिन्तन करूँ तो एक पक्ष ऐसा आता है जिसकी तरफ आपका ध्यान आकर्षित करना चाहूँगा।

रामायण में सबसे महत्त्वपूर्ण मेरी समझ से 'उत्तर काण्ड' है जो कि कागभुशुण्डि जी द्वारा गरूड़ जी के सात प्रश्नों के उत्तरों के रूप में हम पर बड़े गूढ़ रहस्य खोलता है। इसमें हमें सद् आचारण का आदेश ही नहीं मिलता वरना यह निर्देश भी मिला है कि सुखी जीवन के लिए कैसा आचरण करना चाहिए। इसके साथ ही जो नहीं करना चाहिए उसका निषेध भी करता है और गलत आचरण के करने से क्या कष्ट मनुष्य को भोगने पड़ते हैं यह

भी बताता है। राम चरित मानस के अनुसार सफल जीवन जीने की सिर्फ एक शर्त भगवान ने रखी है "प्रेमपूर्ण सरल जीवन जियों"। लेकिन यहां मैं सिर्फ इस गुत्थी को सुलझाने की बात कर रहा हूँ कि सारी सम्पन्नता होते हुए भी मनुष्य को रोग क्यों लग जाते हैं। और सारी दवाईयों और उपकरणों के होते हुए भी स्वास्थ्य लाभ क्यों नहीं कर पाता?

आईये, रामायण के उतर काण्ड में देखें कि मानस रोगों की उत्पत्ति व उपचार के बारे तुलसी दास जी ने क्या लिखा है ? यह गरूड़ जी के सात प्रश्नों में एक के उत्तर का संक्षिप्त अर्थ है।

यह मोह ही सम्पूर्ण रोगों का मूल है। इसी से फिर अनेक प्रकार के शूल उत्पन्न होते हैं। काम, लोभ और क्रोध क्रमश: वात, कफ और पित बनकर मनुष्य की छाती जलाते रहते हैं। इन तीनों के मिल जाने से महादुख देने वाला सन्निपात होता है। इनकी धैर्य, क्षमा, सन्तोष औषधि है।

ममता (attachment) ही दर्द का रोग है। इसकी औषधि विराग एवं संतोष है। ईर्ष्या खुजली का रोग हैं इसकी औषधि क्षमा है। हर्ष और विषाद बहुत भारी गहरे रोग हैं इसकी दवा शांति है। दुष्टता और मन की कुटिलता कुष्ठ रोग है। इसकी दवा शांति और क्षमा है। अहंकार अत्यंत दु:ख देने वाला डमरू रोग (पेट का रोग) है। इसका इलाज दीनता और नम्रता है। दंभ, कपट, मद, मान नहरूआ रोग (पैरों की नसों से सम्बन्धित) है। इसकी औषधि सत्य और नम्रता है। तृष्णा रूपी जलंधर की औषधि संतोष है। ईष्या रूपी तिजारी की और समत्सर आदि द्वन्द्वज रोगों की औषधि संतोष है।

मैं रामायण में विश्वास रखता हूँ परन्तु अगर हम रामायण को मानें पर रामायण की नहीं मानेंगे तो हमारे रोग दु:ख और कष्ट दूर नहीं हो सकेंगे, यह याद रखने की बात है मैं अपने अनुभव से बात यह कहना चाहूंगा कि बीमारियों की जड़ जमने की वजह है दिमाग में विचार का उठना कि मेरे अमुक जगह दर्द हो रहा है, उसके भी हुआ था और फिर वह डाक्टर के पास गया था तो डाक्टर ने यह कहा था।

मुझे भी वही होगा......और डर की वजह ही बीमारी को जन्म देता है। हम बजाय यह सोचने के कि क्यों ऐसा हुआ? हमने क्या गलत किया था या सोचा था और इसे अपने आप कैसे ठीक किया जाय। हममें से अधिकांश लोग तत्काल डाक्टर की सेवाओं का लाभ उठाना चाहते हैं। जैसे कि सिर्फ पैसे पाकर वो कोई जादू की छड़ी फेरकर हमारा आचरण या सोचने का तरीका बदल देंगे। नतीजा यह होता है कि डरा हुआ बीमार व्यक्ति अपने आप को दवाई का मोहताज बना लेता है। जबकि सच्चाई यह हो सकती है क्या बीमारी इसलिये हुई थी कि आपका शरीर वह दवाई नहीं बना पाया जिसके खाने से आपको लाभ महसूस होने लगा। अगर दवाई शब्द पर ध्यान दें तो वाकई 'दवा' देने की प्रक्रिया है न कि ठीक करने

की और लक्षणों को दबा देती है। इससे आपके शरीर की प्राकृतिक शक्ति की बीमारियों से लड़ने की क्षमता भी क्षीण होने लगती है। डाक्टर भी इस तथ्य की पुष्टि करते हैं कि दवाई ज्यादातर दर्द की अनुभूति को दबाती है।

स्वास्थ्य लाभ व्यक्ति की अपनी सुधार करने की अन्दरूनी शक्ति पर निर्भर करता है। उस शक्ति को जगाना व्यक्ति के अपने विश्वास से सम्भव होता है। वरना हर दवाई का हर एक पर एक सा असर होना चाहिए। लेकिन ऐसा नहीं होता, हम सब जानते हैं।

रामचरित मानस के उत्तर काण्ड में 116 से लेकर 122 दोहे तक की चौपाईयों में वर्णित रहस्य को ध्यान से पढ़कर यदि आप अपनी बीमारियों के बारे में सोचें तो पता चल जाएगा कि किस बीमारी की जड़ में हमारी कौन-सी आदत है। यदि हम उसको बदल लें जोकि बहुत जरूरी है न कि दवाईयों को बदलते रहे तो निश्चय ही पराश्रित होने से बच जाएंगे और पराश्रय से बड़ी असहाय और दीनता इस संसार में कुछ भी नही। अगर विश्वास ही करना है तो राम चरित मानस में इस विश्वास को स्थित करके हम सही अर्थों भी नहीं मानस क्यों न बन जाएं और मानस रोगों से मुक्ति पा लें।

यदि आप लम्बे समय से असाध्य रोगों के शिकार है तो यह स्वीकार कर लें कि मुझे इन्हें सहन करना है। यह संकल्प आपकी सहनशक्ति को बढ़ा देगा और आप रोगी स्थिति में भी जीवन का सुख ले सकेंगे। बार-बार बीमारियों का चिन्ता आपके मनोबल को क्षीण करता है। जो सहज भाव से सहन कर लेता है वह इस संसार में शंहशाह की तरह विचरण करता है। राम चरित मानस के अनुसार तो शरीर के संरचना का विज्ञान अत्यंत सरल है।

'क्षिति, जल पावक, गगन, समीरा। पंच जनित यह अधम शरीरा।'

तो जिन पांच तत्वों से यह शरीर बना है वही इसे स्वास्थ्य रखने के लिए हमें चाहिए। क्षति यानि पृथ्वी तत्व, सभी तरह के अनाज में तथा कुछ मात्रा में आलू, शकरकंदी आदि पृथ्वी के अंदर जड़ के रूप में पैदा होने वाली सब्जियों में मिलता है। जल तत्व रस वाले खीरे, टमाटर आदि सलाद तथा तरबूज जैसे फलों में मिलता है। पालक यानि अग्नि तत्व धूप द्वारा पेड़ों पर पके हुए फलों आदि में मिलता है। समीर यानि वायु तत्व पत्तियों वाले साग आदि से मिलता और गगन यानि आकाश तत्त्व (space) का शरीर के अन्दर की सफाई के लिए, जैसे वायुमंडल में भी यह जरूरी है। व्रत, उपवास का इसी के लिए महत्त्व है अब अनाज ठोस तत्त्व है जो शरीर को बढ़ने में मदद करता है परन्तु जब 25 वर्ष की उम्र के बाद एक निश्चित ऊँचाई शरीर प्राप्त कर चुका होता है तब हमें अनाज की उतनी जरूरत नहीं है जितनी एक बढ़ने वाले बच्चे को है। तब हमारा आहार मुख्यत: फल, सलाद कुछ

मेवा और बहुत कम अनाज पर निर्भर करना शरीर के लिए लाभदायक होता है। जिससे शरीर को सभी आवश्यक तत्व मिलते रहें।

इसके अलावा हम अपने बैअरी वाले इंजन रूपी शरीर में अगर कोयले पानी रूपी भोजन को निरन्तर शक्ति और ऊर्जा के लिये डालते रहेगे तो वहाँ कचरा ही इक्ट्ठा होगा होगा तथा अंत में यह आवश्यक कूड़ा बीमारियों का रूप ले लेगा। शक्ति या ऊर्जा तो हमारे शरीर को और मन को आराम देकर, ध्यान करके, शांत रह कर मिलेगी क्योंकि हमारी बेटरी ऐसे ही चार्ज होती है। शक्ति के लिये हम लोग यो ही हम बेकार बहुत अधिक आडम्बर करते है। यदि हम निष्ठा से रामायण में दर्शाये हुय नियमों को ढूढकर उनको अपने जीवन में पालन करे तो हम हमेशा स्वस्थ रहेंगे और अगर पहले से बीमार है तो स्वस्थ्य लाभ अवश्य लाभ करेगे हमे विश्वास रखना चाहिये।

मुझे जीने दो आदमी की तरह

मैं एक आम आदमी हूँ और एक फरियाद लेकर आया हूँ निम्नलिखित व्यक्तियों के नाम, भारत के एक सामान्य नागरिक होने के नाते क्योंकि मुझे भारत के संविधान के तरह अधिकार है अपनी बात कहने का क्योंकि मैं प्रजातंत्र में रहता हूँ। नेता गण : कृप्या मुझे छोड़ दें अपने हाल पर, मुझे उठाने की कोशिश न करें, तभी मैं अपने आप चल पाऊगाँ, सोच पाऊगाँ। यदि आप मुझे कुछ देना ही चाहते हैं, तो मेरे दिल दिमाग से अपने आप को दूर कर लें और मुझ में शक्ति बनाये ताकि मैं जी सकूँ अपने आप से, सोच सकूँ अपने आप और अपनी समस्याओं को हल कर सकूँ अपने आप। जैसे बच्चे अपने आप चलना कैसे सीखते हैं गिर कर चलना सीखते हैं, उसी तरह मैं भी जीना सीख जाऊगाँ। नियमों के साथ यदि नियमों पर आप सब भी चलेगें तो।

अधिकारी गण : कृप्या मुझे नियम बतायें और मेरी सहायता करें जब मैं चाँहू जिस जगह मैं जाँऊ मैं नहीं जानता हूँ कि आप कैसे करेगें यह सब पर मैं इतना जानता हूँ कि आप मेरी सहायता के लिये इस पद पर है और हम जनता ही आपको तनखा देती है। मैं आपके लिये काम नहीं करता हूँ पर आप मेरी सहायता के लिये प्रोत्साहन देने के लिये हैं आगे भी मेरे बारे में अधिक जानकारी मालूम करना आपका काम है, यह मेरा काम नहीं हैं जनता भाड़े के टट्टू नहीं है जिन्हें आप खदेड़ते आ रहे हैं अब तक तो हुक्म चलाते आ रहे हैं लेकिन अब मुझसे शराफत से पेश आये तो उसमें सबका भला होगा। मेरे पत्रों का मुझे पन्द्रह दिनों के भीतर जवाब चाहिये हर हालत में, वरना मैं किसी और तरह से अपने काम को आगे बढ़ाऊँगा हो सकता है कि सूचना अधिनियम के अन्तर्गत कार्यवाही करना जरूरी हो जाय। मैं यदि कार्यालय आँऊ तो मेरे साथ बराबरी का व्यवहार किया जाये।

पुलिस : मुझे अधिकार है कि मैं अकेले या सम्मिलित रूप से अहिंसात्मक प्रदर्शन कर सकूँ। विरोध में या किसी बात के पक्ष में कृप्या मेरे ऊपर लाठी या गोली का प्रहार न करें। यह अमानविक व्यवहार है जो सिर्फ भारत व कुछ ही पड़ोसी देशों में ही होता है पानी या आँसू गैस का प्रयोग अस्त्र गैस का प्रयोग कर सकते है या अब जैप गन भी चल निकली है जो आदमी को कुछ क्षणों के लिये निष्क्रिय कर देती है, यदि बहुत ही जरुरी हो तो इस बल का प्रयोग करना चाहिए।

हममें से बहुत से मजदूर हैं जो रिक्शा चलाते हैं, आटो चलाते हैं, यह भी एक मानवीय ढ़ग है अपने परिवार को पालने का, उन पर लाठी, गालियाँ, का प्रयोग अशोभनीय व अनुचित है यह व्यवहार मानवीय नहीं कहा जा सकता है यह मानवीय अधिकारों की अवहेलना है। हमारी सुरक्षा करना आपका कर्त्तव्य है पर नियमों को अपने हाथ में लेना और दण्ड देना आपके अधिकार क्षेत्र में नहीं आता है। क्या अच्छा होता कि आप हमारे जन्मजात पड़ोसी भी होते और पुलिस वाले भी तो आम आदमी को जानते और उसकी मदद करते। क्या अच्छा होता कि बाहर से पुलिस वालों को लाकर हमारे ऊपर ना लादा जाता तो यह अत्याचार नहीं होता। अब तो यह भी सुनने में आया है कि चोर भी बाहर से लाकर घरों में चोरी कराने का काम भी अपने हाथों में लिया है। कृप्या यह स्थानान्त्रण की नीति को त्याग दिया जाय जो मेरे या अन्य सामान्य नागरिकों के हित में नहीं है। नेता व अपने अधिकारियों की सुरक्षा में अपना आधा ध्यान न दे वरना हम कैसे सामान्य नागरिकों की सुरक्षा पर अधिक ध्यान दे जो आपका सामान्य काम है। टेंम्पों, रिक्शा, बस, व टैक्सी चालकों : कृप्या उतनी ही सवारी बैठाये जितनी आराम से बैठ कर सफर कर सकें, कुछ लोग जो खड़े होकर अपनी खुशी से सफर करना चाहे तो ठीक है उसे आदत न बनायें। जरुरत के आधार पर इन वाहनों का नियंत्रण कराया जाय। ना कि जैसे आर० टी० ओ० अब करते हैं कि किस रूट की कितने वाहन चलेगें। उनका काम सुरक्षित वाहन होने चाहिये यह देखना जरुरी काम है आर० टी० ओ० काम है। गाँव से गाँव के बीच जो जीप या टेम्पो चलते हैं उसमे भी सवारियों को आदमी की तरह आराम से बैठाकर ले जाना जरुरी है, भेड़ बकरियों की तरह भर कर ढ़ोना नहीं चाहिये। ताकि सफर में आराम मिले, जैसे पहले रेलवे में लकड़ी की बैन्चें होती थी पर अब सैकन्ड क्लास में भी जूट की गद्‌दी होती है। अभी भारत में एक गाँव ऐसा है जहाँ यह हो रहा है कि सरपँच जी एक कुर्सी डाल कर बैठ जाते है, टेम्पो या बस के आगे जब सीट

पूरी भर जाती है, चालक को तभी जाना पड़ता है। काश हम उस गाँव के सरपंच से सीख पाते, और किसी भी बस में एक भी सवारी ज्यादा न बैठाते यह व्यवहार अनुकरणीय है।

सफाई कर्मचारियों : कृपया हमारी सफाई पर ध्यान दें और हमें बात के लिये प्रोत्साहन दें ताकि हम मिलजुल कर अपना गन्तव्य बना ले और प्रतिज्ञा करे हमें अपना ईलाका साफ रखना हैं। हमें आपको यदि सफाई के लिये जिम्मेदार बनाना है तो आपकों यह अधिकार भी देना होगा कि आपको नियम न माने वालों के विरुद्ध चालान काटने का अधिकार हो। सफाई को अपनी दासी न बनाये वरना इसे अपना गौरव समझे कि हम अपना ईलाका इतना साफ रखते हैं। सफाई के नये तरीके अपनायें ताकि सफाई करने में आपका स्वास्थ न बिगड़े इससे सभी का फायदा होगा। नये तरीके हैं जिनसे सफाई जल्दी हो सकती है और उनकी भरपाई भी स्वास्थ के मद में कम खर्च हाने से जल्दी ही पूरी हो जायेगी। जरुरत है जानकारी की व हिम्मत की, पर यह सब हम मिलकर ही कर पायेगें अकेले कोई नहीं कर सकता है। पर एक निर्धारित समय पर सफाई कर्मचारी के काम करने पर आने से पहले ही हम, कूड़ा फेका करें यह प्रतिज्ञा करें तो अच्छा रहेगा। यह भ्रम हमारा कि रात में झाडू लगाने से लक्ष्मी जी नाराज होती हैं। पदयात्रीं हर समय कूड़ा फेकने से परेशान होते हैं

निवेदन

हम आपसे यह नम्र निवेदन करते हैं कि यदि आप भारत की तरक्की चाहते हैं तो कृपया निम्नलिखित बातों के बारे सोचें और इनके बारे में अपने परिचितों से भी चर्चा करें। कोई एक समस्या को लेकर एक ठोस कार्यक्रम बनाएं ताकि वह समस्या हल की जा सके। यदि आप इस क्षेत्र में पहल करने में स्वयं को असमर्थ पाते है तो कृपया कोई अन्य व्यक्ति या समुदाय जो अच्छा कार्य कर रहा हो उसकी सहायता करें। अगर यह भी न कर पाएँ तो कोई हर्ज नहीं सब उसकी योजना में रोड़ा न बने यदि आपका उस योजना से कोई व्यक्तिगत रूप से अहित न हो रहा हो। भारत के उत्थान के बारे में आशाजनक बातें दूसरों से करें व खुद भी सोचें कि भविष्य में आप आने भारत देश को कैसा उन्नत देखना चाहते हैं। आप सच मानिये ये सपने जरूर आपके सच होंगे।

- यदि आप शहर में रहते हैं तो एक ग्रामीण परिवार जो आपका रिश्तेदार न हो, से सम्पर्क बनाएं। कारण, यदि हम ग्रामीणों की समस्याओं को समझेगे नहीं तो उन्हें कैसे करेंगे। गांव में रहने वालेां ने यह साबित कर दिया है कि वे 100 करोड़ भारतवासियों के लिये भी अन्न आदि का उत्पादन कर सकते हैं। पर हम शहर में रहने वाले ने उन्हें क्या दिया है बदले में अब तक। गांव अभी तक इतने गरीब और सुविधारहित क्यों है कि उनमें से बाहर आ गये लोग वापिस वहाँ जाना नहीं चाहते हैं? यदि हम इन क्षेत्रों को साथ लेकर उन्नति की बात नहीं सोचेंगे तो देश का अधिकांश हिस्सा तो पीछे ही रह जाएगा न।
- यदि आप ग्रामीण क्षेत्र से आए हैं तो शहर में सीखी नई विद्या और वस्तु का ज्ञान अगली बार गांव जाए तो उन्हें दें। इससे भाईचारा बढ़ेगा, न कि शहर में जाकर बस जाएं और अपनी जड़ों को भूल जाएं। अपने प्रतिभावान बच्चों को शहरों में जाकर क्लर्क बन जाने से रोकें उनकी सूझबूझ पहले गांव, बाद में देश की उन्नति में काम आनी चाहिये यह एक सोच का विषय है क्योंकि इस

सामाजिक आवाहन के सुपरिणाम बहुत दूर तक जायंगे। व्यक्ति से ही नौकरियों के लालच में शहरों में ले जाया जाये? इसके बजाय उन्हें ग्रामों तथा ग्रामाणों के विकास करने के अभियान में लगाया जाए तो जरा सोचिये क्यों नहीं होगा यह विकास। ग्रामीण इलाकों के गरीब होने का कारण है कि वहाँ से ज्यादा धन बाहर जाता है और कम धन गांवों में वापिस आता है। जब-जब फसल होती है अधिक से अधिक किसान अपनी पैदावर को एक ही समय में बेचने का प्रयत्न करते हैं इससे उन्हें उनकी कीमत नहीं के बराबर मिलती है। कभी-कभी अपनी लागत भी वसूल नहीं होती, मेहनत के मुआवजे की बात तो वे सोच भी नहीं पाते, ऐसे विकट हालात होते हैं। इस बारे में यह विचारणीय है कि अगर हम अपनी फसल की पैदावार को अधिक दिन सुरक्षित रख सके या बिचौलियों के बजाए सीधे उपभोक्ता को गांव वाले बेचे ताकि उन्हें अपनी उत्पाद का सही मूल्य मिल सके। जैसे : गेहूँ के बजाय गेहू का आटा गांव में ही तैयार करके बेचा जाए। दाल साबुत बेचने के बजाय दलने और छोटे-छोटे पैकेट में बन्द करने का व्यवसाय भी गांव में खुले। चावल बेचे न कि धान इत्यादि। मतलब यह है कि ये लघु उद्योग-धन्धे गांव में ही लगाए जाएं ताकि बिचौलियों में बंट जाने वाला यह धन गांवों में वापिस आए।

❀ पढ़ाई जो शहरों में हो रही हैं मंहगी है। गांव-समुदाय में यह सुलभ कराई जाए और सस्ती होने के साथ नयी, चुनौतीपूर्ण तथा अपने परिवेश से जोड़ने वाली हो। सिर्फ नौकरियाँ पाने के लिए तोते की तरह रटाई न कराई जाए। गांव में विश्वविद्यालय खोले जाएं, हमारा ध्येय यह है कि गांव का पैसा अधिक से अधिक गांवों के विकास कार्य में लगाया जाए।

❀ ग्रामीण स्कूलों के बच्चों को सप्ताह में एक बार स्कूल से बाहर उनके परिवेश से जोड़ने वाले कार्यक्रमों में लगाया जाए ताकि वे ग्रामीण समस्याओं को सुलझाने में दिमाग व समय लगा सकें। शहर के बच्चों को साल में एक या दो बार ग्रामीण स्कूलों में ले जाया जाये व गांव के बच्चों को शहर के स्कूलों को देखकर अपने ग्रामीण स्कूलों को भी अच्छा बनाने का प्रयत्न करेंगे। बड़े होंगे महत्त्वाकांक्षा को लेकर।

❀ एक नये विषय को स्कूलों में लाया जाए ''समस्या समाधन'' यह पहले दर्जे से ही छोटे पैमाने पर सिखाया जाए।

- गांवों में दूरदर्शन केन्द्र खोले जाएं ताकि सामाजिक संस्कारों व स्थानिक संस्कृति को बढ़ावा मिले। गांव की कला व प्रतिभाशील लोग अपने को प्रकट करें जनता के सामने ।
- गांवों में बिजली पानी आदि की कमी को पूरा करने वाली कम्पनियों ग्रामीणों की मदद से खोली जाएं जिससे गांवों में ही नौकरी व कारोबार की नयी सम्भावनाएं पैदा हों, बेकारी दूर हो और गांव अमीर हों।
- एक नये विषय को स्कूलों में लाया जाये, ''समस्याओं को सुलझाना'' यह पहले दर्जे से ही छोटे पैमाने पर सिखाया जाये।
- गांवोंा में टी०वी० स्टेशन खोले जायें जिससे सामाजिक संस्कारों को और स्थानीय संस्कृ को बढ़ावा मिलेगा और गांव-गांव में सम्भावनांए पैदा होंगी। बेकारी को कम करने में मदद मिलेगी।
- गांवों में कॉलेज, यूनिवर्सिटीज खोली जायें ताकि नई संभावनायें पैदा हों।
- गांव में कम्पनियाँ बनाई जायें जो बिजली/पानी की जरूरतों को पूरा करें और इससे भी गांव का पैसा गांव में रहेगा।

सफाई पदयात्री की नजर में

पिछले चौदह सालों से हम अमेरिका से बाहर, करीब हर साल आते रहे हैं। यह बात भी नहीं कि हम हर जगह पर कार या टैक्सी से सफर नहीं कर सकते हैं पर हम भारत को वासियों की तरह से देखना चाहते हैं। इसलिये जहाँ भी पैदल जा सकते हैं जाते हैं। पर मुझे यह कहते हुए दुख हो रहा है कि सड़कों की गन्दगी जनसंख्या के अनुपात में बहुत तेजी से बढ़ रही है। उसका पैदल चलने वालों के स्वास्थ पर बहुत बुरा असर हो रहा है।

जब भी हमें कहीं जाना होता है जहाँ मैं पन्द्रह से पच्चीस मिनट में पहुँच सकते हैं, पैदल ही जाते हूँ, अमेरिका में पैदल चलना ही हर समय नहीं हो पाता है, कारण मौसम या समय। तो हमें मौसम की बोछार के अलावा पानी की बोछार घरों से हुई है, कूढ़े की बोछार हुई है, नाली के पानी की बोछार, थूका गया है, रुपये पैसे की बौछार हुई हैं, धूल की बोछार हुई है, पान की पीक की बोछार हुई है, बची हुई चाय की बौछार हुई है, आप किसी और बौछार का नाम लें हमारे ऊपर वह बोछार हो चुकी है। **हमें यह शिकायत है यह सब नहीं होना चाहिये।**

यदि ऐसा होना सम्भव है तो मैं सिर्फ एक बात कहूँगा इस लेख के जरिये आप सब भारतीयों से जो सड़कों के किनारे रहते हैं कि जो भी कूड़ा आप सड़क पर फेकना चाहते हैं उसे दिन भर इक्कठा कर ले एक डिब्बे में तब आपकों पता चलेगा कि कूड़ा इक्कठा करना कितना मुश्किल काम है, कूड़ा सड़क पर फेक दे, कृप्या सफाई कर्मचारियों के आने से पहले। इससे पैदल चलने वाले बहुत खुश होगे। मान लीजिए सफाई वाले व कूड़ा उठाने वाले सुबह आठ बजे झाडू लगाने आते हैं तो अपना कूड़ा साढ़े सात तक बाहर जरुर डाल दे, यह विनती दुकान वालों से भी है यह धारणा गलत है कि रात में झाडू लगाने से या सफाई करने से लक्ष्मी जी नाराज होती हैं पर खरीदारों पर झाडू से धूल की बोछार करने से ग्राहक लोग सुबह-सुबह खुश होते होगें और स्वास्थ लाभ करते हैं। बदलिये, आदतों को इसमें सबको फायदा है।

आप सब सोच रहे होगें कि ऐसा कैसे हो सकता है, हमारे भारत में, पर मै आपको यह कहूँ कि ऐसा आपके भारत में हो रहा है। हैदराबाद मे सड़कों की सफाई सुबह चार बजे से पहले हो जाती है ताकि सुबह प्रातःकाल भ्रमण पर जाने वाले भी धुल न फाँके सड़क पर चलते वक्त। यह हमारा एक प्रगतिशील मुख्य मन्त्री श्री चन्द्र बाबू नायडू के समय से चालू हुआ था, और अब लोग खुशी-खुशी इसे करते हैं। जरुरत है कि सोच को बदलें, नजरिया बदल जायेगा, पर अपने डाक्टर से न पूछे इस बारे में तो अच्छा रहेगा क्योंकि इन्हें इससे नुकसान होने वाला है क्यों बीमारियाँ कम होगी सफाई कर्मचारी खुश रहेगें, हम जैसे पदयात्री खुश रहेगें विदेशी जो गन्दगी की वजह से बाहर आने से कतराते हैं खुश होगें। घर साफ दिखेगा, सड़के साफ दिखेगीं, जब आप सुबह उठेगें फिर पानी की समस्या को भी निजात मिलेगी यदि आप रात को पानी से सफाई करेगें, पानी की खपत दिन में कम हो जायेगी, यह बात ध्यान देने की है कि रात में धूल की आन्धियाँ कम आती हैं। मेरा मत है कि जो सफाई के कर्मचारी सफाई के लिये जिम्मेदार ठहराये जाय उनको नियम न माने वालों के खिलाफ कार्यवाही करने का अधिकार भी देना ही होगा। गलती करने वालों का चालान वह कर सकें।

मुझे आशा है कि आप मेरी यह छोटी सी विनती स्वीकार करेगें, अपने मोहल्लों को साफ रखेगें, सड़कों को साफ रखेगें, शहरों को साफ रखेगें, प्रान्तों को साफ रखेगें, देश को साफ रख पायेगें, देश में ज्यादा टूरिस्ट आयेगें जो गन्दगी की वजह से वापिस नहीं आते हैं।

जाते-जाते मै एक बात और बता देना चाहता हूँ जबकि मैंने वायदा किया था कि इस लेख सिर्फ एक ही बात लिखूगाँ में की यदि आप मोटर साईकिल या स्कूटर पर सफर का रहें है और आपसे किसी सह पदयात्री के कुछ जरा सी भी टक्कर लग जाये या आपके वाहन छू जाय तो कृप्या उतर कर ना सही मुँह से माफी जरुर मांगना न भूले इससे आपके सहपदयात्री को बड़ा ही हर्ष होगा। मेरे अपने साथ करीब आधा दर्जन वाकिये हुये होगें, पर किसी एक ने भी रुक कर या मुँह से कह कर माफी नहीं माँगी है पर मुझे पूरी उम्मीद है कि वह दिन दूर नहीं जब कोई मुझसे जरुर माफ कर दीजिए कहेगा।

===============

पार्टी बाजी नहीं चलेगी

मेरे मन में एक नया नारा उठा कि पार्टी बाजी नहीं चलेगी तो सोचा आप सबको भी दूँ कि इस नारे के पीछे मेरे मन में जो उद्‌गार है। हम गणतंत्र में रहते हैं उसकी नीव है जनहित में जनता के द्वारा, जनता के लिये जनता से ही सारी व्यवस्था हो। पर हमारे भारत में जो लोकतंत्र प्रचलित है उसको हम आधार-भूत रूप से कहे तो यह नेताओं के लिये, नेताओं के द्वारा और केवल नेताओं के हित में और अधिक बढ़ा लें तो यह कहा जा सकता है यह जनसेवकों के लिये, जनसेवकों के द्वारा और जनसेवकों के हित में ही पूरी व्यवस्था काम कर रही हैं। कुछ लोग इसमें इजाफा कर सकते हैं व्यवसायों को भी सम्मलित किया जा सकता है और कुछ बच जाय तो जनता को भी व्यवस्था में स्थान दिया जा सकता है।

जनहित शब्द पर जरा ध्यान दें हमें यह पता चलेगा कि हमारी आजादी की बासठ साल में एक भी केन्द्र सरकार जनता का बहुमत हासिल नहीं कर पाई है तो बहुमत जनता कैसे सन्तुष्ट होगी? जनमत की अवहेलना करके बहुमत प्रतिनिधित्व वाली पार्टी को सत्ता को चलाने दिया जाता है यह बहुमत के साथ बहुत बड़ा अन्याय है। पार्टियों के साथ न्याय है क्या? इन पार्टियों में भी बहुमत का विरोध है वहाँ पर जीत बहुमत का करना एक या दस पाँच सरकरें मिली जुली सरकारें थी जिनमें किसी पार्टियों को बहुमत नहीं था जो लोकसभा सदस्यों का बहुमत हो तो इन सरकारों को था पर जनता का प्रत्यक्ष बहुत समर्थन वोटों के आधार पर फिर भी न स्थान है। जन बहुमत का मनोबल टूट गया हैं। बहुमत की समझ के बाहर है कि क्या किया जाय? कारण सत्ता से चिपके रहने के लिय नियमों का उल्लंघन ही नहीं लोकसभा के सदस्यों का क्रय विक्रय एक आम बात है। कारण जानते हैं हमारे संविधान में सदस्यों या जन सेवकों को हटाने का प्राविधान नहीं है। यह नई पार्टी जो बनती है सत्ता में रहने के लिये वह आपस में एक दूसरे के हितों की रक्षा करते हैं इससे जनहित की पूर्णतया से अवहेलना होती है। इस तरह का गठबन्धन वास्तव में सामाजिक भ्रष्टाचार को ही बढ़ावा देता है। इसमें जनसेवकों का भी सक्रिय हाथ होता है। क्योंकि चुने हुये प्रतिनिधि

जनसेवकों के हित को जनहित से ऊपर रखते हैं उनसे जो जनता को मिलना चाहिये नहीं मिलता है। क्योंकि उत्तरदायित्व की जिम्मेदारी एक दूसरे के ऊपर डाल दी जाती है।

उसके बाद व्यापारियों के हितों की रक्षा की जाती है जनहित और पीछे थकेल दिये जाते हैं। इन विषयों की जानकारी कभी जनता से भरसक प्रयत्नों द्वारा छिपाई जाती है कारण गोपनीयता का पर्दा। भई जब आप जनहित में काम कर रहे हैं तो किस बात की गोपनीयता की जरुरत हैं। हाँ देश की सुरक्षा की आवश्यकता है वहाँ गोपानीयता बर्ती जाय। कुछ साल पहले एक वित्तमंत्री ने घोषणा की थी कि बजट की गोपनीयता समाप्त की जायेगी। जन साधारण को जानकारी होगी तो उनके मन में जो बात आयेगी अच्छी या बुरी वह प्रतिनिधियों तक पहुँचेगी क्योंकि जनता अपना अच्छा बुरा समझने की बुद्धि रखती है हो सकता है कुछ बाते अधिकारियों या नेताओं के जहन में आई हो।

अगर भई मिली जुली सरकार ही चलानी है ऐसा क्यों न किया जाये कि हर पार्टी को जिन्हें प्रतिशत बोट मिले उतने प्रतिनिधि उनके लोकसभा विधान सभा में मनोंनीत करने दिये जाये। और उसी अनुपात में सरकार चलाने का काम भी करने दिया जाय। ऐसा हमारे संविधान में लिखा है कि बहुमत से प्रधानमंत्री या मुख्यमंत्री का चुनाव हो वह अपना मंत्रीमंडल बनायेगा पर जब एक पार्टी का बहुमत ही नहीं है तो जो हो रहा है वह असांविधानिक है। जो नया गठबन्धन बनता है पार्टी बनी है वह हमारे चुनाव अधिकरण द्वारा स्वीकृत ही नहीं है। यह सरासर हमारे संविधान की अवहेलना है। इसलिये यह गलत कैसे हो सकता है कि जिस पार्टी को जितने प्रतिशत वोट मिले उतने प्रतिशत समय उसे सत्ता चलाने का अधिकार मिले भी हमारी संपूर्ण जनता को खुशी होगी। इससे जनता को उतनी बार बहुमत बनाने में मदद मिलेगी वह निर्णय लेगी किसने ज्यादा अच्छा काम किया उसको ज्यादा वोट देगी।

गठबन्धन की पार्टी को सन्तुष्ट करने के लिये इतने अधिक मंत्री नहीं बनाने पड़ेगें, उतने ही अधिक उनके सचिव व उपसचिव भी नहीं बनाने पड़ेगें। जो जनता के धन का दुरुपयोग है व्यवस्था सरल होने के बजाय इतनी जटिल हो गई है कि सुलझने के बजाय, और अधिक बढ़ती जाती हैं समस्याओं का हल जल्दी होने के बजाय देर से होता है फाईलें और धीरे सरकती है। यह महामंत्री मंडल का गठन जनहित के गले का हार बनने के बजाय जंजाल बन गया है।

एक बात जनमत की समझ के बाहर है कि जब हमारे इतने होशियार सचिव महा सचिव संसद में बैठे है तो तंत्र से बाहर के लोगों को निजी सचिव, मत्रियों के क्यों नियुक्त किये जाते हैं। गोपनीयता की क्या जरुरत है या इन जन सेवकों पर मत्रियों को विश्वास नहीं है तो जनता मत्रियों पर क्यों विश्वास करेगी। या यह भी एक चाल है आई ए एस को अपना

नम्बर बढ़ाने को इसीलिये इतने अधिक प्रदेश बना दिये हैं पर बहमत जनता को फायदा कम पर नेताओं को और जन सेवकों को सबसे ज्यादा फायदा हुआ है। हाँ पार्टियों को जरुर फायदा हुआ है पर जनता को घाटे का सौदा है। इसलिये कहना चाहूँगा कि पार्टी बाजी नहीं चलेगी है। जनता को अधिकार चाहिये संसद व नेताओं पर अंकुश रखने का क्योंकि नेता जनसेवक व व्यापारी वर्ग मिलकर जनहित की अवहेलना न कर पाये। पिछले बासठ साल से जबकि तंत्र नहीं बदला सिर्फ तंत्र को चलाने वाले बदल गये। यहाँ पर एक जानकारी दूँ कि पिछले दो सौ साल की गुलामी से अंग्रेजों ने जो पैसा भारत से लूटा था और ब्रिटेन भेजा था, वह ब्याज सहित आप की कीमत में डेढ़ मिलियन (7,50,000) करोड़ होता है पर हमारे नेताओं व जन सेवकों ने व्यापारियों के साथ मिलकर पिछले बासठ साल में लूटा वह भी पूरे डेढ़ मिलियन डालर स्वीजरलैंड के बैंकों के हवाले कर दिये हैं। पर हमारा नेता या संसद जनसेवक इस धन को भारत वापिस लाने के लिये चिन्तित ही नहीं है जब वहाँ की सरकार, जर्मनी की सरकार खातेदारों के नाम देने को तैयार है। है ना अचम्भे की बात पर अक्षर-अक्षर सत्य है। कारण साफ है क्योंकि जनता के पास इन नेताओं व जनसेवकों को वापिस हटाने का कोई तरीका नहीं है जनमत का कोई प्राविधान हमारे संविधान में नहीं है इसीलिये प्रतिनिधि दल बदल लेते हैं एक बार चुनने के बाद जो असंवैधानिक है जैसा पहले भी ऊपर बतलाया जा चुका है। आज जनता इन नेताओं व जनवेसकों और व्यापारियों की गुलाम है एक बार इनको मनोनीत करने या चुनने के बाद इस प्रजातंत्र की ,क्या प्रजतंत्र कहलाने लायक है? अब आप सब को क्या बताना कि यदि आप संसद, जनसेवकों , या व्यापारी वर्ग से जुड़े है? तो आप सब कुछ भारत में कर सकते हैं वरना बहुमत में होते हुये भी कुछ नहीं कर सकते हैं अथवा रिश्वत दीजिये और काम करवा दीजिये, यह नियम बहुमत के लिये काम कर रहे हैं या निहित हितों के लिये, कारण नियम ही ऐसे है इसका कारण बेईमान लोगों की कार्य प्रणाली नहीं वरन् बहुमत जनता की अकर्मणता है। हममें से हर कोई अपने समय का कुछ अंश भी समाज के लिये दे तो यह स्थिति निश्चत ही बदल सकती है।

आज दो हजार पाँच में विधान पास हुआ है, सूचना का मूल अधिकार माना गया है। जनता की सरकार है पर जानकारी लेने के लिये जो सरकार जनता की भलाई के लिये काम कर सही है उसको फीस देनी पड़ेगी दस रुपये, तब जवाब आपकों मिलेगा और अतिरिक्त कॉपियों के लिये एक रुपया प्रति पृष्ठ अलग मूल्य देना होगा। अब आप ही सोचिये यह क्या नेताओं के पैसे से तंत्र चल रहा है या जनवेसकों के पैसे से तंत्र चल रहा है या व्यापारियों का पैसा लगा है, जनता का ही पैसा जनता के लिये ही जानकारी फिर यह फीस क्यों ? अधिकारी कहलाने वाले, नेता कहलाने वाले जनता को देकर बाँट-बाँट कर रखों जनता को,

तो जनता को बेवकूफ बनाने में मदद मिलेगी यह तंत्र की नीति है। तभी तो मैं कहता हूँ कि यह पार्टीबाजी चल नहीं रही है। पार्टीबाजी बन्द करो और संविधान में संशोधन करो ताकि जनता तंत्र में परोक्ष व प्रतिनिधित्व दोनों रूप से सक्रिय भाग ले सके और देश व बहुमत जनता का लाभ ही सर्वोपरि हो। चुनावों के पाँच सालों में इतने मोड़ आते हैं, जनता निकम्मी नहीं बैठी रह सकती हैं बहुमत का अधिकार जनता के हाथ ही रहना चाहिये जनतंत्र में ।

पिछले छः सालों से हमारे प्रधानमंत्री कह रहे हैं, कि सरकार का खर्च कम करेगें पर उल्टा ही हो रहा है जनसेवकों व नेताओं की तनखा इतनी अधिक बढ़ा दी की जनता इस व्यय को वहन करने में असमर्थ है, पर जनता के हाथ में कुछ भी तो नहीं है इस बात का निर्णय स्वयं जनसेवक या नेता खुद कैसे ले सकते हैं? निर्णय का अधिकार तो जनता के हाथ में होना चाहिये कि वह इनके काम से खुश है या नहीं? नौकरों की तनखा मालिक तभी बढ़ते हैं जब नौकर अच्छा काम करते हैं।

जनता प्रतिनिधि विधान बनाने के लिए चुनती है, सत्ता के लिये नहीं। प्रधानमंत्री अपनी सहायक सत्ता चलाने के लिये किसी को भी चुन सकता तो तंत्र के अधिकारियों में से क्यों नहीं चुनता? क्या वह भारत के निवासी नहीं है और जनसेवक भारत का भला चाहते हैं।

हम कहने को धर्म निरपेक्ष राष्ट्र में रहते हैं पर हिन्दू कोट बिल, मुस्लिम नियम ईसाई मत के अलग नियम, जम्मू कश्मीर में कोई बाहर का व्यक्ति जमीन क्यों नहीं खरीद सकता है। हर एक को एक सी छूट होनी चाहिये। जनसेवक व नेताओं के अन्दर अुनशासन की कमी है क्योंकि वह समझते हैं कि उनकी वफादारी सिर्फ तंत्र के साथ होनी चाहिये, पर इस प्रजातंत्र में प्रजा के साथ उनकी पहली वफादारी नहीं है तो प्रजातंत्र का क्या फायदा? संविधान में जनसेवकों की नौकरियों की सुरक्षा प्रदान की गई थी पर अब क्या उसकों बदला नहीं जा सकता है। बहुत से विभाग जो अनावश्यक है उनको बन्द किया जाना जरुरी है।

हमारे देश में बहुमत आज तक एकमत नहीं हुआ किसी भी मुद्दे पर, तभी तो आज तक अल्पमत, बहुमत जनता पर राज कर रहा है, तभी तो तंत्र में जनसेवा के भाव का अभाव है।

अब आप देखें कि ऐसा क्यों हो रहा है क्योंकि जो सारे तंत्र के नियम हैं वह एक सौ पचास साल पहले लिखे गये थे जो सारे अविश्वास पर आधारित है और गंवार भारतवासियों के ऊपर राज्य करने की इच्छा मूल थी,। जनसाधारण की सेवा भाव का अभाव था। अधिकारी सफेद थे अब उनकी जगह अपनो ने ले ली पर सेवा भाव अभी तक नहीं बन पाया है कहने में हम सब बहुत ही तेज हैं कि हम तो सेवा के लिए ही जनसेवक बने है और नेता कि हम समाज की सेवा के लिये ही राजनीति में उतरे हैं तो भइया सेवा करने एक या दो बार, एक पद पर रहने के बाद औरों को भी मौका दो ।

नेतागण साहूकारों के साथ मिलकर जनता की रोजमर्रा की जरुरतों में फँसा रहने देने चाहते हैं ताकि जनसाधारण असली समस्या तक पहुँच ही नहीं पाता है जो जनसेवक नेता और व्यापारी वर्ग के साथ मिलकर जनता के धन का कैसा दुरुपयोग कर रहें हैं पन्द्रह पंचवर्षीय योजनायें बन चुकी हैं पर उन पर अमल हो रहा है यदि लक्ष्य तक पहूँचे या नहीं यदि तो दोषियों को दण्ड दिया या नहीं यह सब देखने का किसी के पास समय नहीं हैं जनता को कभी सही जानकारी नहीं दी जाती है। अगर यहयोजनायें सही होती तो आज बासठ साल के बाद भी हमारी चालीस प्रतिशत जनता गरीबी रेखा के नीचे नहीं होती है। महलों जैसे घरों व बंगलों में रहते हैं पानी बिजली किसी चीज की कमी नहीं है, उन्हें क्या पता कि जनता जो उसकी असली मालिक है उनके पास रहने कि लिए मकान है नागरिकों की दिलेरी नहीं तो और क्या है? अगर हम नेता, व्यापारी या जन सेवक कहते है और इस लेख का पढ़ रहे हैं तो शर्म से उनका सिर झुक जाना चाहिये कि हमारे अपने भाई हमसे बुरी स्थिति में क्यों हैं नियमों को बदलिये तो हालत बदल जायेगें। उन नियमों को सरल बनाये ताकि लोग असहाय न महसूस करे और प्रोत्साहन मिलेगा तो लोग जान जायेगें तंत्र पर बदलाव लाने की जिम्मेदारी कम होगी।

हम भारत को अमरीका बनाने के चक्कर में है पर हम उनकी तरह छुट्टियाँ कम करने को तैयार है क्या चालिस घन्टे हर सप्ताह काम करने को तैयार है क्योंकि भारत तंत्र के कर्मचारी सबसे कम काम करते हैं हर साल और देशों के मुकाबले में क्योंकि यहाँ के नियम हमें निकम्मा बनाने के लिये थे चुस्त बनाने लिये नहीं। जब यह नियम बने थे हम गुलाम थे कुछ कह नहीं सकते थे हम अब स्थिति को बदलेगें। वैधानिक प्रतिनिधि में व न्यायपलिका में इतना अधिक हस्ताक्षेप करते हैं किसी को भी अपना अपना काम सरलता से करने में अड़चन होती है। फल यह होता है कि नियमों से समझौता करते चले जाते हैं यह तीन अवयव वैधानिक, न्यायिक, प्रशासनिक, स्वतंत्र स्वाधीन भारत के जनतंत्र के, जो जनहित में काम नहीं कर पाते हैं, और वही आगे चलकर भ्रष्टाचार का एक हिस्सा बन जाते हैं। नियमों को ताक में रख दिया जाता है। सब असहाय महसूस करते और अपनी कमियों को दूसरे पर थोपते हैं जनता घाटे में रहती है। इसलिये इन तीनों अवयवों, विधानपालिका प्रशासन, न्यायपालिका, के स्वतंत्रता से जनहित में काम करने दिया जाय तभी हम वास्तव में स्वतंत्र होगे ताकि यह जनता के साथ मिलकर एक दूसरे पर अंकुश रख सके।

हमारे भारत में सिर्फ किसान ही नई पैदावार लाता है बाकी सब इधर का उधर ही करते हैं मजा कर रहे है। किसान ही उन्नति के रास्ते में सबसे पीछे है जबकि किसान को सबसे आगे होना चाहिये तभी सही मानों में हमारा भारत महान बन सकेगा। सब समस्याओं का हल कागज पर हो जाता है। सारी दुनिया से ज्यादा नियम है पर कितने लागू होते हैं या

नहीं वास्तविकता से किसी को कोई मतलब नहीं है जनता कि सुननें की किसी के पास फुर्सत ही नहीं है। इन तीनों अवयवों में मिल जुल कर जो परिपाटी चला रक्खी है वह अपने में एक पार्टी बन कर रह गई है इससे बहुमत जनता को भी कभी-कभी कुछ मिल जाता है पर बहुमत जनता इससे सन्तुष्ट नहीं है। हम सब जनता जनसेवक नेता न्यायपालिका सभी भारत को उन्नत देश बनाने के लिये प्रयत्नशील है पर जिम्मेदारी कोई नहीं लेता कि यह काम हम करेगें। वह तुम तो हम तेजी से आगे बढ पायेगें पर हमारे फायदों का क्या होगा इसलिये समस्याओं का हल क्यों निकाले जब जनता एकमत नहीं हैं और हमारे से कुछ माँग नहीं कर रही हैं।

सबसे सरल नारा इन तीनों, जनसेवक , जननेता, व्यापारी वर्ग ने पकड़ रक्खा है—**संसाधन कम हो रहे हैं जनसंख्या बढ़ रही हैं**। तनखाओं के लिये, अपनी सुविधाओं के लिये तो नहीं लगता कि संसाधन कम हो रहे हैं पिछले साल का ही हवाला ले तो यह बात साफ हो जाती है।

अब हम योजनाओं के बारे में बात करें तो पायेंगे कि दिल्ली के एक एयर कन्डीशन कमरे में बैठ कर योजनाये बनाने वाले विशेषज्ञ जिनके लिये योजनाये बनाते हैं पर जिनके लिये योजनाये बनती है, उन्हें कानों कान खबर नहीं होती है इसलिये योजनाये सफल नहीं होती है। पता नहीं कब हम भारतीयों लोग साथ-साथ काम करना सीखेगें, साथ-साथ रहना सीखने में हमें पाँच हजार साल लगे थे। अदना से अदना इंसान भी कुछ न कुछ हाथ बँटा सकता है यदि हम उसे अपने साथ लगायेंगे, वरना हो सकता है वह हमारे काम में अड़चन बन जाये। समस्यायें है हल भी निकाले जा सकते है पर उस हल में सबकी साझेदारी हो और हर कोई अपने को जीता हुआ समझे इसी में सब की जीत है और हमारा देश आगे बढ़ सकता है वरना बहुजन जनता को हमेशा ही ये भय रहेंगा कि उनके साथ अन्याय हो रहा है। इस अवैधानिक, अनैतिक, अकल्याणकारी गठबन्धन जो अब पार्टी ही बन गया है इन तीनों जनसेवक, जननेता के बीच, उसे तोड़ना ही पड़ेगा इनकी पार्टीबाजी का समय अब समाप्त हो गया है, जनता अब जागरुक हो उठी है और इन तीनों को अलग करके ही मानेगी। बहुजन जनता की जय हो इस पार्टीबाजी का सत्यानाश हो, यह मेरा नया नारा है। वैसे गांधी, नेहरू के मान का दोहन हो रहा है पर उनकी सिद्धान्तों को ताक पर बैठा रक्खा है। पंचायत रोज, दल बदल वैधानिक सीटों पर महिला आरक्षण के बारे में संविधान संशोधन पारित हुये जमाना बीत गया पर उन पर अम्ल अभी तक क्यों नहीं हुआ है कारण जनसेवकों के अधिकारों में कटौती जो हो जायेगी, जनता को सूचना का अधिकार प्राप्त है।

═══════════

सच हुए सपने

मैं आपको एक राय देता हूँ कि यदि आप किसी का उत्थान चाहते हैं तो उस व्यक्ति समाज या देश के बारे में अच्छी-अच्छी बाते सोचें। आपके जो भी अरमान हो उन्हें असम्भव न मानकर खुशहाली के सपने देखने शुरू कर दें। चाहे आप प्रत्यक्ष रूप से कुछ कर पायें या नहीं कर पाये इसकी चिन्ता बिल्कुल न करें। इसके कुछ उदाहरण मैं आपके सामने रखते हूँ जिससे यह बात अपने आप साफ हो जाएगी कि मैं क्या कहना चाहता हूँ। हम गत कई वर्षो से यह सुन रहे थे कि भारत में दुनिया के सबसे अधिक कम्प्यूटर प्रोग्रामर हैं। हम सोचते थे कि इसका सबसे बड़ा लाभ अमेरिका को ही हो रहा है, पर सपने देखे बिना मन नहीं मानता था कि क्या ही अच्छा हो अगर कृषि प्रधान देश भारत को भी उसका लाभ हो। तो देखिये हमारे देखते-देखते कई बातें इस बार उभर कर सामने आयी जो हमारे सपनों को सार्थक करके हमें खुशी दे गई। हमने बंगलौर में डवलपमैन्ट बाई डिजाइन नामक एक गोष्ठी में भाग लिया तो निम्न बातें पता चली।

1. पूरे कर्नाटक प्रान्त की जमीन के नक्शे कम्प्यूटर पर फीड कर दिये है। 4000 किस्को बना बना दिये गये है। पूरे प्रान्त में कहीं भी जाकर 15 रु० डालकर अपनी जमीन का निरीक्षण कर लीजिये। इसमें कुल 16 करोड ऋण रु० का खर्चा हुआ। जो तीन सालों में और चार महीने में ही 11 करोड ऋण वसूल हो गये। किस्को मालिको का भी हिस्सा है। 4000 रु० माह तक उनकी आमदनी जो किस स्थानीय लोगों के जरियें होती है। इससे जमीन के मामलों में भ्रष्टाचार व मुकदमों में एक बड़ी कटौती हो पाएगी।

2. इस लेख को लिखते-लिखते बी० बी० सी० समाचार से इंटरनेट पर एक और सूचना मिली। एक योजना के तहत तेलंगाना में मोबाइल पोस्ट ऑफिस की तरह गांव गांव लेकर लैपटॉप कम्प्यूटर लेकर मोटर साईकिल पर टैकनीशियन जाते हैं जहाँ टेलीफोन की भी सुविधा नहीं है। गांव वाले जरूरी गर्वमेन्ट फार्म तथा अन्य कृषि संबंधी नवीनतम सूचनाओं से क्यों वंचित रहें इस विज्ञान के युग में? इसको देखकर मुझे उस ग्रामीण महिला की याद आती है जिसने अपने गांव में आए वैज्ञानिक प्रोफेसर जैस वैम्पलर से पूछा था कि

मेरे बच्चे को गांव के बाहर दूर बम्बई जैसे बड़े शहरों में क्यों जाना पढ़ता है? कम्प्यूटर मेरे गांव में क्यों नहीं आ सकता है? इस महिला का किशोर अवस्था का लड़का बम्बई कम्प्यूटर सीखने गया था। दुर्भाग्य से एड्स का शिकार हो कर मर गया दूसरा भी जाना चाहता था तो माँ ने यह स्वप्न देखा।

3. तीसरा एक प्रयास बंगलौर की जनता का बंगलौर की म्यूनिसिपल पालिका के कार्यों में भाग लेने का जो केस बड़ा गंभीर, एक बड़े पैमाने पर सफल कदम साबित हुआ है। हमारे देश में बढ़ती हुई जनसंख्या के अनुपात में साधन पर्याप्त नहीं है। अत: हमें अपनी जरूरतों की एक सूची बनानी होगी जिससे जितनी सामर्थ्य इकट्ठी हो उतने कार्यों की पूर्ति की जा सकेगी। इसके लिये एक नियम बनाया गया कि जो भी प्रोजेक्ट हाथ में लिया जाए उसके लिये हमारे पास प्राप्त साधन हो तथी शुरू किया जाए। इस प्रक्रिया में करीब 2,50,000 लोगों ने हिस्सा लिया है तभी कम्प्यूटरों की मदद से पूरी प्रक्रिया एक दम पारदर्शी है। सभी लोग खुश है और कानून व प्रशासन के प्रति इससे लोगों का विश्वास बढ़ रहा है। नये–2 विचारों से तंत्र की समस्याओं को सुलझाने में मदद मिल रही है। यह भी हमारे सपनों की सूची में सम्मिलित था कि सलाहकार समितियाँ नागरिकों की बनाई जाए जो दो साल के बाद बदली जा सकें। यह एक शुरूआत है जो कि आगे ही बढ़ेगी पीछे नहीं हुआ सकती है।

4. अपनी भारत की यात्राओं के दौरान हमने यह महसूस किया कि छोटे-छोटे उद्योग जैसे अंगूरों को सूखाकर किशमिश बनाना बहुत कम लागत में पैसा कमाने के साधन है। धूप की पर्याप्त मात्रा उपलब्ध है और कृषि के अतिरिक्त यह एक अच्छा आमदनी का साधन गांव वालों को हो सकता है। इस बार हमने बहुत किशमिश बिकते देखी बसों में, ट्रेनों में तथा सड़कों के किनारे भी। हमें जो भी अच्छा विचार इस प्रकार आता था हम तभी उसका जिक्र कर देते थे और आशा करते हैं कि यह विचार जब हमारे दिमाग में आ सकता है तो और लोगों के भी दिमाग में जरूर आता होगा।

5. अहमदाबाद के जूना कोबा में हुए जलबिरादरी के अधिवेशन में हमे सरकार द्वारा समुदाय बहुत साल पहले फिलनट मिशिगन में इसी विचार पर गोष्ठी करता था। हम उसका एक हिस्सा रहे हैं। यद्यपि अब मैं इस बारे में इतना अधिक जानता हूँ कि इसके दुष्परिणामों से भी परिचित हूँ फिर भी मेरे विचार में सरकार इस ओर कार्यशील हो रही है और जनमानस में पानी के लिये जागरुकता पैदा जो हुई है। वह बहुत उत्साहवर्धक है। तरूण भारत संघ के राजेन्द्र सिंह जी के नेतृत्व में जनता को जल के बारे में व नदियों को जोड़ने के बारे में जो जानकारी दी गई है वह उन्होंने जो आकड़े इक्ट्ठे किये गये है वह बहुत सराहनीय है और हमारी आशाओं को बढ़ाने वाले हैं।

6. अपने व्यक्तिगत जीवन के बारे में हम सोचते थे कि अगर छ: महीने भारत में और छ: महीने अमेरिका में रहें तो यह आदर्श स्थिति होगी। भगवान की कृपा से यह सपना हमारा सच हुआ है। पिछले चार साल से अपनी समाज सेवा की भावना से प्रेरित होकर आजकल हम दोनों ऐसा ही जीवन व्यतीत कर रहे हैं।

7. इसी सिलसिले में अत्यंत भीषण तौर पर यात्रा भारत के अन्दर करते हुए हम रेलवे रिजर्वेशन, बसों की व्यवस्था और यातायात के अन्य साधनों के बारे में बहुत कुछ जानकारी अपने अनुभवों से हासिल कर चुके है। रेलों में रिजर्वेशन पहले से काफी सुविधाजनक हो गया है। कम्प्यूटर पर पूरे भारत की यात्रा के लिये कही भी 1000 सेन्टरों में टिकट लिया जा सकता है और बहुत सी सुविधाएँ आधुनिकतम अब भारत में भी उपलब्ध हैं।

8. एक नयी स्कीम 25 दिसम्बर जो कि प्रधानमंत्री अटल बिहारी वाजपेयी का जन्म दिवस भी है, के दिन शुरू की जा चुकी है। इसमें पहले किसी गांव के लोगों के 10 प्रतिशत राशि जमा कर लेने पर 10 प्रतिशत प्रदेश सरकारें तथा 80 प्रतिशत केन्द्रीय सरकार लगाएगी और उस गांव में पीने के पानी की व्यवस्था हो जाएगी। यह सब देखकर मेरे सपने साकार हो उठते है जो अपने भारत की उन्नति के लिए मैंने देखे हैं तो मेरा आपसे यही अनुरोध है कि आप भी आपने भारत के लिए सुन्दर सपने देखना शुरू कर दें ताकि समयानुसार वे साकार हो उठेंगे। असम्भव कुछ भी नहीं है अत: नकारात्मक दृष्टिकोण से छुटकारा पा लीजिए।

एक बार मैंने एक स्वामी जी से पूछा कि महाराज बुराईयों में इतना अधिक मेल क्यों है जबकि अच्छाईयाँ बिल्कुल भी संगठित नहीं हैं। जैसे कि चोर और आतंकवादी आपस में मिलकर काम कर लेते है। जुआ खेलना, शराब पीना वैश्यावृति आदि संगत से ही फैलते हैं जबकि इसके विपरीत चलने वाला स्वयं को अकेला ही पाता है। एकाएक वो कोई जवाब नहीं दे पाये तो मुझे खुद ही इस बारे में सोचना पड़ा। यह निष्कर्ष निकला कि जो कमजोर होता है उसे बाहरी शक्ति की आवश्यकता होती है बुराईयाँ कमजोर है अच्छे गुण आदमी को बलवान बनाते हैं और अधिक विचार करने पर यह पता लगा कि दुनिया में अच्छे विचारों वाले व्यक्तियों की अधिकता है और अपने अपने दायरों में वे बुराईयों से लड़ रहे हैं।

लेकिन सामाजिक स्तर पर कुछ ऐसे बड़े काम होते हैं जो एक मनुष्य अकेले अपने बलबूते पर नहीं कर सकता है उनके लिये संगठन की जरूरत पड़ती ही है बाहरी शक्ति की आवश्यकता पड़ती है। अच्छे विचारों व सबल व्यक्तित्व वाले लोग जिनसे आत्म विश्वास की कमी नहीं है दृढ़ संगठन बनाने के लिये बहुत उपयुक्त है। परन्तु यदि संग रहने वालों में ठनी रहे

तो अच्छे विचार व श्रेष्ठ लक्ष्य होने पर भी कार्यप्रणाली की भिन्नता से या अन्य मतभेदों के चलते वो विखर जाते हैं उनके संगठन पनप नहीं पाते, टूट जाते हैं।

किसी लक्ष्य को प्राप्त करने के लिये संगठन इतना जरूरी नहीं है जितना संगठित होगा। विचारों का एक मत होना व लक्ष्य प्राप्ति के लिये दृढ़ निश्चय होकर तरीकों का एकीकरण। संगठन सामाजिक मूल्यों का हो सामाजिक सुधार के लिय प्रयासों का हो। उन प्रयासों में निहित भावना सर्वजन कल्याण व सर्वजन द्वारा हो तभी वह सम्पूर्ण सामाजिक सुधार ला सकते हैं। व्यक्तिगत मसलों के लिये हमारे लक्ष्य सार्वजनिक होने चाहिए जैसे अगर हम सफाई से रहना चाहते हैं तो हमें हमारे पूरे मौहल्ले की सफाई को ध्यान में रखते हुए यह काम करना पड़ेगा। वरना हम सफाई से नहीं रह सकेंगे। हमारे आस-पास गंदगी ही रहेगी चाहे हम कितने ही प्रयत्न क्यों न कर लें।

इसके अलावा व्यक्तिगत समस्याओं को सुलझाने का काम परिवार का होना चाहिये न कि संगठनों को हाँ यदि परिवार उस समस्या का हल नहीं कर पा रहा है तो बाहरी मदद ली जा सकती है, पर किसी संगठन के अर्न्तगत नहीं बरना हम देख रहें हैं कि संगठनों का अधिकांश समय व्यक्तिगत समस्याओं को हल करने की कोशिशों में ही निकल जाता है। इससे संगठन कमजोर पढता है लोगों की रूचि कम हो जाती है तथा दूसरों को संगठन के कार्यों पर उँगली उठाने का अवसर मिल जाता है।

अब देखेंगे कि संगठन में बल कितना है और वह कहाँ से आता है तथा इसका उपयोग कैसे हो रहा है। आप सभी ने मारवाड़ी समाज में दिवालिया होने पर एक ईट एक रूपया वाले रिवाज की कहानी जरूर सुनी होगी। हम किसी गांव में एक सहयोगी संस्था द्वारा मदद किये कार्य को देखने गये। गांव वालों ने सोचा अमेरिका से आए है तो क्यो न इनसे आगे के काम के लिये 5 लाख रु० मांग लें जो किस उनको जमीन पर खेती करने के लिये नीची जमीन से पानी ऊपर ले जाने को पम्प पाइप आदि के इन्तजाम करना चाहिये था। पानी तो उन्होंने इस संस्था द्वारा दी गई अर्थिक मदद से इकट्ठा कर लिया था। हमने कहा कि हम तो तीन साल से पैसे के लिये काम नहीं कर रहे है और आज तो खाना भी आपकी मेहमान नवाजी में खाया है। इतने सारे पैसे तो हमारे पास नहीं है हाँ कुछ चर्चा करे, तो शायद तरीका निकल आए। वो सहमत हुए हमने पूछा कि इस ग्राम में ग्राम कोश बनाया है तो हां में उत्तर लिया। इसके बाद दूसरा प्रश्न हुआ कि इस गांव में कितने परिवार है। मालूम हुआ तीन सौ। हमने पूछा आप लोग दिन में कितना गुटका (तम्बाकू) खा लेते हैं वो बोले करीब पांच। (एक रु० प्रति पैकंट का मूल्य) हमने कहा क्या आप पांच के बजाय चार खाकर एक रु० की बचत को प्रतिदिन ग्राम कोष में प्रति परिवार दें सकते हैं। वे बोले ये कोई बड़ी बात नहीं, हम करेंगे। तो हमने कहा यह प्रस्ताव ग्राम पंचायत में पास करा सकते हैं। उत्तर मिला-हां।

फिर हमने उन्हें बताया कि आप एक साल में 1,08,000 रु० इकट्ठा कर लेंगे उसे लेकर आप बैंक में जाए वो आपको संगठन को देखकर आपकें गांव को पांच लाख रूपया उधार दे देगें जिसे आप पांच वर्ष में या उससे जल्दी भी अपनी बढ़ी हुई क्षमता के कारण वापिस कर पाएंगे। हमने फिर पूछा कि क्या अभी भी जरूरत है कि हम आपको बाहर से पैसा इक्ट्ठा करके दें। वो बोले-नहीं, बिल्कुल नहीं। यह है संगठन का बल जो एक दिशा में एक जुट होकर एक सा सोचने से आता है बस एक विश्वास की जरूरत है। इसके विपरीत अगर एक परिवार के ही लाभ की बात सोची जाएगी तो समाज में विषमता आएगी। संगठन जो सामाजिक है उनका उपयोग समाज के सामूहिक लाभ के लिये होना चाहिये परिवार समाज की ही इकाई है उसका उत्थान स्वयं ही हो जाएगा।

पर आज अधिकतर जगह संगठन भी व्यक्ति केन्द्रित हो गये है ऊपर से नीचे तक। नेता का बेटा नेता वाले चलन के कारण कांग्रेस जैसे उच्च स्तरीय संगठन तक परिवार में फँसकर रह गये हैं। संगठन का संचालन ऐसा होना चाहिये कि हर स्तर पर समाधान की तो छूट हो पर दायरे पहले ही निश्चित होने चाहिये। दिशा का बदलाव जरूरी होता है मंजिल तक पहुंचने के लिए परन्तु मंजिल को ही बदल देना ठीक नहीं है। उपनेता वह हो जो परिवार का सदस्य न हो इस तरह का संगठन ही परिवार में बदल जाता है। यही संगठन का लक्ष्य है। परिवार को संगठन से दूर रखेंगे तभी समान विचारों वाले अन्य व्यक्तियों की क्षमता को समाज में से ढूढ़कर संगठन में उनके स्थान को उन्हें सौंप सकेंगे और समाप को मिलकर आगे ले जा पाएंगे।

बदला

हममें से अधिकतर लोगों की बदला लेने की भावना बहुत प्रबल होती है कारण कोई प्रत्यक्ष नहीं है, पर आईये मिल-जुल कर प्रयास करेगें तो किसी न किसी निष्कर्ष पर पहुँच ही जायेगे।

पहले सोचे बदला क्यों लेना है? उसके बाद कब लेना हैं, इसके बहुत से उत्तर हो सकते हैं। एक कहावत के अनुसार सांप व हाथी कभी भी भूलते नहीं है यदि उन्हें कोई नुकसान पहुँचाता है। ऐसी कई कहानियाँ हमने बचपन में सुनी है। इसका मतलब यह हुआ कि हमें यदि चोट लगी है तो चोट लगाना है। इसका मतलब घटनाओं को भूल पाना भी एक कारण बन जाता हैं कभी किसी ने हमें उल्टा सीधा कह दिया कुछ लोगो के बीच में तो हम भी घात लगाये बैठे रहते हैं कि कब मौका हाथ लगे तो उस व्यक्ति को नीचा दिखाया जाय। इससे भी दो बाते सामने आती हैं एक तो मान या अपमान को भूल नहीं पाना।

अब बात आती है असामाजिक तत्त्वों की जो अपनी हालतों के लिये समाज को दोषी मानते है। जबकि कारण समाज की असामान्यताये होती हैं जो हमेशा से चली आ रही है एक और बात सामने आती है कभी-कभी खानदान समाप्त हो जाते है पुरानी रजिंश के करण। देश देशों के बीच जो लड़ाईयाँ होती है वह भी बदला लेने की प्रबलता के करण होती है। पर मूल है हर ऊपर लिखी हुई बातों का कि भूल न पाना या कहा जा सकता है कि क्षमा करने के गुणों का अभाव ही है। अब प्रश्न उठता है कि भूला कैसे जाय। भूल जाओ, यह तो कहना आसान है पर करने के लिये बड़ी ही स्थिरता की जरूरत है। पर यदि आप हनुमान चालीसा पढ़ते हैं तो यह काम आसान हो जाता हैं महत्त्वपूर्ण बात है-तुम्हारे भजन राम को पावे जन्म-जन्म के दुख: विसरावें। यहाँ यह ध्यान देने की बात है यह नहीं कहा गया कि दुखों: से छुटकारा पा जाओगे पर भजन करने से उन्हें जरूर जाओगें। मन में शन्ति आयेगी। तो यह निष्कर्ष निकला कि अगर भगवान को मानते हो तो वह तुम्हे भूलने में मदद करेगा। इसी का दूसरा नाम हो सकता है। माफ कर देना। क्षमा बड़न को चाहिए छोटन को

उत्पात। इस तरह से आप अपने को बड़ी ऊचाँई पर पाओगें जो बदला लेने की भावना को कुचलने में मदद करेगी।

बदला लेने वाले यह भूल जोते हैं कि जब बदला लेने की सोचते हैं तो हम कानून का अपने हाथ में लेते हैं। ऐसा इसलिए होता है कि हमारी कानून व्यवस्था में न्याय बहुत देर से मिलता है और हम बदला जल्दी लेना चाहते हैं। हमे सब्र का न होना भी बदला लेने का कारण बन जाता है। जब–जब दो पक्षों के बीच बदले की भावना बनी रहती है। फायदा सिर्फ वकीलों व न्यायाधीशों को, कोर्ट से जुड़े लोगों का ही होता है। रोपी आरोपी पक्षों का नहीं कोई नहीं विजय होती है।

अन्त में यही कहा जा सकता है कि जीवन जीने का नाम है आगे बढ़िये भूल जाइये बिसरे दिनों को जिन्हें आप बदल नहीं सकते तो बदला क्यों लें। कर्म फल में विश्वास रक्खें, भगवान में विश्वास रखें, कानून में विश्वास रखें। कानून अन्धा, बहरा, गूंगा हा सकता है पर अन्त में विजय न्याय की होती है। दोषी को फल जरूर मिलेगा। मनुष्य की सत्ता बदल सकती है पर ईश्वर की नियती नहीं बदली जा सकती। अन्तत: सत्य की जीत होगी और धर्म की धुरी सुरक्षित रहेगी पर कोई काम स्वत: नहीं होता हैं कर्म करना ही पड़ेगा अत: सत्कर्म करने चलिये, न्याय पर अडिग रहिये यही हमारी आप से अपेक्षा है भगवान आपकी मदद करेगें।

युवा मिलन (डेटिंग)

मैंने बहुत लोगों को यह कहते पाया है कि डेटिंग भारतीय परम्परा नहीं है। पर ध्यान देने पर यह बात साफ हो जाती है कि युवा मिलन एक भारतीय परम्परा है। पर पिछली दस शताब्दियों से यह भारत से लुप्त हो गई, यवनों और मुगलों के भारत पर आक्रमण और आधिपत्य के कारण। इस बारे में नल दमयन्ती, सत्यवान-सावित्री, पृथ्वीराज-संयोगिता एवं ऐसे बहुत उदाहरण हमारी सभ्यता तथा इतिहास से जुड़े हुए हैं।

अब आईये, इस बात पर विचार किया जाय कि क्या युवा मिलन गलत है या सही, हम इस पर रोक लगा सकते हैं ? यह प्रकृति का नियम है—युवक युवतियों में एक दूसरे के प्रति आकर्षण स्वाभाविक होता है। फिर गलत क्या है; हमारी अपनी कुंठाओं, भ्रम, अपनी सीमाओं कौन नहीं समझना या अपनी इच्छाओं को अपने युवा वर्ग तक नहीं पहुँचा पाने के कारण यदि हम युवा मिलन को नहीं रोक सकते हैं तो उसे हम सही दिशा तो दे सकते हैं। सही दिशा यह है कि हम अपने युवक-युवतियों को बता दें कि क्या-क्या बातें हम सहन कर सकते हैं क्या नहीं। जैसे हम ने अपने बच्चों को खुश रखने की कोशिश की हैं वैसे ही बच्चे भी अपने बड़ों को खुश रखने की कोशिश करते हैं। हमारे बच्चे भी वही करते हैं जो अधिकतर जैसी हम उनसे उम्मीदें रखते हैं। हमें अपनी कुंठाओं को अपने तक ही रखना होगा। हमें अपनी भावनाओं, अपनी भारतीय स्थिति, भारतीय परम्पराओं का अवलोकन करना होगा कि क्या हम उनसे हमेशा के लिए जुड़ें रहेंगे; जबकि हमारे देश , काल, की स्थिति में अन्तर आ गया है।

हमें युवक-युवतियों को एक दूसरे के समीप आने देना चाहिए। ताकि वे स्वतंत्रतापूर्वक अपनी जीवन साथी का चयन कर सकें। पर इसके लिए भी दो बातें जो मेरे अन्दर कचोट रही हैं एक अपने युवावर्ग को मानदंड के अन्दर, जो हर परिवार के लिए अलग-अलग हो सकता है। दूसरा, हमें उनके किये हुए निर्णय को स्वीकारना होगा। क्योंकि हम उन्हें निर्णय लेना सीखा चुके हैं। हम उनके लिए हर जीवन का निर्णय नहीं ले सकते। इसका अर्थ यह है कि हम उनके निर्णय पर अपनी टीका-टिप्पणी नहीं करेंगे, यदि वे कोई गलती भी करेंगे पर इसका एक और दृष्टिकोण है कि उनको अपने निर्णयों के फलों को भी स्वीकारना आयेगा। एक बात हम सब को समझनी होगी कि हम अपने युवक-युवतियों का जीवन नहीं जी सकते । न ही हम उनके जीवन के सारे निर्णय ले सकते हैं जो हमेशा ही सही

होंगे। सोचिये तो कि क्या हमने गलतियां नहीं की हैं? तो हम उन गलतियों की तरफ उनका ध्यान तो दिला सकते हैं, यह उनके ऊपर है कि वह उनसे लाभ उठाना चाहें यह स्वयं की गलतियों से ही सीखेंगे। कई युवक-युवतियों से हमने स्वयं बात की है, वे सही कहते हैं कि हमें भी अपने जीवन को जीने के लिए आवश्यक गलतियों को करने दो, हम भी 'परफैक्ट' नहीं हैं।

माँ

माँ के आर्शवाद से है मिली जान, जीवन, जन्नत।
माँ की ममता से है पाई समता, क्षमता, राहत।
माँ की कृपा से है सीखा दान, दया, दृष्टिकोण।
माँ की सूरत से मिलती है भगवान की मूरत।
माँ के हाथ का खाना अतुलनीय होता है,
क्योंकि वह प्यार से भरपूर होता है।
माँ के बोल होते हैं अनमोल क्योंकि,
वे बोल ही हमने सबसे पहले सुने थे।
माँ की पहली लोरी ने ही हमें सोना सिखाया।
माँ की पहली शिक्षा ने ही हमें पढ़ना सिखाया।
माँ की चाल ने ही हमें चलना सिखाया।
माँ की निश्छल हँसी ने ही हमें हँसना सिखाया।
माँ की दुआयें ही हमें हिम्मत बँधाती हैं।
क्योंकि वे ही हमें हर खतरे से बचाती हैं।
आगे अब हम एक कहानी आपको सुनाते हैं।
एक सिपाही खूब हिम्मत से लड़ रहा था।
मानो उस जान की परवाह ही नहीं हो अपनी

जान हर वक्त जोखिम में डाल रहा था।

उसके   साथियों   ने   उससे   पूछा   कि,

क्या   तुम्हें   मौत   से   डर   नहीं   लगता,

बिल्कुल   भी   नहीं,   जवाब   था   उसका

मेरी   जान   की   रक्षा   मेरी   माँ   के   हाथ   है

उसकी   दुआयें   जब   मेरे   साथ   हैं   तो

फिर   मुझे   डरने   की   क्या   बात   है?

याद करों महाभारत में दुर्योधन व उसकी माँ गान्धारी की कहानी जो इस बात का प्रत्यक्ष प्रमाण है। दुर्योधन का सारा शरीर वज्र के समान हो गया था, गान्धारी की आँखों से उसके शरीर को देखने मात्र से। पर बुरा हो मामा शकुनि की सलाह का, वह माँ के सामने पूरा नंगा नहीं गया, जाँगिया पहने गया, जिससे उसकी जाँघे कच्ची रह गयी वहाँ माँ की नजर नहीं पड़ी, भीमसेन को भगवान का इशारा मिला और उसने उसकी जाँघों पर बार करके दुर्योधन की जान ले ली।

उद्‌गार

उषा किरण मृदु प्रागंण को,
करे प्रकाशित   सदा सदा।
पवन   झकोरे   झूम झूम,
मुख चूम जगायें तुम्हें सदा।
नीले अम्बर की छाया में,
तारागण   तेरे   प्रहरी   हों।
प्रिय के संग में सहचरी बनो,
प्रतिपग पर उनके साथ चलो।
सुरभित   पुष्पों   का   पराग
नित उड़ कर तेरी मांग भरे।
कर्तव्य   प्रधान   बने   तेरा,
आशीष स्नेह और प्यार मिले।
ये राम लखन से कुँवर निरख
हृदय गद गद मेरा होता है।
भर लूँ छवि आँखों में सुन्दर,
मन अलौकिक हो जाता है।

प्रभु ने तुमको वरदान दिये,
निरख निरख मन मुग्ध हुआ
देख सुखी परिवार तेरा,
यह जीवन मेरा धन्य हुआ।

इधर आओ एक बार फिर प्यार कर लें

निगाहों में रूहों को सरशार कर ले
मुकद्दर को मिल जुल के बेदरर कर ले
लबों के कही रह न जाए शिकायत
मुहब्बत का पुरजोर इजहार कर लें
मैं कुर्बान एक बार फिर प्यार कर लें।
उभरने लगा तीरगी से ऊजाला
जैसे कोई ले डूबते में सम्भाला
चिरागों में छाने लगी है उदासी
किसी दम पे है अब गजर बजने वाला
जो मानो तो एक बार फिर प्यार कर लें।
उजाले में जुल्मत में लहरा रहे हैं
सितारों में जुल्मत में लहरा रहे है
सितारों के दिल डूबते जा रहे है
जुदाई का हंगामा नजदीक तर है
तबस्सुम में आसु ढले जा रहे हैं
अभी वक्त है एक बार फिर प्यार कर लें।
लचकने लगी नर्म शाखाओं की बाहें

लगी   बोलने   बेजुबां   शाह   राहें
लबों   पर   है   उलझे-उलझे   से   फिकरे
दिलों   की   जुबां   बन   चुकी   है   निगाहें
इजाजत   हो   तो   एक   बार   फिर   प्यार   कर   लें
उखड़ने   को   है   अब   शब   की   जुल्मत   का   डेरा।
बरसने   को   है   अब   असमां   से   सवेरा
नूके   शे   मोहब्बत   अब   पढ़े   जा   रहे   हैं
कहाँ   फिर   ये   किस्मत   में   उजाला   अन्धेरा
मुनासिब   है   एक   बार   फिर   प्यार   कर   लें।
मुहब्बत   खुदा   जाने   क्यो   रंग   जाये
ये   जोके   वफा   जाने   क्या   गुल   खिलाए
ये   वक्ते   जुदाई   ये   नासाज   मंजर
न   जाने   हमें   कितनी   राते   जागए
ये   मौका   है   एक   बार   फिर   प्यार   कर   लें।
कही   राजदारी   न   कह   दे   फसाना
न   हो   जाए   हम   तुमसे   हाइल   जमाना
में   इस   रात   की   सुबह   से   डर   रहा   हूँ
गले   मिल   के   जाना   गले   मिल   के   जाना
ठहर   जाओ   एक   बार   फिर   प्यार   कर   लें।
ये   बेताब   चेहरे   पे   हल्की   उरासी
ये   ताजा   सहर   चांदनी   बासी-बासी
ये   रंग-रंग   में   अंगडाइयों   का   सा   अंजाम
ये   दिल   पिघला-पिघला   नजर   प्यासी-प्यासी

न बिगड़ी तो एक बार फिर प्यार कर लें।
पसीना जबीं पर है शरमा रही हो
सहर के तसव्वुर से घबरा रही हो
ये सांसो की तेजी ये सीने की धड़कन
कदम रूक रहे है मगर जा रही हो
न जाओ तो एक बार फिर प्यार कर लें।
मेरी शायरी की जबानी तुम्हीं हो
जवानी की रंगी कहानी तुम्हीं हो
जवानी की रंगी कहानी तो क्या है
मेरा मकसदे जिंदगानी तुम्हीं हो।

आशीर्वाद

खिला पुष्प चमकी आखें, माँ के आंचल से झांकी।
मन पुलक उठा एक ज्योति दीप, गृह आंगन में मेरे आया।
नन्हीं मुठियों को चूम चूम, दादी बाबा सब धन्य हुये।
कुल का दीपक सबके मन में, नव उत्साह जगा लाया।
नन्हा गौरव माँ बापू के, आँगन मेंं खेला बड़ा हुआ।
चन्दा ने लोरी गायी, सूरज की किरणों ने जगा दिया।
देश छोडे परदेश बसे, यह भाग प्रभु ने जगा दिया।
बिरवा के चिकने पात देख, आशाओं से मन चमक गया।
शिक्षा पाकर नन्हा मेरा, गौरब बन कर बड़ा हुआ।
नन्हें कर शक्तिवान बने, कर्त्तव्य राह पर पाँव बढ़े।
ना जाने कब सुमधुर यौवन, अनजाने में आ जगा गया।
स्वागत करती एक बाला ने, प्रेम पुष्प उपहार दिया।
शंहनाई मन में गूंज उठी, नयन मिले साथी पाया।
फूलों कलियों से सजा हुआ, सेहरा यह महफिल ले आया।
घर के आँगन में चरण बढे, यह प्रणय निमंत्रण सफल हुआ।

दूल्हा दूल्हिन की छवि निहार, मन सुखी हुआ और झूम गया।
चिर जियो युगल प्रेमी बन कर, तुम प्यार बनो सबके मन का।
जीवन के मधुमय पथ पर, अब बढ़ो आज गौरव-तारा।
सुन्दर छवि जोड़ी की, भर लूँ इन आँखों में सुख सारा।
अमर रहे यह मिलन प्रभु, बालक हैं यह तेरे, जैसी तेरी माया।

हमारे नामों की कहानी

मैनें तुम्हें सम्बोधन लिख शमा।

तुमने बनाया मुझे दीप अपना।

पर कैसे होता मिलन अपना।

ग्वालियर में तुम थी दिल्ली डेरा अपना।

शादी के दीप जले तो मिलन हुआ अपना।

हनीमून के लिये चुना बम्बई और गोआ।

साथ हमारे एक मित्र जोड़ा भी आया।

पँजाब मेल के एक जनाने डिब्बे में तुमको चढ़ाया।

फिर हर स्टेशन पर मिलने का चक्कर चलाया।

खाना भी तो खाना था साथ साथ।

गाड़ी चली अब लगे तब उतरने।

तो कहा माताओं ने कहाँ जा रहे हो।

किस्से तुम्हारे मजे दे रहे हैं।

बदले में हम तुमको दुआ दे रहे है।

यही लेट जाओ छिपाकर के खुद को ।

एक बर्थ काफी है दोनों जनो को।

टी टी जो आया तो तुमने टिकट दिखाया।

रिजाई ओढे मुझको वह देख ही ना पाया।।

बातों ही बातों में खाते पीते हँसते हँसते।

पहुँचे हम चारों बम्बई चले अपने अपने रस्ते।

इंडियन एयर लाईन का नया बोईंग चला था।
उसी से गोवा सफर करने को मन मचला था।।
हवाई जहाज में बैठे तुमने प्रश्न यह किया था।
तुम हो आकाश अगर तो मुझे क्या कहोगे।
मैंने कहा कि तुम नीला के सिवा क्या बनोगे।।
फिर वापिस जब लौटे पानी के जहाज से।
तुम केबिन मे ना सो पायी हिचकोली की वजह से।
कहा मैने, सागर में लहरें बहुत है और सागर हूँ मैं।
पर, बोली तुम मेरे सागर की मै ही अकेली लहर हूँ।।
फिर बागों में घूमते मैने कहा तुम हो हवा मेरी तो अब क्या होगा।
तुम भी ना कम थी, कहा कि तुमको हवा का झोंका बनना पडेगा।।
जब जब मैने तुम्हारी बातों को सुना तो लगा कि कितनी भोली हो तुम।
तब तब मुझको यह जवाब मिला सुनने को कि मेरे भोले हो तुम।।
फिर एक बार रेल का सफर हुआ तो मुँह से निकल गया पटरी हो तुम।
तपाक से जवाब मिला कि जैसे पटरा पटरा के रेल चले वैसे बोलो तुम।।
करता हूँ मैं हर काम जितने सर्राटे से।
सहेजती हो घर को तुम उतने सलीके से।
तुमने जीवन को हमारे सरल बनाया।
तो मैने सामाजिक विकल्पों को प्रबल बनाया।।
अकेले हमको जमाना न रास आया।
तभी तो हम दोनों को भगवान ने मिलाया।

हम भूल गये

तुमने तो कितना दिया प्रभु बस इतना ही कह रोते रहे।
हम और–और की चाहत में, अनुकम्पा तेरी भूले ही रहे।
अगनित उपहार दिये तुमने, हम सबको सुखी बनाने को।
आंखें दीं, सुन्दर दृश्य दिये और कान दिये स्वर सुनने को।
जब भूख लगी भोजन है दिया, पानी है प्यास बुझाने को।
दो हाथ मिले और पैर मिले, अपना नसीब आजमाने को। तुमने तो.........
जन्म और जीवन है मिला, तो मन विचार भी तुमसे मिले।
धन–धान्य और संतान मिली, अपना संसार बसाने को।
अनमोल खजाना पाकर हम स्वच्छंद हुए सब भूल गये।
लालच, घमण्ड, खुदगर्जी के फंदे में फँसकर भ्रष्ट हुए।
कारण, कर्त्ता, कर्तव्य तुम्हीं, हम अहंकार–वश भूल गये।
निर्णय की शक्ति मिली तुमसे, दी बुद्धि याद दिलाने को। तुमने तो..........
तू–तू, मैं–मैं और माया के जंगल में भटक रहे प्राणी।
दुर्जेय दर्गुणी शत्रु यहाँ, यह मेरे बस की जीत कहाँ।
तू ही मालिक जग–सागर का जिसमें डूबें उतराएँ हम
सेवा की सुगठित नाव बने, दो भक्ति पार लगाने को।
तुम हो दयालु प्रभु दो हमको सवंदेना दुखी–गरीबों की।
हर दिल में दर्द थोड़ा मानव को धन्य बनाने को। तुमने तो ......

ओम सांई

सांई राम तू महान है
सांई बाबा तू महान है
सद गुरु तू महान हैं
अल्ला सांई तू महान है
सांई राम तू दयाल है
सांई बाबा तू दयालु है
सद गुरु तू दयालु है
अल्ला सांई तू दयालु है
सांई राम तू सत्य रूप है
सांई राम तू सत्य रूप है
सदगुरु सांई तू सत्य रूप है
अल्ला सांई तू सत्य रूप है
सांई राम तू ले ले हमें शरण में
सांई बाबा तू ले ले हमें शरण में
सद्‌गुरु सांई तू ले ले हमें शरण में
अल्ला सांई तू ले ले हमें शरण में।

काका की कविता

मैं शमां बनी, दीपक हो तुम
फिर कैसे रह पाये गुम सुम
मैं महफिल की हूँ उजयारी
तुम चोरी जग की अधियारी
आकाश आप, मैं नीला
तुम सौम्य सरल मैं हू शीला
मैं हवा बनूं तुम झोका हो
ना आपस में कुछ धोखा हो
तुम सागर हो, मै लहर बनूं
तुम प्रान्त बनो मैं शहर बनूं
हम गीत प्रेम रस के गायें
मिलकर नित दोनों मुस्कायें
मैं पकड़ चुकी ना छुटेगी
यह डोरी कभी न टूटेगी।

शमा-दीप सागर-लहर आकाश-नीला हवा-झोका इन नामों पर काका हाथरसी ने यह कविता अमरीका में छः सितम्बर उन्नीस सौ चौरासी को हमारे घर पर रहते हुए लिखी थी। यह दिन हमारे मिलन की चौबीसवी सालगिरह थी, उसी दिन हमारी सगाई हुई थी।

प्यार पियर पेयर

हमारे पौत्र मैथ्यू, ने जो हिन्दी नहीं जानता है
अपनी दादी से पूछा कि बाबा को तुम क्या कहती हो
दादी ने जबाव दिया कि प्यार
फिर मैथ्यू न
अपने बाबा से पूछा कि तुम दादी को क्या कहते हो
बाबा ने जबाव दिया कि प्यार
मैथ्यू ने कहना शुरू कर दिया
कि बाबा दादी एक दूसरे को पियर-पियर-नाशपाती कहते हैं
हमन एक दो बार तो कहा समझाया कि हम प्यार कहते हैं
पर जरा हिनदी अंग्रेंजी का मजा कि
चाहे पियर कहो चाहे पेयर कहो एक सा लगता है
जब-जब मैथ्यू पियर कहता हैं हम अपने को पेयर-जोडा मान लेते हैं
हम है भी प्यार के पियर पेयर के जोडा।

हम (WE)

वो आये हमारे घर पर, दिल में उतर गये।
कभी हम उनको कभी अपने घर को देखते रह गये।
हमने उनको दिल में उतारा उन्होंने हमे नजरें झुका कर कबूल किया।
हमारे घर में रोशनी भर गई मन में जमाने भर की खुशी बस गई।।
हमने उन्हें नजरे चुरा कर देखा अपने घर को जनरे बिछाकर देखा।
ऐसा लगा कि जहाँ हम साथ होगे वही सारा जहाँ होगा।
हम तो प्यार कहते है तुमको देखकर।
तुम भी हमे देखकर प्यार ही करते हो।।
तुम कभी शमा, कभी हवा, कभी लहर, कभी नीला।
मैं कही दीप, कहीं झोंका, कहीं सागर, कही आकाक्षा।।
वादा निभाना आपसे सीखे कोई।
इस हाल दिल लिया।
उस हाथ दिल दिया।
इसलिये जहाँ तुम वहाँ मैं।
हर साँस में साथ हैं हम दोनों।
हर पल में साथ हैं हम दोनों।।
हर काम में साथ हैं हम दोनो।
क्योंकि जीवन साथी हैं हम दोनों।।
हम दोनों एक दूजे के लिये हैं।

इसलिये हम एक दूजे के कोटिपूरक हैं।।

क्योंकि अलग-अलग हम अपूर्ण है।

पर मिलकर हम सम्पूर्ण हैं।

हम दोनों भगवान को अर्पित हैं।

संसार की सेवा में समर्पित हैं।।

═══════════

जीत हार

हर हार में कोई तो जीतता है।
क्योंकि यही प्रभु की इच्छा है।।
वरना हर जीत की खुशी में भी लोग ।
दूसरे के गले में हार ही पहनाते हैं।।
हर जीत में भी हम खुशी से हारे हैं।
क्योंकि असल में हम प्रभु के सहारे हैं।
जैसे हर जीत के बाद हार आती है।
वैसे हर हार के बाद जीत आती हैं।
हार जीत एक ही माला की कड़ियाँ हैं।
मानव की नियति की यही दुनिया है।।
हर जीत में हमें हार पहनने को मिल जाये।
हार को जीत में बदलने की हिम्मत बन जाये।।
अपने प्रभु के गले में हार डालकर ही।
हर व्यक्ति उनसे अपनी जीत माँगना है।।
हमारे ज्यादातर हार फूलों के बने होते हैं।
पर काँटो के हार पहनने वाले, सितारे होते हैं।।
हमारे इस उदगार का बस वही तार है।
जो गीता में प्रभु के प्यार का सार है।।

स्वास्थ्य कुंजी

स्वस्थ   रहने   के   नारे

खाओ   कम,   चबाओ   ज्यादा

चटपटी चीजे कम,   सादा   भोजन   ज्यादा।

अनाज   कम   खाओ,   सब्जी   ज्यादा   खाओ।

बैठो   कम,   टहलो   ज्यादा।

चिंता   कम,   प्रसन्न   ज्यादा।

क्रोध   कम,   हंसो   ज्यादा।

खर्च   कम,   बचाओं   अधिक।

बाते   कम,   काम   ज्यादा।

आलस्य   कम,   कर्म   ज्यादा।

जितना   खाओ,   उससे   दुगना   पानी   पियो।

जितना   पानी   पियो,   उससे   दुगना   हंसो।

जितना   हंसो   उससे,   दुगना   टहलो।

(इससे बीमारी से बचे रहोगे)

"प्राणी मात्र से प्रेम कीजिये। हर एक से क्षमा मांगिये। क्षमा कर देना दिव्यता है। सही ढंग से धन अर्जित करना मानवता है। किसी का धन छीन लेना या बल प्रयोग करना पशुता है। हम मानव के रूप में जन्मे हैं, अत: मानव बनकर रहे इतना ही नहीं हम दिव्यता प्राप्त करने का यत्न करें।"

तेरा पजामा मेरे नहीं आयेगा

तेरा पजामा मेरे नही आयेगा
मेरे आ जायेगा जब मेरा बन जायेगा
अब मेरा हो जायेगा तो.......
छोटा होगा तो बड़ा करवा लूँगा।
यदि बड़ा होगा तो छोटा करवा लूगा
और एक फायदा है पजामें में, ढीला होगा चलेगा
वरना तीरा हटवा लो
यदि कसी हो तो एक तीरा और लगवा लो
पर यह सब जभी करूगा जब पजामा मेरा बन जायेगा
इसी तरह कुर्ते की कहानी भी ऐसी ही होगी
पर मैं आपको एक किस्स सुनाऊ कुर्ते पजामे की तो आपको मजा आयेगा।
एक बार मेरा दोस्त मेरे घर आया पर साथ कपड़े साथ नही लाया
उसे मेरे घर पर कई दिन रहना पड़ गया
उस बीच हमे किसी शादी में जाना पडा।
तो उसने हम से पजामा कुर्ता मांगा और पहन लिया
जब हम नई जगह पर पहुँचे बातें में हमने कह दिया
यह पजामा कुर्ता इनका नहीं हमारा हैं
घर पहुँच कर हमारा दोस्त हम पर गुस्सा हुआ
कि तुमने पजामे कुर्ते के बारे मे क्यो बोला यह तुम्हारा हैं
हमने बोला हम नही कहेंगे कि यह कुर्ता पजामा हमारा है

दूसरे दिन हमें कही और जाना पड़ा फिर उसने हमारे कपड़े पहने
जैसे ही हम नई जगह पहुँचे हमने कह दिया
यह कुर्ता पजामा जो इन्होने पहन रक्खा है इन्ही का है
घर पहुँच कर दोस्त हम पर फिर गुस्सा हुआ
कि तुमने ऐसे क्यों कहा हमने वादा किया कि अब नहीं बोलेगें
तीसरे दिन भी हमें साथ-साथ कहीं जाना पड़ गया
हमने वहाँ पहुँचते ही कह दिया हमसे कोई बात करवा लो
पर हम इनके पजामे कुर्ते के बारे में कुछ भी नहीं बोलेगें
आप सोंच सकते है हम घर पहुँचे तो दोस्त फिर गुस्सा हुआ
इसीलिए हमने यह कहानी लिखी कि
एक और भी मतलब हैं, इस कविता लिखने का
हमारी समस्याओं का हल किसी भी मागें हुये हल से नहीं चलेगा
हल जभी सही होगा जब हम समस्याओं को अपना बना लेगें
अब आप स्वयं ही देख ले इतने नेता आये और चले गये
पर समस्यायें अधिक ही हुई है कम नहीं
करण नेता जी ने अपनी घटा ली हमारी बढ़ा दी
अभी वक्त है समस्यायों को अपना बना लो तभी हल भी अपने होगें वरन तेरा.....

यादें

यादें आती हैं यादें जाती हैं तभी तो यादें कहलाती हैं

यादें हमे सिखाती हैं तभी तो में आगे ले जाती हैं

यादें हमें हंसाती हैं यादें हमें रुलाती है

यादों के सहारे हम जीते हैं मरते हैं

इसी से तो जीना सीखते हैं।

हर जीवन यादों का भन्डार है

कुछ बेकार है तो बहुत कुछ सार है

कुछ यादें भुलाई जाती हैं तो कुछ भूल में चली जाती हैं

जो यादें भूल कर भी न भूल पायें वो दर्द बन जाती हैं

जो यादें मन को गुदगुदा दें वो प्यार बन जाती हैं

 जो भूल कर भी याद न आयें वो भूल कहलाती हैं।

जो यादें कल्पना में हों वो सपने कहलाती हैं

हम सब यादों का पुलन्दा हैं

यादें तन से जुड़ी हैं मन से जुड़ी हैं

तुम्हारी और मेरी यादें मिल जायें तो हमारी यादें हो जाती हैं

दोनों की यादें मिल नहीं पाई तो दुश्मन बन जायेगी वही यादें

नागवार हो जायेगी मुसीबत बन जायेगी यह जिन्दगी।

यादें न हो तो दिन रात न हो सुबह दोपहर या शाम ना हो

 बदला ना हो बेदिली ना हो बदगुमानी ना हो

यादें इतनी ना बढ़ा लें कि इनके सैलाब में डूब ही जायें

यादें इतनी न बिसार दें कि अपनो को ही भूल जायें

तुम्हारी यादें इतनी बुलन्द हों कि दुनिया याद रक्खे।

यादों को सजाना भी एक सलीके का काम है

जैसे कम्प्यूटर में डेटा रक्खा जाता है

जब जी चाहा उसक याद या इस याद को उभार लो

जिन यादों को चाहो पीछे धकेल दो

उनकी हस्ती को मिटा डालो उनके निशानों को जला दो

उनकी राख को भी न रहने दो यही जीने की सही कला है

यादों का पुलन्दा मत ढोओ लिख डालो कह डालों सुना डालो

वहा डालो, जला डालो यदि यादें तुम्हें भारी लगने लगें

याद रक्खे यह चौपाई भगवान के भजन से यादें बिसर जाती हैं

जब यादें बिसरा देते हैं तभी मन निर्मल तन स्वच्छ आत्मा स्वतंत्र होगी।

लिखी हुई यादों के पुलन्दे को आत्म कथा कहते हैं

दूसरे लोग यादों को पढ़ते हैं ताकि अपना जीवन सुधार सकें

कल की यादे आज की यादों से मिल कर भविष्य बनायेंगी

यादों के जंगल में मत भटको उनको बगीच कितरह करीने से लगा लो

ताकि जब जी चाहे तिस तरह कि याद को चाहों चुन कर जायका ले लो।

वाइस कहते है कि रोशनी में रहना सीखिये जनाब

हम यादों के अन्धेरे में हैं हमें इन्हीं में रहने दो

अन्धेरे हमे उनक के यादों के बहुत पास रखते हैं

रोशनी आती ही उनकी यादें दफा हो जाती हैं

इसलिए हमें रोशनी भी रास नहीं आती है

बचपन की यादे बाब दादी नानी ताऊ ताई बुआ

मौसी चाचा चाची की बातों से कहानी सी सजी रहती हैं

लड़कपन की यादें एक हसीन जोश से भरी रहती हैं कि

आज हमने उस गुलफाम को देखा उस परी ने हमे देख

हम यह करके वह ला के इस सारे जहान को बदल देंगे

हम वह बन के वैसा करके पैसा खूब कमा के दिखा देगें
जवानी की यादें नोन तेल लकड़ी में निकल जाती हैं
या फिर हम राज के साथ हम राह हो जाती हैं
फिर बच्चे उनकी पढाई नौकरी शादी में डूबी रहती हैं
कुछ यादें समाज के साथ जुस्तजु से भी जुड़ी रहती हैं
क्योंकि उनको सुनने का वक्त ही पास नहीं होता
भूलकर भी जनाव न कहें कि यादें याद नहीं आ रही हैं
वरना पैबन्द लग जायेगा कि हाय लो बेचारे की याददाश्त जाती रही
हमे उन वादों की यादें खूब रहती है। जब कही से कुद मिलना होता है प
पर हमे उन वादों की याद ही नहीं रहती जब हमें कुछ देना होता है
ऊपर वाली यादें जब दो जनों की टकरावती हैं तो तू तू मैं मैं होती हैं
वो कुछ कहेंगे हम कुद सुनेंगे और बेवजहा फसाद हो जायेगा
क्यों न हम उन वायदों की याद को कैद कर ले फोनाग्राफ में
वो हंसी थे हमने उनके दीदार को मन की यादों में कैद कर लिया
पर जब इन यादों ने हमे बेजार कर दिया और हम से रहा ना गया
तो जनाव हमने जिक्र कर दिया चन्द लोगों से अपने अन्दाज में
हमें क्या मालूम था कि जमाना भर दिवाना था उनके दीदार का
फिर तो साहब हमारा बयान कए आला फसाना बन गया रिसालों में छप गया
जो अपने रकीब थे दुश्मन बन गये और हम शहर के मजनू करार कर दिये गये

उमेश रश्मि रोहतगी-सत्य प्रकाश राजबँशी जी की नजर में

मैं जो भी बात कहूँ आपका जप होवे।
मैं जो भी काम करू आपका भजन होवें ।।
मैं जो भी रचूं आप की मुद्रा होवें।
मैं जहाँ भी चलूं आपकी पदाक्षिणा होवे।।
मै जहाँ भी बैठूँ आपको प्रणाम होवे।
मेरा जो भी विलास हो, आपकी पूजा होवे।।
मैं जो भी ग्रहण करूँ, आपका प्रसाद होवे।
मैं जो भी निहारू, आपका दर्शन होवे।।
मैं जो भी पियूं, आपका चरणामृत होवे।
मैं जहाँ भी रहूं, आपका महल होवे।।
मैं जो भी पाऊँ, आपका आशीष होवे।
मैं जो भी करुँ, आपकी सेवा होवे।।

Umesh and Rashmi Rohatgi

HOSTEL

AFOTH Garage Sale

Agaon bhagas smsf haryana

Arogya Dham Savaliya Gujarat

Arti-Pune Maharashtra

Brick making kutambakam elango TN

Daspur West Bengal

ERDS Jilmil school west bengal

Godibari School Building Odisha

Gujarat 2002 Sursardham

Prabhat Ashram Meerut

Seven NGOs meeting at Bhuvaneshwar Hope

T.C. Sharma and Umesh Rohatgi